귀신들을 쫓아내는 군사되실 분의 책

귀신들을 쫓아내는 군사되기

강요셉지음

이 책 정독하면 귀신 쫓는 사역자가 될 것이다.

성령

귀신들을 쫓아내는
군사 되기

성령

들어가는 말

예수를 믿고 성령으로 거듭난 성도는 하나님의 군사입니다. 군사는 싸우는 것입니다. 성도들은 귀신들을 쫓아내는 군사가 되어야 합니다. 반드시 적이 있기 때문에 군사가 있는 것입니다. 성도의 적은 마귀 귀신입니다. 지금도 마귀와 귀신들은 성도들을 무시로 공격하고 있습니다. 많은 성도들이 예수를 믿고 열심히 믿음 생활을 하면서도 마귀 귀신에게 당하고 있습니다. 이는 영적인 면에 무지하기 때문에 고통을 당하고 있는 것입니다. 저는 하나님의 은혜로 성령치유 사역을 합니다. 귀신을 많이 쫓아내어 고통당하는 성도들을 자유하게 하고 있습니다.

제가 말씀과 성령으로 귀신들을 쫓아내는 사역을 하면서 느낀 것은 우리 성도들이 분명하게 예수를 믿었으나 여전히 악한 영의 영향에서 벗어나지 못하고 있다는 것입니다. 참으로 마음 아픈 일입니다. 성경에는 분명하게 예수님의 이름으로 기도하면 악한 영이 떠나간다고 기록되어 있습니다. 그러나 이를 삶에서 적용하지 못하고 악한 영에게 당하면서 살아가는 성도가 많이 있습니다. 그들은 세상 사람들과 같이 악한 영을 무서워하며 살아갑니다. 하나님은 예수를 믿는 성도는 하나님의 자녀가 되는 권세를 주셨다고 하셨습니다.

이제 우리는 영적인 세계를 바르게 알고 귀신들과 싸워 날마다 승리하는 성도가 되어야 합니다. 우리에게 공격해 오는 귀신들을 쫓아내야 합니다. 우리는 하나님의 군사입니다. 군사는 적을 알아야 합니다. 손자병법에서도 적을 알고 나를 알면 백전백승한다고 했습니다. 우리는 언제 악한 영이 침입하는지 바르게 알아야 합니다. 악한 영이 자신에게 침입을 하면 어떠한 현상이 일어나는 지도 알아야 합니다. 침입한 귀신을 어떻게 쫓아내어 백전백승하는 것도 알고 행해야 합니다.

그리하여 악한 영이 자신에게 침입하지 못하도록 성령으로 충만한 생활을 해야 합니다. 또한 이미 침입하여 자신에게 역사하는 악한 영의 실체를 알아 쫓아내는 방법을 알아야 합니다. 귀신들을 쫓아내는 군사가 되려면 귀신들을 쉽게 빨리 쫓아내는 비결을 알고 행해야 합니다. 이론적으로 알기만하는 것이 아니고 삶에서 적용하여 악한 영을 몰아내야 합니다.

부디 이 책을 통하여 우리의 대적과 싸워서 이기는 방법을 바르게 알기를 소원합니다. 우리가 가지고 있는 권세도 바르게 알고 사용하기를 원합니다. 하나님이 주신 권세로 날마다 악한 영을 쫓아내어 날마다 승리하는 군사가 되기를 소원합니다. 이 땅에 하나님의 나라를 이루는 군사로서 쓰임을 받는 모두가 되기를 바랍니다. 이 책을 통하여 귀신에게 고통당하는 많은 성도들이 귀신으로부터 해방을 받아 하늘의 복을 받기를 바랍니다.

주후 2018년 8월 30일
충만한 교회 성전에서
저자 강요셉목사.

세부적인목차

1부 귀신 쫓는 훈련소는 어디일까?

1장 귀신 쫓는 훈련소가 필요한 이유는

(엡 6:11-13)"마귀의 간계를 능히 대적하기 위하여 하나님의 전신 갑주를 입으라 (12) 우리의 씨름은 혈과 육을 상대하는 것이 아니요 통치자들과 권세들과 이 어둠의 세상 주관자들과 하늘에 있는 악의 영들을 상대함이라 (13) 그러므로 하나님의 전신 갑주를 취하라 이는 악한 날에 너희가 능히 대적하고 모든 일을 행한 후에 서기 위함이라"

귀신들을 쫓아내는 영적전투는 성도들에게 아주 중요합니다. 우리가 지금 살아가는 21세기 현대사회는 점점 더 전산화와 기계화로 인하여 비인간화 되어 정신적인 스트레스가 심하기 때문입니다. 때문에 예수를 믿고 성령으로 거듭난 성도들은 영적인 면에 더 관심을 더 가져야 하나님의 축복 속에서 살아갈 수 있습니다. 악한 영이 더욱 강하게 역사하는 시대이기 때문입니다. 건물교회는 성도들을 영적전쟁의 전사가 될 수 있도록 훈련해야 합니다. 성도들은 영적전투를 생활화해야 하나님께서 주신 귀중한 자원을 보존할 수가 있습니다. 영적전쟁은 마귀와의 싸움이기도 하고, 자신과의 싸움이기도 하며, 자신의 이성과의 싸움이

기도 합니다. 지속적인 싸움입니다. 마귀는 꼭 영적으로만 싸움을 걸어오는 것이 아니라, 경제적인 문제나, 자녀와 건강 등 여러 면에서 싸움을 걸어오고 있습니다. 기독교의 생명력은 영적인 부분입니다. 그런데 영적인 부분이 외면을 당하고 있습니다. 그냥 물질의 축복만 추구하고 있습니다. 약4장 7-8절은 이렇게 말씀하고 있습니다. "그런즉 너희는 하나님께 순복할지어다. 마귀를 대적하라 그리하면 너희를 피하리라 하나님을 가까이 하라 그리하면 너희를 가까이 하시리라 죄인들아 손을 깨끗이 하라 두 마음을 품은 자들아 마음을 성결케 하라." 이 말씀은 영적전쟁의 기본이 되는 말씀입니다. 영적전쟁의 기본은 하나님께 순복하는 것, 즉 이 세상의 그 어떤 것보다, 그 어떤 존재보다 하나님을 더 귀하게 여기는 것입니다. 하나님을 제일로 여기는 것이 마귀와 귀신을 쫓아낼 수 있는 근원적인 힘이 됩니다.

로마서 12장 2절은 "너희는 이 세대를 본받지 말고 오직 마음을 새롭게 함으로 변화를 받아 하나님의 선하시고 기뻐하시고 온전하신 뜻이 무엇인지 분별하도록 하라."고 말씀하십니다. 예수님의 승리가 확실함에도 불구하고 대적들은 살아서 활동하고 있습니다. 사단의 마지막 항복, 악한 세력의 포로로 남아 있는 이들이 자유로워지는 것, 사단의 세력을 꺾고 무저갱에 넣는 일들은 아직 앞으로 일어날 일들입니다. 명목상으로 우리의 승리가 선포되었으나 실제로는 우리의 삶에 아직도 악한 영들이 장악하고 있는 부분이 많이 있습니다. 영적전쟁이란 바로 이러한 부분에 대한 권리를 주장하고 악한 영들을 물리치는 것입니다.

영적전쟁의 목적은 하나님의 자녀들이 이 세대를 본받지 않고 말씀을 새롭게 함으로 변화를 받는 것입니다. 크리스천은 거듭나는 순간에 서류적으로는 하나님의 자녀로 변화되었으나, 실제의 삶에서는 아직 변화를 받지 못하고 있습니다. 영적전쟁은 바로 이 실제의 삶에서의 변화를 추구하는 것입니다. 악한 세력은 우리가 거듭나는 순간에 우리를 잃었으나 계속해서 우리의 삶에 영향을 미침으로 더럽게 하고 변화되지 못하게 합니다. 이러한 악한 세력과 싸워서 이기고 실제의 삶이 변화 받게 하는 것이 영적전쟁의 목적입니다.

그래서 하나님은 골로새서 3장 9-10절에서 "너희가 서로 거짓말을 말라 옛사람과 그 행위를 벗어버리고 새 사람을 입었으니 이는 자기를 창조하신 자의 형상을 좇아 지식에까지 새롭게 하심을 받는 자니라." 말씀하시는 것입니다. 거짓말을 하지 않는 것, 옛사람과 그 행위를 벗어버리고 새 사람을 입는 것, 새롭게 하심을 받는 것이 영적전쟁의 목적입니다. "우리는 그의 만드신 바라 그리스도 예수 안에서 선한 일을 위하여 지으심을 받은 자니."(엡2:10)라고 말씀하십니다.

우리로 하여금 선한 일을 하지 못하게 막는 악한 세력들과의 싸움에서 이기고 하나님의 선한 일을 하게 되는 것이 영적전쟁입니다. 영적 중풍병에 걸린 크리스천으로 하여금 자리를 차고 일어나 하나님의 일을 하게 만드는 것입니다. 영은 살았으나 몸이 영의 말을 듣지 못하고 있는 상태에서 온전히 영의 지배를 받게 만드는 것이며, 하나님의 영으로 온전히 인도를 받는 삶을 살게 하는 것입니다.

불평과 근심과 두려움은 우리를 약하고 악하게 만듭니다. 마귀는 우리에게 불평, 근심, 두려워하는 마음을 주어서 하나님을 대적하게 만듭니다. 마귀가 직접 하나님을 대적하는 것이 아니라, 하나님의 자녀의 마음에 더러운 것을 집어넣어줌으로 하나님의 자녀가 하나님을 대적하게 만듭니다. 영적전쟁을 통하여 불평과 근심을 몰아내고 기쁨을 우리 마음속에서 끌어내어야 합니다. 우리는 하나님이 주시는 기쁨을 솟구쳐 오르게 함으로 우리를 강하게 만들어야 합니다. 말씀과 성령으로 마귀가 막고 있는 기쁨의 샘을 터뜨려야 합니다.

마귀와 귀신은 하나님과의 교제의 길을 막으려고 애를 씁니다. 그리고 마귀와의 교제의 통로를 넓게 하려고 합니다. 그래서 우리의 신앙이 실낱같이 겨우 명맥만을 유지하고 있는 것입니다. 크리스천들은 이것을 이겨야 합니다. 나날이 더 하나님에게로 가까이 하고, 더 깊고 더 두텁고 넓고 밀접한 관계가 되어야 합니다. 하나님의 영향을 받고, 하나님을 느끼는, 참으로 하나님에 대해 예민한 관계가 되어야 합니다. 세상이 아니라, 돈이 아니라, 하나님에 대한 예민함이 있어야 합니다. 이것이 바로 영적전쟁의 목적입니다. 구원의 기쁨을 회복시켜주는 것이 영적전쟁의 목적입니다. 첫사랑의 회복이 영적전쟁의 목적입니다.

첫째, 영적전쟁의 관심과 목적은 이런 것입니다.

1) 우리의 영적전쟁 관심은 악한 영이나, 귀신 쫓는 기술이 아니라, 하나님의 자녀라는 사람입니다. 하나님께서 사랑하시는 대상도, 하나님께서 자유롭게 해주시기를 원하시는 대상도 사람입니다. 예수님의 평안을 누리게 하는 것이 영적전쟁의 목적이 되어야 합니다.

2) 보혈의 공로와 예수를 영접함으로 하나님의 자녀가 되었지만 아직도 우리는 악한 영적 존재들의 권한(제한적) 아래 있으며 영향력을 받고 있습니다. 영적싸움은 악한 존재들로부터의 영향력 아래서 빼앗긴 자유 함과 기쁨을 되찾아 누리는 것입니다. 하나님의 자녀가 누릴 수 있는 특권을 되찾는 것입니다.

3) 절대로 어떤 문제를 단순히 영적, 감정적, 또는 육체적인 것, 악한 영에 의한 것이라고 단정하지 말아야 합니다. 우리의 영-혼-육은 서로 밀접하게 연관되어 있습니다. 문제를 복합적으로, 입체적으로 보려고 해야 합니다.

4) 영적싸움의 대상이 되는 악한 영들은 사람의 내부에 있는 상처, 문제에 숨어삽니다. 이러한 것들이 악한 영들의 먹이가 되는 영적 쓰레기입니다. 그러므로 축사사역은 먼저 감정적, 영적 쓰레기의 제거, 즉 내적치유로부터 시작되어야 합니다. 단순한 축귀가 아니라, 온전한 치유가 목적입니다. 하나님, 자신, 다른 사람과의 관계가 깨어짐으로 입은 깊은 상처에 대한 성령님의 치유가 이루어지지 않고는 온전한 치유가 이루어지지 않습니다.

5) 생명의 탄생은 본인의 노력이 아닌 생명의 신비와 산모의 진통으로 이루어집니다. 그러나 시간이 점차 지나면서 본인의 노력에 의하여 성숙과 성장이 이루어지는 것처럼, 내적치유와 귀신을 쫓아내는 사역은 본인과 사역자의 강하고 지속적인 의지와 노력이 필요합니다.

성도들이 영적싸움을 하는 목적은 이렇습니다. 우리를 깨끗이 보존하고 거룩하게 하며, 하나님을 닮아가는 삶을 통한 성령의 열매를 거두는 것입니다. 하나님의 자녀의 삶이 자유 함, 소망, 사랑 가운데 사는 삶이 되게 하는 것입니다. 크리스천의 세상에서 삶 자체가 악한 세력과의 투쟁입니다.

그리스도의 군사를 만들기 위함에 영적싸움에 대한 훈련을 하는 것입니다. 우리는 예수를 믿는 자로 만족해서는 안 됩니다. 그리스도의 군사가 되어야 합니다. 군사는 훈련을 받아야 합니다. 영적전쟁은 이론만이 아니라, 성령의 능력이 있어야 합니다. 이를 위해서 영적전쟁의 훈련을 받아야합니다. 영적싸움은 티와 흠이 없게 하여 그리스도의 신부로 단장하게 하는 것입니다. 영적전쟁은 우리 안에 있는 죄와 죄 성을 공격하여 우리를 깨끗케 하는 것입니다.

골로새서 1장 22절은 "이제는 그의 육체의 죽음으로 말미암아 화목케 하사 너희를 거룩하고 흠 없고 책망할 것이 없는 자로 그 앞에 세우고자 하셨으니."라고 강조하십니다. 영적전쟁은 하나님과 화목케 하는 것입니다. 하나님은 우리와 친하고 화목하며, 행복하고 재미있으며, 나눌 수 없는 관계로 지내기를 원하십니다. 영적전쟁은 하나님과 가까워지는 것입니다. 그러면 세상과 마귀는 멀어지게 됩니다. 하나님과 멀어지면, 하나님은 믿으나 귀찮은 존재로 여겨지게 됩니다. 이러한 것을 깨는 것이 영적전쟁입니다.

"너희 믿음의 시련이 불로 연단하여도 없어질 금보다 더 귀하여 예수 그리스도의 나타나실 때에 칭찬과 영광과 존귀를 얻게 하려함이라."(벧전1:7). 말세에는 적당히 믿는 믿음은 없게 됩니다. 믿음의 양극화가 나타납니다. 마귀는 성도를 불로 연단합니다. 참 성도는 이러한 때에 오직 하나님만을 선택하여야 합니다. 그렇지 않으면 마귀가 우리를 선택하게 됩니다. 구원은 하나님의 선택하심으로 얻게 되지만, 성화는 우리의 선택으로 이루어집니다. 악한 세력들은 자꾸 우리에게 불순물을 넣어줍니다. 영적전쟁은 이러한 것들을 자꾸 뽑아내는 것입니다. 우리의 신앙을 갉아먹는 것들을 자꾸 제거함으로 맑게 해주는 것입니다. 그래야 하나님 앞에 서게 될 때, 바로 서게 되는 것입니다.

하나님은 벧전2장 11절에서 "사랑하는 자들아 나그네와 행인 같은 너희를 권하노니 영혼을 거스려 싸우는 육체의 정욕을 제어하라." 말씀하십니다. 우리는 이 세상의 행인입니다. 세상의 것은 결국은 없어질 것입니다. 이러한 것들 때문에 우리의 영혼이 더럽힘을 받아서는 안 됩니다. 우리는 하늘의 것에 우리의 삶을 투자하고 우리의 소망을 걸어야 합니다. 세상의 것은 한번 쓰고 버리는 일회용 물품과 같은 것들입니다. 이러한 것들을 정리해버리는 것이 영적전쟁입니다. 이러한 영적전쟁은 한번으로 끝나는 것이 아니라, 하나님 앞에 서는 날까지 지속되어야 하는 것입니다. 지속적인 하나님에 대한 순복함으로 싸워야 합니다. 대충 살다가, 적당히 살다가 가서는 안 됩니다. 하나님 앞에 무가치한 존재가 되어서는 안 됩니다. 하나님 앞에 서는 날이 그리 멀지 않습니다. 이를 위해서 준비해야 합니다.

"내가 이르노니 너희는 성령을 좇아 행하라 그리하면 육체의 욕심을 이루지 아니하리라. 육체의 소욕은 성령을 거스리고 성령의 소욕은 육체를 거스리나니 이 둘이 서로 대적함으로 너희의 원하는 것을 하지 못하게 하려 함이니라."(갈5:16-17).

세상은 우리에게 자꾸 자극을 줍니다. 우리의 관심을 끌려고 노력합니다. 이성은 이러한 자극이나 유혹을 이길 수 없습니다. 이성은 육체에 이끌려 갈 수 밖에 없습니다. 이러한 자극이나 유혹을 이길 힘은 오직 성령으로 충만한 영으로부터 나오게 됩니다. 우리 영과 함께 하시는 하나님의 영으로부터 나오는 힘만이 이러한 것들을 이길 수 있습니다.

"그에게 허락하사 빛나고 깨끗한 세마포를 입게 하셨은즉 이 세마포는 성도들의 옳은 행실이로다."(계19:8). 마귀는 우리의 이성과 육체를 이용하여 우리의 입은 세마포를 더럽게 하고 초라하게 만듭니다. 성령으로 충만하여 이를 싸워 이겨야 합니다. 그래야 우리의 입은 옷이 빛나고 깨끗하게 됩니다.

둘째, 예수를 믿으면서도 귀신들을 쫓아내지 않고 영적싸움을 하지 않아 당하는 고통들입니다. 우리 크리스천들이 성령으로 깨닫고 보면 영적싸움을 게을리 하여 불필요하게 당하는 고통이 많기 때문에 영적전투를 배우고 귀신들을 쫓아내고 싸우는 것입니다.

1) 예수를 믿으면서도 영적으로 평안하지 못하고 영적인 병으로 고생합니다. 문제의 근원은 아담과 하와의 불순종으로 왔습니다. 하나님의 말씀을 의심하다가 마귀의 미혹에 속아서 금단과를 먹은 것입니다. 이 죄악으로 인하여 아담 안에서 태어나는 모든 사람은 하나님 진노아래 있는 것입니다(창3:1-6). 예수를 믿고 교회에 들어와서 바른 복음을 체험하지도 못하고 성령으로 치유 받지도 못하니 문제가 떠나가지를 않고 내면에 내재되어 있습니다. 또 예수를 믿으면서 영적으로 무지하고, 영적인 세계를 잘 몰라서 성령으로 세례 받지 않고 성령으로 충만하지 못하여 하나님을 섬긴다는 사람들이 보이는 세상을 섬기니 영적으로 병이 드는 것입니다. 하나님 안에 속하고, 하나님 안에서 자유를 얻어야 할 사람들이 영적인 면에 눈이 어두워 사단에게 미혹당해 사단의 일을 즐기고 있으니 영적으로 완전히 병이 든 것입니다. 그러다 보니 환상이 보이고, 환청이 들리고, 악몽으로 잠을 자지 못하는 분들이 많습니다. 이게 전부다 악한 영의 역사입니다. 악한 영은 인간에게 구원을 줄 수 없습니다. 악한 영은 인간에게 축복을 주지도 못합니다. 그리고 악한 영은 인간의 생명을

다스릴 수도 없습니다.

내가 신학대학원에 다닐 때 이런 일이 있었습니다. 동기생이 학부 사학년에 다니는 자매하고 결혼을 했습니다. 결혼을 하고 보니 자매의 어머니가 무당이더랍니다. 결혼을 한 다음에 안 사실이라 그냥 지냈습니다. 영적인 지식이 없는 터라 특별한 영적 조치를 취하지 않고 지냈습니다. 그러다가 임신을 하여 아이를 출산했습니다. 아이를 출산하고 나서 보니 아기가 항문이 없는 것입니다. 여기 저기 알아보다가 수술을 했는데 얼마 있지 않아 아이가 죽었습니다. 이렇게 예수를 믿고 신학을 하여도 무당의 영이 대물림되어 항문이 없는 아이를 출산하게 된 것입니다. 만약에 내가 그때 이런 영적인 지식이 있었더라면 말씀과 성령의 역사로 대물림을 끊게 했을 것입니다. 지금 생각하면 참으로 안타까운 일입니다. 저의 경험으로는 이런 분들은 삼년은 무속의 영과 영적인 전쟁을 해야 해방이 됩니다. 알고 대비하여 예수를 믿으면서도 영육의 고통을 당하지 말아야 합니다.

2) 정신적으로도 병들었습니다. "수고하고 무거운 짐 진 자들아 다 내게로 오라 내가 너희를 쉬게 하리라. 나는 마음이 온유하고 겸손하니 나의 멍에를 메고 내게 배우라 그리하면 너희 마음이 쉼을 얻으리니(마11:28-29)" 예수를 믿는다고 하면서도 마음의 안식이 없습니다. 다른 말로 하면 평안이 없습니다. 늘 염려하고 불안에 떱니다. 그래서 가슴이 답답해서 미치겠다고 말하는 사람들이 많습니다. 치유 받으러 오셔서 가슴을 치는 분

들이 많습니다. 그러니 모든 것을 믿지를 못합니다. 보통 큰 병이 아닙니다. 믿는 자의 자녀가 조울증으로 우울증으로 정신병으로 고통을 당합니다. 지금 교회에는 이런 성도들이 다수가 있습니다. 내가 그동안 치유사역을 하면서 상담한 사람들만 해도 수십 명이 넘습니다. 이분들을 상담하면서 느낀 것은 모든 분들이 영적인 면에 무지하여 어렸을 때 적절한 영적치유를 하지 않아서 당한다는 것입니다. 모두 예방이 가능한대 조치를 취하지 않아서 당하는 것입니다. 예수를 믿었다고 정신적인 문제에서 해방되는 것은 아닙니다. 필히 영적조치를 해야 예방이 가능 하다는 것입니다.

3) 육신적으로도 병들었습니다. "그 흩어진 사람들이 두루 다니며 복음의 말씀을 전할 새 빌립이 사마리아 성에 내려가 그리스도를 백성에게 전파하니 무리가 빌립의 말도 듣고 행하는 표적도 보고 한마음으로 그가 하는 말을 따르더라. 많은 사람에게 붙었던 더러운 귀신들이 크게 소리를 지르며 나가고 또 많은 중풍병자와 못 걷는 사람이 나으니 그 성에 큰 기쁨이 있더라(행 8:4-8)" 예수를 믿으면서도 병명도 모르고 병원을 다니는 사람이 있습니다. 이상한 질병으로 계속 몸이 아픈 분들도 있습니다. 그런가하면 불치병이 그 집안에 계속되는 경우도 있습니다. 그러다 보니 가산을 탕진하기 마련입니다. 심지어 예수를 아주 잘 믿는 직분 자들도 불치의 병으로 고생을 합니다. 왜 이런가? 근본을 해결하지 못해서 그렇습니다. 근본은 우리의 옛 사람, 아담

이 죽지 않았다는 것입니다. 우리가 예수를 믿을 때 옛 사람(아담)이 죽고 예수로 다시 태어나야 하는데 그렇지 못하여 아담이 여전히 주인노릇을 하고 있으니까, 아담의 주인인 마귀가 우리의 육체(아담)을 통하여 저주하는 것입니다.

4) 생활적으로도 병든 사람도 많습니다. 일어나야 할 시간과 누워 자야 할 시간을 모릅니다. 한 마디로 늘 누워있는 것입니다. 다른 사람들은 다 일어났는데 혼자 누워있습니다. 다른 사람들은 출근하는데 혼자 출근도 못하고 누워있습니다. 다른 사람들은 하루 종일 움직이는데 혼자 이불을 깔고 있습니다. 그런가 하면 생활이 너무 무질서하여 일을 제대로 못하는 분들도 있습니다. 무엇이 중요한지를 모릅니다. 이것도 했다가 저것도 했다가 하는데 되는 일이 하나도 없습니다. 무엇이든지 지속하지 못하고 변덕을 부리기도 합니다. 그래서 그 사람 뒤를 따라가는 것도 피곤하고 힘이 드는 경우도 많습니다. 또 늘 화병으로 만성두통으로 불면증으로 고생을 합니다. 필자가 얼마 전에 토요일 날 1:1로 치유하는 시간을 몇 개월 동안 국민일보 광고를 내고 한 적이 있습니다. 그때 권사님들이 다수 오셨습니다.

모두 울화병이 있는 분들이었습니다. 그래서 제가 권사님들에게 부모님들은 어떻게 지내다가 천국에 가셨느냐고 물어보니 모두 자기와 같이 고생하시다가 천국에 가셨다는 것입니다. 그래서 혈통의 대물림에 대하여 질문을 했더니 대다수가 알지를 못했습니다.

단, 알고 있는 것은 열심히 예배드리고, 새벽기도 잘하고, 십일조 잘 드리고 구역예배 빠지지 않고 잘 드리고, 성경공부 잘하면 되는 줄 알았는데 나이가 들고 보니 자신의 친정어머니와 똑같은 질병으로 고생을 한다는 것입니다. 지금 성도님들이 이렇게 영적인 면에 무지합니다. 그러니까 얼마든지 미리 해결할 수 있는 질병들을 미리 해결하지 못하고 질병이 깊어진 다음에 해결하려 하니 치유가 되지 않는 것입니다.

이렇게 지내다가 나이가 먹으면 주변 사람들에게 짐이 됩니다. 나아지는가 싶더니 다시 좋지를 못합니다. 문제는 이런 문제들이 가계에 대물림되는 것들이 많다는 것입니다. 우리가 예수를 믿고 교회에 나와 가계에 흐르는 대물림을 말씀과 성령으로 밝히 드러내고 절단하며 몰아내는 적극적인 치유를 해야 합니다.

5) 이러다 보니 생활에 많은 문제가 노출됩니다. 그래서 참다 못해 돌출행위를 하기도 합니다. 집을 뛰쳐나가기도 하고, 사람을 폭행하기도 합니다. 괴성을 지르면서 발악을 하는 성도들도 많습니다. 집에서 감시를 당하면서 살아가는 사람들이 있습니다. "귀신이 저를 잡아 졸지에 부르짖게 하고 경련을 일으켜 거품을 흘리게 하며 심히 상하게 하고야 겨우 떠나가나이다. 당신의 제자들에게 내어쫓아 주기를 구하였으나 저희가 능히 못하더이다. 예수께서 대답하여 가라사대 믿음이 없고 패역한 세대여 내가 얼마나 너희와 함께 있으며 너희를 참으리요 네 아들을 이

리로 데리고 오라 하시니 올 때에 귀신이 거꾸러뜨리고 심한 경련을 일으키게 하는지라 예수께서 더러운 귀신을 꾸짖으시고 아이를 낫게 하사 그 아비에게 도로 주시니(눅9:39-42)"

누군가가 조금만 비위를 건드리면 고함을 지르면서 발작을 합니다. 어떤 사람은 주먹으로 땅을 치기도 하고 머리로 벽을 박기도 합니다. 마치 거라사 인의 지방의 군대 귀신들린 사람같이 말입니다. "배에서 나오시매 곧 더러운 귀신 들린 사람이 무덤 사이에서 나와 예수를 만나니라. 그 사람은 무덤 사이에 거처하는데 이제는 아무도 그를 쇠사슬로도 맬 수 없게 되었으니 이는 여러 번 고랑과 쇠사슬에 매였어도 쇠사슬을 끊고 고랑을 깨뜨렸음이러라. 그리하여 아무도 그를 제어할 힘이 없는지라. 밤낮 무덤 사이에서나 산에서나 늘 소리 지르며 돌로 자기의 몸을 해치고 있었더라(막 5:2-5)" 그것도 모자라 어떤 사람들은 방황하면서 사고를 칩니다. 부모님이 걱정하고 염려할 만한 일을 골라서 하는 청년도 있습니다. 이상한 짓을 해서 부모에게 걱정을 끼치는 사람도 있습니다.

본드, 마약, 음란, 컴퓨터, 저녁에 나가 방황하고, 꼭 부모님들이 걱정할 일만하여 심기를 불편하게 합니다. 결국 그렇게 지내다가 비참한 죽음을 당하기도 합니다. 저는 주변에서 권사님의 자녀가 장로님의 자녀가 정신적이고 영적인 문제를 일으키다가 비참하게 세상을 떠났다는 이야기를 많이 들었습니다.

6) 이유 없이 사고가 자주 일어납니다. 사업을 잘하다가 그만

화재 사고가 나서 망합니다. 횡단보도를 걸어가다가 교통사고를 당합니다. 여름에 휴가를 갔다가 물에 의한 사고를 당합니다. 천재지변을 당하기도 합니다. 아이들이 잘 넘어지고 잘 다칩니다. 멀쩡하게 놀이터에서 놀다가 다리가 부러지는 사고를 당하기도 합니다. 아이들이 차 사고를 몇 번씩 당합니다. 잘 넘어져서 상처가 잘납니다. 걸어가다 인도로 올라온 차에 치이기도 합니다. 사업을 하려고 하면 화재사고가 나서 망합니다. 아이가 잘 놀다가 침대에서 떨어져 낙상사고가 납니다. 생각하면 도저히 일어날 수 없는 이해하지 못하는 사고가 자주 일어납니다.

7) 부부간에 의견대립이 아주 심합니다. 같이 붙어 있기만 하면 싸웁니다. 처다 보기만 하면 속에서 울분이 올라옵니다. 남편의 손이 닿으면 섬뜩한 기분이 들기도 합니다. 결혼한 지 삼년이 넘어도 임신이 되지 않습니다. 서로 보기 싫어 원수가 되어 마지못해 살아갑니다.

8) 학교나 직장에서 따돌림을 당합니다. 따돌림을 당하는 당사자가 문제가 있는데 엉뚱한 사람들에게 욕하고 핑계를 댑니다. 내가 지금까지 치유사역을 하면서 체험한 바로는 초등학교 시절과 중학교 시절에 왕따를 당한 아이들이 고등학교 일학년이 되면 정신적인 문제가 발생한다는 것입니다. 한두 명을 두고 말하는 것이 아닙니다. 거의 모든 아이들이 정신적인 문제가 발생하여 정상적인 생활을 하지 못했습니다. 우리는 예방 신앙을 해야 합니다. 어려서부터 성령을 체험하게 하여 영육의 문제를 치

유해야 합니다.

9) 가족에 질병이 끊이지를 않습니다. 한 사람이 낳으면 다른 사람이 아픕니다. 저는 문제가 있는 집사의 두 딸을 치유한 경험도 있습니다. 큰딸은 심장병으로 수술을 했습니다. 그래서 정상적인 생활을 하지 못합니다. 작은 딸은 정신적인 문제가 발생하여 정상적인 생활을 못하는 것입니다. 모두 초기에 예방 신앙을 했으면 당하지 않는 문제입니다. 우리 모두 말씀과 성령으로 영적인 눈을 엽시다.

시화병원에 입원한 남편 병 수발하던 집사가 남편이 퇴원하니 부인이 입원을 했습니다. 그것도 교회를 열심히 다니는 집사가 말입니다. 그런데 내가 이분들의 신앙생활 상태를 확인하여 보았습니다. 모두 보수적인 교회에서 말씀중심으로 열심히 신앙생활을 하고 있었습니다. 그런대도 당하고 사는 것입니다. 영적으로 무지하기 때문입니다.

결론적으로 예수님을 믿는 성도들은 모두 귀신들을 쫓아내는 능력자가 되어야 합니다. 귀신을 쫓아내는 능력자는 이 책을 끝까지 정독하면 모두가 될 수가 있습니다. 단 자신도 할 수 있다는 믿음이 중요합니다. 예수님은 모든 성도들이 귀신을 쫓아내는 하늘의 군사가 되기를 원하십니다. 귀신들을 쫓아내는 성도들을 귀하게 사용하시며 축복하십니다. 모두 귀신들을 쫓아내는 군사가 되시기를 바랍니다.

2장 귀신 쫓는 훈련소는 과연 어디일까?

(계 12:7-12)"하늘에 전쟁이 있으니 미가엘과 그의 사자들이 용과 더불어 싸울새 용과 그의 사자들도 싸우나 (8) 이기지 못하여 다시 하늘에서 그들이 있을 곳을 얻지 못한지라 (9) 큰 용이 내쫓기니 옛 뱀 곧 마귀라고도 하고 사탄이라고도 하며 온 천하를 꾀는 자라 그가 땅으로 내쫓기니 그의 사자들도 그와 함께 내쫓기니라 (10) 내가 또 들으니 하늘에 큰 음성이 있어 이르되 이제 우리 하나님의 구원과 능력과 나라와 또 그의 그리스도의 권세가 나타났으니 우리 형제들을 참소하던 자 곧 우리 하나님 앞에서 밤낮 참소하던 자가 쫓겨났고 (11) 또 우리 형제들이 어린 양의 피와 자기들이 증언하는 말씀으로써 그를 이겼으니 그들은 죽기까지 자기들의 생명을 아끼지 아니하였도다 (12) 그러므로 하늘과 그 가운데에 거하는 자들은 즐거워하라 그러나 땅과 바다는 화 있을진저 이는 마귀가 자기의 때가 얼마 남지 않은 줄을 알므로 크게 분내어 너희에게 내려갔음이라 하더라"

"우리의 싸움의 대상은 혈과 육이 아니다"라고 에베소서 6장 12절에서 말씀하셨습니다. 그렇기 때문에 말씀과 성령으로 하나님이 형상을 닮은 영의사람을 양성하는 건물교회(예배당)에서 성도들에게 영적전투 훈련을 가르치고 훈련해야 합니다. 하나님께서 지상에 교회를 세우신 목적이 첫째는 하나님을 바르게 알리고 믿게 하여 잃은 영혼을 다시 찾는데 목적이 있었고, 두 번째는 사단들 곧 악의 영들에 대하여 알리기 위함이고, 세 번째는 성도들에게 영적싸움을 하는 방법과 영적전투 훈련하기 위하여 교회를 세우신 것입니다. 성도가 알아야 할 세 가지 영적인 문제는 필수인 것입니다.

지상 교회에서 영적전쟁 훈련을 바르게 시켜서 잃은 하나님의 나라를 도로 찾아야 하는 것이 교회에서 할 일입니다. 그러므로 성경 전체 적으로 말씀 하시는 내용이 하나님과 사단의 관한 문제인 것입니다. 또 교회에서 가르쳐야 할 문제 들이 기도 합니다. 귀신들을 쫓아내는 생활이 필수가 되도록 해야 합니다.

사단은 옛 뱀이라 하고 마귀라고도 하고 사단이라고 합니다. 사단은 천하를 꾀는 자이며 거짓의 아비고 살인자 들입니다. 세상에는 하나님의 영 사단의 영 사람의 영 이렇게 세 가지가 있습니다. 하나님은 생명을 주시지만 사단은 죽음을 주는 자입니다.

교회는 철저하게 사단들의 정체를 가르쳐야 합니다. 이 사단과 싸워서 승리하는 방법을 가르치고 훈련해야 합니다. 사단들은 다양한 방법으로 믿는 자들을 미혹하여 믿음을 떠나가게 하는 것이다. 필자는 처음 교회에 등록하는 성도들에게 하나님과 사단에 대하여 소상히 가르쳐 줍니다. 영적전쟁을 하는 방법을 알려주고 훈련하게 합니다.

우리 성도들이 사단의 정체를 안후 철저하게 우상숭배와 귀신들의 대하여 공부하고 성령님의 도움으로 악령의 대한 분별력을 가지고 대적하여 승리하여 사단으로부터 자유 함을 받으면서 세상에서 살아갈 것을 기도합니다. 그래서 우리 성도들이 믿음을 지키며 자신이 상전으로 살아가게 하고 있습니다. 우리는 하나님 중심 성경중심 교회중심으로 신앙생활을 해야 합니다.

첫째, 귀신들을 쫓지않고 영적전투를 하지 않는 교회는 겉모습만 화려하다. 필자는 육군의 령관 장교로 근무하다가 전역하였습니다. 그렇기 때문에 군대생활을 할 때에 육군 대학에서 전투하는 전략전술을 배웠습니다. 그때 교수들로부터 배운 바에 의하면 다른 나라 군인의 전투력에 비해 미군의 전투력이 엄청나다고 말합니다. 그 이유는 미군은 지속적으로 전쟁을 계속해왔기 때문이라고 합니다. 미국은 오랫동안 한국전, 월남전, 아프카니스탄과 이라크, 시리아에서 끝없는 전투를 계속해왔기 때문에, 미군이 가진 전투능력은 다른 나라 군대에 비교할 수 없을 정도로 탁월하다고 합니다.

전쟁을 하지 않은 군대는 평소에 무엇을 하겠습니까? 교육훈련을 합니다. 자연스럽게 실전 전투하고 거리가 있는 분야가 발전합니다. 머리가 좋아 보수교육 점수가 높으며, 행정능력이 있으며, 상관들에게 아부를 잘하여 평가를 잘 받아 우수하다고 인정받은 장교가 상위계급으로 승진하게 되어 있습니다. 상위계급으로 승진하기 위하여 학연 인맥 지연이 결정적인 역할을 할 수도 있습니다.

그러나 전쟁을 치르는 군대에서 장군이 되려면 출신성분이나 인맥, 학연이 필요 없고, 다만 전쟁영웅이 되어야 하는 게 당연합니다. 조선시대에 임진왜란이 일어났을 때, 왜 왜군이 승승장구했는지 아시지 않습니까? 그들은 영주 간에 피 터지는 싸움을 해왔던 터였지만, 조선의 병사들은 전쟁경험이 전혀 없었습니다. 그래서 조선이 전쟁에서 진 게 당연한 이유입니다.

이런 일이 교회에도 있습니다. 교회가 무엇을 하는 곳입니까? 바로 영혼을 구원하는 곳이고, 성도들이 귀신들의 공격에서 싸워서 이기는 영적전투를 훈련하여 귀중한 영혼을 지키는 곳입니다. 귀신들의 손아귀에 빠진 영혼을 구원하여 지금 천국을 누리며 영원한 천국으로 들어가게 하나님의 나라 정예용사를 양육하는 곳입니다. 그런데 지금 우리네 교회들은 그런 영적 싸움을 하고 있습니까? 솔직히 말해서, 영적 전쟁을 치루는 교회는 우리네 주변에서 해변에서 단추를 찾는 것과 같이 찾기가 힘이 듭니다.

귀신이 어떻게 교인들에게 잠복하여 공격하며, 거룩한 교회에 어떻게 귀신들이 들어올 수가 있냐는 선문답 같은 얘기만 늘어놓고 있습니다. 그러나 실상은 그들이 귀신을 두려워하고 있으며, 귀신과 싸워 이길 수 있는 영적 능력이 전혀 없습니다. 귀신들린 사람은 교회에 데려가 보면 실상을 금세 알 수 있습니다. 손사래를 치면서 교회 문을 닫아걸기 바쁠 것이기 때문입니다. 담임목사가 하나님으로부터 이런 은사를 받지 않았다는 것입니다.

필자에게는 지방에서 영적으로 정신적으로 고통당하는 성도들에게서 전화가 많이 옵니다. 모두 하나같이 자기네 교회에서 귀신이야기를 하면 이단이나 사이비라고 하기 때문에 드러내 놓고 영적 정신적 문제를 이야기 하지 못할 뿐만 아니라, 해결 받지도 못한다는 것입니다. 그래서 책을 읽고 필자에게 전화한다는 것입니다. 자신의 문제를 어찌하면 좋겠느냐고 하소연을 합니다. 필자의 교회에서는 아무것도 아닌 일을 가지고 몇 년씩 고통을 당하는 것을 보면 참으로 안타깝습니다. 영적인 세계가 눈에 보이지 않기 때문입니다.

이러한 모습이 우리네 교회가 당하고 있는 씁쓸한 현실입니다. "마귀의 간계를 능히 대적하기 위하여 하나님의 전신 갑주를 입으라 우리의 씨름은 혈과 육을 상대하는 것이 아니요 통치자들과 권세들과 이 어둠의 세상 주관자들과 하늘에 있는 악의 영들을 상대함이라 그러므로 하나님의 전신 갑주를 취하라 이는 악한 날에 너희가 능히 대적하고 모든 일을 행한 후에 서기 위함이라"(엡6:11~13).

"그런즉 너희는 하나님께 복종할지어다. 마귀를 대적하라 그리하면 너희를 피하리라"(약4:7).

"근신하라 깨어라 너희 대적 마귀가 우는 사자 같이 두루 다니며 삼킬 자를 찾나니"(벧전5:8).

위의 말씀을 읽으면 무슨 생각이 드십니까? 컴퓨터 게임에 나오는 캐릭터가 외치는 구호쯤으로 들리지 않습니까? 그렇습니다. 지금 현시대의 우리네 교회는 악한 영들을 알아채지도 못하고 싸울 능력도 없습니다. 귀신들이 하는 일이 무엇입니까? 사람들을 불행에 빠뜨려 고통을 주고 영혼과 생명을 사냥하여 지옥에 던져지게 하는 일입니다. 이런 악한 영들 때문에 교회에 나오고 있는 사람들 중에는 즐겁고 행복하며, 평안하고 기쁘게 살아가고 있지를 못합니다. 영적으로 정신적으로 고통을 당하는 분들이 수없이 많습니다. 영적인 면에 영적전쟁에 무지하기 때문에 자기네 교회에서 해결 받지도 못하는 실정입니다.

귀신들이 하는 계략은 대략 3가지입니다. 먼저 몸에 들어가서 정신과 육체를 파괴합니다. 그래서 정신질환과 고질병을 일으킵니다. 예수님과 사도들이 귀신을 쫓아내면서 질병을 치유하신 이유입니다.

또한 사람들의 머리를 타고 앉아 미움, 시기, 탐욕, 방탕, 교만, 조급함, 불 경건, 불신앙, 분노, 싸움을 일으켜서 죄를 짓게 하여 죄의 덫에 걸려들게 합니다. 그래서 사람들은 서로 갈등을 일으켜서 싸우고 가정이 깨지고 회사가 무너지고 교회가 싸우고 정부를 혼란에 빠뜨리며 국가 간에 전쟁을 일으킵니다.

또한 귀신들은 각종 불행한 사건 사고를 일으킵니다. 그래서 하나님은 모르는 세상 사람들은 물론 교회에 다니는 크리스천조차도 귀신의 정체와 공격을 알지 못하면 속수무책으로 당하며 고통스러워하다가 지옥에 던져지게 될 것입니다.

그러나 필자의 말을 받아들이는 이들이 많지 않을 것입니다. 그러나 필자는 그동안 수백 명의 크리스천들에게 들어가 있는 귀신을 쫓아내며 정신질환과 고질병을 치유하고, 삶의 지난한 문제가 있는 사람들의 문제를 해결해 주는 사역을 해오고 있습니다. 그것도 단지 성령이 내주하는 기도훈련을 통해서 귀신과 싸우고 이기는 영적 능력을 훈련시키는 사역을 통해서입니다. 그래서 성령치유 집회에 오면 귀신의 정체와 그들의 전략, 귀신들의 실체는 눈으로 확인하고 있습니다.

"그 눈을 뜨게 하여 어둠에서 빛으로, 사탄의 권세에서 하나님께로 돌아오게 하고 죄 사함과 나를 믿어 거룩하게 된 무리 가운데서 기업을 얻게 하리라 하더이다"(행26:18).

위의 구절은 다메섹도상에서 예수님께서 사도바울에게 하신 사역의 내용입니다. 이처럼 영혼구원사역은 사탄의 권세에 사로잡힌 영혼들을 구해내는 것이라고 말씀하고 있지 않습니까? 그러나 안타깝게도, 우리네 교회지도자들은 성경구절을 성령으로 깨닫지 않고 자의적으로 해석하고 상식적으로 해석하며 귀신에 대해 깨달아 알려고도 하지 않습니다. 성령께서 필자에게 우리네 교회지도자들의 대부분에게 귀신들이 머리를 타고 앉아 속이고 있다고 말하셨으며, 우리네 교인 대부분이 귀신들의 지배를 받고 있다고 말씀하셨습니다. 예수님은 계시록에서 죄와 싸우고 죄를 부추기는 악한 영들과 싸워 이기는 자들만이 천국에 들어갈 수 있다고 말씀하셨습니다.

"그러나 내가 하나님의 성령을 힘입어 귀신을 쫓아내는 것이면 하나님의 나라가 이미 너희에게 임하였느니라"(마12:28).

"그러나 내가 하나님의 성령을 힘입어 귀신을 쫓아내는 것이면 하나님의 나라가 이미 너희에게 임하였느니라"(막16:17,18).

위의 구절은 귀신을 쫓아내어야 하나님의 나라가 임한 증거이며, 믿는 자의 증거가 바로 귀신을 쫓아내는 것이라고 말하고 있습니다. 그러나 귀신에 무지하고 싸울 능력이 없는 우리네 교회는, 형식적인 예배의식을 무한반복하고 겉으로 드러나는 희생적인 신앙행위만을 강요하고 있습니다. 이렇게 귀신들을 두려워하며 영적 전쟁을 하지 않는 우리네 교회에서, 어떻게 영원한 천국에 들어가는 영혼들을 배출하겠습니까? 지금 천국을 누리는 생활을 할 수가 있겠습니까? 영적 전쟁을 옛날이야기나 컴퓨터 게임으로 아는 대다수의 크리스천들 중에 일부를 제외하고 마지막날에 지옥의 불에 던져질 것입니다. 무능하고 무기력한 믿음으로, 영혼이 건조하고 냉랭하며 고단하고 팍팍한 삶을 살아가는게 그 증거입니다.

둘째, 귀신들을 쫓아내며 영적 전투하는 교회가 참된 교회이다. 교회에 출석하는 신자들은 자신들의 교회가 참된 교회인지? 아닌지를 분명하게 알아야만 합니다. 교회라고 다 같은 교회가 아니기 때문입니다. 분명히 성경에서 말하는 교회가 있고 거짓된 교회가 있기 때문입니다. 이러한 구분을 혹 모르거나 거부한 다면 그것 자체가 이미 영적으로 그릇된 상태라는 것을 증명할 뿐입니다. 교회는 각 시대마다 영적으로 전투하는 교회의 사명을 충실하게 감당해야 합니다. 성도들이 영적전투를 할 수 있도록 알려주고 훈련해야 합니다. 왜냐하면 교회라는 곳이 하나님의 사랑이나 즐기면서 서로 편안하게 분위기 좋은 즐기는 곳이 아니기 때문입니다.

오늘날 많은 신자라는 사람들이 교회를 따뜻하고 편안하며 자신의 마음을 살살 어루만져주고, 기분 좋게 하는 곳, 또는 교회를 자신들의 감정과 감정을 어루만져 주면서 위로와 소망을 주는 곳으로만 알고 있습니다. 그런 거짓된 신자들이 크게 오해하는 것은 교회가 영적 전투하는 교회라는 곳을 모르는 것입니다.

교회는 결코 휴양지나 안식처가 아닙니다. 교회는 사람들끼리 교제하면서 서로 긍정적인 마음이나 주고받는 곳이 아닙니다. 교회는 안락한 가정이나 모임, 동호회가 아닙니다. 교회는 악기를 다루면서 취미생활을 하는 곳이 아닙니다. 교회는 종교적인 흥이나 돋우면서 노래나 춤으로 기분을 푸는 곳이 아닙니다. 교회는 배도와 배교의 세력들 (사탄과 그의 하수인들, 거짓 교회들) 보이지 않는 통치자와 권세들과 싸우는 곳입니다

교회는 영적으로 주님의 군대이며 전투부대입니다. 교회는 성도 한 사람 한 사람들을 말하는 것입니다. 성도들이 교회라는 것입니다. 건물이 교회가 아니라, 성도자신이 교회라는 말입니다.

모든 신자들은 자신들을 그리스도의 군사로 여겨야 합니다.

주님이 부르심은 주의 군사로 복무하라고 부르신 것입니다. 참된 교회는 배도와 배교에 대해서 분명한 입장을 나타내야 합니다. 거짓 복음과 거짓 교회, 거짓 신앙, 거짓 교리에 대해서 반대를 분명하게 해야 합니다. 아무리 교회가 모든 면에서 잘 한다고 해도 만약에 영적 전투하는 교회가 아니라면, 그 교회는 제대로 된 교회가 아닙니다.

오늘날 교회는 특히 이 부분에서 전혀 교회의 사명을 감당하지 못하고 있고 할 생각도 거부합니다. 목회자들의 설교 속에는 하나님의 사랑과 위로와 도우심, 평안, 만족에 대해서만 말 할 뿐… 하나님을 대적하고 성도들을 미혹하고 속이는 배도와 배교에 대해서는 완전히 까막눈입니다. 더군다나 보이지 않는 통치자와 권세에 대하여는 아예 무관심입니다.

사실 신자들도 그러한 것에 대해서 반가워하지도 않고 중요하게 여기지도 않는 것도 큰 문제입니다. 신자들은 오직 자신의 개인사에만 몰두하기 때문입니다. 자신들의 마음과 삶을 하나님의 사랑과 위로로 채워주고 자신들의 문제를 처리해주는 설교를 좋아할 뿐 그 외의 것은 관심도 없고 알지도 못합니다.

얼마나 많은 피상적이고 식상한 소리가 교회에서 선포되고 있는지? 얼마나 많은 종교놀음과 종교체험을 하는지? 별로 기대할 것이 없습니다.

목회자들 스스로가 자신들이 무엇을 하는 사람으로 부름 받은 사람인지를 알지 못하고, 감상적인 말이나 늘어놓고 성경을 자기식대로 풀어내면서 사람들을 홀리고 있는 것을 얼마나 알고 있는지? 영적으로 방황하고 기웃거리면서 그릇된 길을 좋아하고 사모하는 타락한 본성을 옳다고 여기는 마음의 태도는 모든 죄악의 뿌리입니다

참된 교회는 적을 분명하게 인지하고 적에 대해서 단호하게 공격적인 태도를 취하면서 죽기를 각오하고 싸울 수가 있는 교회이어야 합니다. 어떤 일에도 진리를 최우선으로 중요하게 여깁니다. 진리에 대한 일관된 믿음과 실천으로 신앙의 모습을 취합니다. 모든 배도와 배교에 대해서 적극적인 적대적인 입장을 취합니다. (로마천주교, 오순절 은사주의, 신정통주의, 신복음주의, 자유주의. 종교다원주의, 문화주의, 영성주의, 에큐메니칼주의, 기복주의와, 상업주의, 반기독교적인 이념주의 등).

모든 예배와 기도와 실천적 신앙을 성경의 진리대로 하는 것입니다. 진리에 근거하지 않는 개개인의 불신앙과 마음과 삶의 태도 등을 확실하게 하는 교회입니다. 교회는 이러한 모든 것과 영적 전투하는 교회라야만 합니다. 교회가 영적 전투하는 기능과 목적을 잃어버리고 무관심할 때 그 교회는 사탄의 교회가 되는 것입니다. 성도들은 사탄에게 종 되어 살아가는 것입니다.

귀하의 교회는 어떤 전투하는 교회입니까? 아니면 사탄에게 점령당한 음녀의 교회입니까? 물론 이 시대는 영적 전투하는 교회는 싫어하고 불편해하는 시대라는 것은 틀림없는 사실입니다.

그렇다고 교회로서 사명을 망각해서는 하나님과 아무런 상관이 없는 사람들의 모임으로 변질되는 교회당이 될 것입니다. 교회는 영적 전투를 해야 합니다. 성도들이 세상에 나가 영적인 싸움을 싸워서 이기는 자들이 되도록 훈련하는 교회가 하나님과 상관이 있는 하나님께서 친히 세우신 교회가 되는 것입니다.

셋째, 귀신쫓는 영적전투 훈련소는 어디일까? 많은 성도들이 영적 정신적인 문제로 고통을 당하는 경우가 많습니다. 필자는 사역의 특성상 영적 정신적인 문제로 고생하는 성도들을 많이 상대합니다. 어느 날 우울증으로 고생하는 고등학교 1학년 딸을 둔 여 집사에게서 전화가 왔습니다. 필자가 집필한 책을 통하여 저를 알고 전화를 했다는 것입니다. 여 집사가 하는 말이 필자는 하나님께서 특별한 은사를 주셔서 영적이면서 정신적인 질병을 치유하는 전문가 이시다는 것입니다. 그래서 자기 딸의 상태에 대한 상담을 하여 해결 받고자 전화를 했다는 것입니다.

그런데 저는 예수를 믿고 교회에 다니는 성도들이 우울증이나 정신적인 문제나 영적인 문제가 있을 때 기도원이나 치유센터나 다른 곳을 찾아가 능력자에게 안수한번 받아서 해결하려는 의식이 바뀌어야 한다는 것입니다. 이유는 자신의 교회에서도 얼마든지 해결이 가능하기 때문입니다. 알고 보면 아무것도 아닌 문제를 꼭 특별한 사람을 찾아가 해결하려고 하는 것입니다.

또 다른 면으로는 필자를 특별한 사람 취급을 하는 것에 상당한 거부감이 있습니다. 그래서 제가 이렇게 대답을 했습니다. 저는 하나님께서 저에게 특별한 은사를 주시고 사용한다는 것에 동의하기가 싫습니다. 원래 예수를 믿고 성령으로 세례를 받아 예수님이 주인 된 성도들은 모두가 특별한 것입니다. 모두가 저와 같이 영적이면서 정신적인 문제가 있는 성도들을 치유할 수가 있다는 것입니다. 좀 더 나아가 교회를 담임하는 목회자 모두에게 저와 같은 성령의 권능을 주셨다는 것입니다.

그런데 일반 교회 목회자나 성도들이 저와 같이 사역을 하지 못하는 것은 영적이고 정신적인 문제를 치유하고 영적투쟁에 관심이 없기 때문에 성령의 능력이 나타나지 않는 것입니다. 누구든지 예수를 믿고 성령으로 세례를 받은 성도라면 관심만 가지면 영적이고 정신적인 문제를 해결할 수가 있는 것입니다. 하나님은 이렇게 말씀하십니다. "내가 진실로 진실로 너희에게 이르노니 나를 믿는 자는 내가 하는 일을 그도 할 것이요. 또한 그보다 큰일도 하리니 이는 내가 아버지께로 감이라. 너희가 내 이름으로 무엇을 구하든지 내가 행하리니 이는 아버지로 하여금 아들로 말미암아 영광을 받으시게 하려 함이라. 내 이름으로 무엇이든지 내게 구하면 내가 행하리라"(요 14:12-14).

분명하게 예수님보다 큰일도 한다고 할 수 있다고 말씀하십니다. 우리가 예수님의 이름으로 무엇을 주하면 행하신다고 하셨습니다. 그렇기 때문에 관심이 없어서 영적 전투를 하지 못하는 것입니다. 일반 교회 목회자나 성도들이 한다는 말이 하나님께서 자신에게는 특별한 은사를 주시지 않았다는 것입니다. 영적 전투를 하면서 영적이고 정신적인 문제를 해결하는 필자와 같은 사람들을 특별한 사람 취급을 합니다. 하나님께서 특별한 은사를 주시어 사용하신다는 것입니다.

그러면서 영적이고 정신적인 문제가 발생하여 영적전투가 필요하면 자기네 교회에게 해결하려고 하지 않고 기도원이나 치유센터나 특별한 교회를 찾아 헤맵니다. 특별한 목회자나 사역자라야 그런 문제를 해결할 수가 있다는 것입니다. 그렇기 때문에 교회 담임목사나 교역자 들이 영적전투에 관심을 갖지 않는 것입니다.

그런데 영적이고 정신적인 문제가 발생하여 해결하려면 하루 이틀에 해결이 불가능 합니다. 일반 성도들이 생각하는 것과 같이 안수하번 받고 축사하번 받아서 치유가 되지 못합니다. 치유가 되려면 성령으로 세례를 받아야 하고, 자신 안에서 성령의 역사가 흘러나올 수 있는 기도가 되어야 합니다. 기도도 일반적인 기도가 아니고 성령으로 기도할 수가 있어야 합니다. 그렇기 때문에 영적이고 정신적인 문제를 해결하려면 자신이 출석하는 교회가 성령의 역사가 일어나는 귀신들과 영적 전투하여 귀신을 쫓아내어 성도들을 자유하게 하는 교회이어야 합니다.

자신이 다니는 교회가 성령의 세례가 임하고 기도할 때 성령으로 충만 받으며 영적전투를 하는 교회가 되도록 해야 합니다. 그렇지 않으면 환자의 부모가 성령으로 세례를 받고 성령으로 충만 받아서 영적인 전투를 할 수 있는 영력을 길러야 합니다. 자신의 가족이나 자신이 담임하는 교회 성도들을 치유하기 위하여 성령의 세례가 임하고 기도할 때 성령으로 충만 받으며 영적 전투를 할 수 있는 훈련을 하는 기도원이나 치유센터나 우리 충만한 교회와 같은 곳을 찾아가셔서 훈련을 받아야 합니다. 앞에 설명한 고등학교 1학년 우울증을 앓는 딸을 둔 여 집사에게 자신이 능력을 받아서 딸을 치유하려고 하라고 권면을 했습니다.

결론적으로 영적전쟁을 훈련하는 곳은 건물로 지어진 교회에서 성령께서 하십니다. 예배당에서 예배 시간에 영적전투에 대하여 배우고 향해야 합니다. 성도들은 교회가 아주 중요합니다. 지상교회에서 영적전투를 배워 영적싸움을 통하여 자신을 성전 만들기 때문입니다.

충만한 교회에서는 직장인, 학생, 주부들을 위하여 주일날도 동일하게 성령 내적치유 집회 형식으로 예배를 인도합니다. 담임목사는 주일날 밖에 교회에 나올 수 없는 성도들이 하나님의 뜻대로 내면을 치유 받고 성령 충만하여 현제 천국을 누리면서 살아가도록 관심을 가지고 신앙을 지도하고 있습니다. 매주 영적인 말씀을 들으면서 40-50분 이상 기도하면서 안수하여 막힌 영의통로를 뚫고, 마음의 상처를 치유하고, 영적인 문제를 해결하며, 성령님과 동행하도록 예배를 인도하고 있습니다. 예배시간은 11:00- / 13:30-입니다. 평일 시간이 없으신 분들은 오셔서 진리의 말씀을 듣고 치유도 받으시기를 바랍니다.

3장 귀신 쫓는 훈련소장은 누구일까?

(딤후 4:7-8)"나는 선한 싸움을 싸우고 나의 달려갈 길을 마치고 믿음을 지켰으니 (8) 이제 후로는 나를 위하여 의의 면류관이 예비 되었으므로 주 곧 의로우신 재판장이 그 날에 내게 주실 것이며 내게만 아니라 주의 나타나심을 사모하는 모든 자에게도 니라"

과연 성도들을 귀신들을 쫓아내는 영적인 군사로 만드는 영적 전투 훈련소장은 누구일까요? 교회를 이끌어 가시면서 설교하시고 훈육하시는 담임목사님 이실까요? 아니면 자신의 구역을 인도하는 구역장이나 셀 리더 일까요? 이 모든 분들은 성도들을 영적인 구사로 만드는 훈련소장이 아닙니다. 성도들을 영적인 군사로 만드는 분은 사람이 아닙니다. 성령하나님이십니다. 성령하나님께서 직접 훈련하십니다. 분명하게 우리 성도들은 예수를 믿을 때 죽고, 예수로 태어난 사람들입니다.

우리가 예수를 믿는 순간에 죽고, 다시 예수님으로 태어나는 것입니다. 하나님께서 분명하게 말씀하셨습니다. "그리스도의 사랑이 우리를 강권하시는 도다. 우리가 생각하건대 한 사람이 모든 사람을 대신하여 죽었은즉 모든 사람이 죽은 것이라. 그가 모든 사람을 대신하여 죽으심은 살아 있는 자들로 하여금 다시는 그들 자신을 위하여 살지 않고 오직 그들을 대신하여 죽었다가 다시 살아나신 이를 위하여 살게 하려 함이라(고후 5:14-15)” 분명하게 “자신을 위하여 살지 않고 오직 그들을 대신하여 죽었다가 다시 살아나신 이를 위하여 살게 하려 함이라고” 하셨습니다.

죽었다가 다시 살아 예수님의 인생을 사는 사람들을 사람이 영적전투 훈련을 시킬 수가 없는 것입니다. 성령의 사람을 통하여 성도들을 영적전투 훈련을 시키는 것입니다. 마치 성령의 사람인 아나니아가 예수님의 명령을 듣고 바울에게 안수하여 바울의 눈을 뜨게 한 경우와 마찬가지입니다. 예수님이 우리는 부르신 것은 예수님을 위하여 살게 하려고 부르신 것입니다. 예수님께서 하신 일을 하게 하려고 부르신 것입니다. 예수님은 영이십니다. 육체가 죽지 않고 영이신 예수님을 위하여 살아갈 수가 없습니다. 그래서 죽었다고 다시 살아나 예수님으로 살도록 하시는 것입니다. 이제 자신의 인간적인 생각이나 지혜나 열심으로 살지 말아야 합니다. 성령의 인도를 받아야 합니다. “무릇 하나님의 영으로 인도함을 받는 사람은 곧 하나님의 아들이라(롬 8:14)” 그래서 하나님은 “만일 우리가 성령으로 살면 또한 성령으로 행할지니(갈 5:25)” 라고 말씀하십니다.

예수를 믿고 성령으로 거듭난 성도는 성령으로 깨달아야 하고, 성령으로 기도해야 합니다. 자신은 예수를 믿을 때 죽고 다시 예수로 태어나 예수님을 위하여 살기 때문입니다. 예수를 믿고 성령으로 거듭난 크리스천들은 특별하고 위대한 사람들입니다. 예수님의 인생을 살고 있기 때문입니다. 그렇기 때문에 빠른 시간 내에 자신이 없어지고 순수하게 성령으로 깨닫고, 성령으로 기도하면서 성령의 지배와 인도를 받아야 합니다. 그래야 하나님께서 주시는 것들을 온전하게 누리면서 살아갈 수가 있는 것입니다. 군사는 성령의 지배와 장악과 인도를 받아야 합니다.

첫째, 모세의 경우를 보면 이해가 가실 것입니다. 인류역사에 모세만큼 위대한 사람은 없을 것입니다. 모세는 하나님의 손에 사로잡혀서 너무나 엄청난 사역을 감당했던 사람입니다. 그가 섬기는 교회는 성도가 2백만 명이나 되는 이스라엘의 교회를 사십 년 동안 섬기던 목회자였습니다. 특히 당시 교회는 이렇게 고정되어 있는 교회당에서 섬기는 목회가 아니라, 옮겨 다니는 캠프 교회 목회였습니다. 그러나 모세가 하나님의 손에 붙잡혀 쓰임 받은 것은 아무런 훈련도 없이 쓰신 것은 결코 아닙니다. 지금부터 위대한 목회자 중에 목회자였던 모세가 얼마나 엄청난 훈련을 받는지 함께 살펴봅시다.

모세의 훈련은 세 단계로 말씀하고 있습니다. 첫 단계는 어머니를 통해서 신앙훈련을 받았습니다. 두 번째는 애굽 왕궁에서 받은 훈련입니다. 세 번째 단계는 미디안 광야에서 받은 40년의 훈련입니다. 사실 위대한 목회자가 된 모세는 아무 것도 없는 이 미디안 광야의 40년 동안의 하나님의 훈련을 통해서 만들어집니다.

영적전쟁 훈련소에 입소하는 모세입니다. "바로가 이 일을 듣고 모세를 죽이고자 하여 찾은지라 모세가 바로의 낯을 피하여 미디안 땅에 머물며 하루는 우물곁에 앉았더라"(출2:15). 모세가 감독관을 살해했다는 소식을 바로가 듣고, 모세를 죽이겠다고, 잡아오라고 명령을 내립니다. 모세는 자기 동족에게도 거부당하고, 애굽에서도 거부당하고, 이제 그가 살기 위해서 할 수 있는 방법은 도망을 가는 것뿐입니다. 그래서 도망쳤습니다. 도망간 모세는 미디안의 어느 우물가에 이르게 되었습니다. 바로 이 일은 영적으로 모세가 훈련소에 입소한 것입니다. 성령의 인도로 영적전투 훈련소에 입소한 것입니다.

그 때 우물가에서 제사장의 딸들이 양들에게 물을 먹이려고 하는데, 목동들이 괴롭게 하는 것을 보게 됩니다. 그래서 모세는 제사장의 딸들을 도와줍니다(출2:16-17). 본인도 어려운 입장에 있으면서도, 어려운 사람을 보면, 그냥 넘어가지 못하는 것이, 모세의 천성인가 봅니다. 이러한 마음이 그리스도인의 마음이 아닐까요? 그 다음 무슨 일이 일어났습니까? "그들이 그 아비 르우엘에게 이를 때에 아비가 가로되 너희가 오늘은 어찌하여 이같이 속히 돌아오느냐? 그들이 가로되 한 애굽 사람이 우리를 목자들의 손에서 건져내고 우리를 위하여 물을 길어 양무리에게 먹였나이다"(출2:18-19)

그 날 미디안은 딸들이 다른 날 보다 일찍 집으로 돌아오자, 그 아버지는 어찌 오늘은 이렇게 일찍이 왔느냐고 묻자, 한 애굽인의 도움으로 일찍 오게 되었다고 합니다. 그러자 아버지는 그 사람을 왜 집으로 모시고 오지 않았느냐고 책망했다는 말씀입니다. "아비가 딸들에게 이르되 그 사람이 어디 있느냐 너희가 어찌하여 그 사람을 버리고 왔느냐 그를 청하여 음식으로 대접하라 하였더라"(출2:20).

그래서 모세를 초청하게 됩니다. 우리의 만남은 우연히 아니라고 노래하듯이 이 만남은 우연한 만남이 아니었습니다. 그곳은 하나님이 모세를 위해서 준비하신 하나님의 훈련소였습니다. 그곳에서 모세는 40년이라는 세월동안 훈련을 받게 됩니다. "모세가 그와 동거하기를 기뻐하매 그가 그 딸 십보라를 모세에게 주었더니 그가 아들을 낳으매 모세가 그 이름을 게르솜이라 하여 가로되 내가 타국에서 객이 되었음이라 하였더라"(출2:21-22).

모세가 그곳에 거하는 것을 좋아합니다. 그래서 르우엘은 자신의 큰 딸, 십보라를 모세의 아내로 줍니다. 당시에는 아내를 맞이하려면 엄청난 지참금이 요구되는 시대였습니다. 그러나 아무 것도 없는 모세에게 딸을 준 것은 아마 그곳에서 살면서 노동하여 갚기를 원했는지 모르겠습니다. 모세가 아들을 낳게 되자, 그 아들 이름을 '게르솜'이라고 하였습니다. 그 이름의 의미는 '객'이라는 뜻입니다. 모세가 그곳이 아무리 좋아도 그곳은 그가 살 곳이 아니라는 의미입니다. 그가 다시 돌아 가야할 고향은 애굽도 아닙니다. 그가 돌아갈 고향은 자신을 거부한 이스라엘에게 가야합니다.

"여러 해 후에 애굽 왕은 죽었고 이스라엘 자손은 고역으로 인하여 탄식하며 부르짖으니 그 고역으로 인하여 부르짖는 소리가 하나님께 상달한지라 하나님이 그 고통 소리를 들으시고 아브라함과 이삭과 야곱에게 세운 그 언약을 기억하사 이스라엘 자손을 권념하셨더라"(출2:23-25).

하나님은 이스라엘을 구원하시기 위해서 40년이라는 세월 동안 모세를 훈련시키십니다. 모세! 그는 미디안의 훈련이 있기 전에는 그는 그의 힘으로 살았고, 자기 힘으로 전쟁을 했습니다. 그것은 실패로 끝이 났습니다.

이제 하나님은 미디안 사십 년의 훈련을 통해서 모세가 자기의 힘으로가 아니라, 하나님의 힘으로 일 할 수 있는 때를 기다리신 것입니다. 모세의 인간적인 기대가 완전히 깨지는 그날, 하나님은 자신의 일을 시작하시기 위해서, 그 때까지 하나님은 기다리시며, 훈련을 시키신 것입니다. 이처럼 하나님께 온전히 헌신 할 수 있는 사람이 만들어지기가 참으로 어려운 것입니다. 훈련되지 않고는 누구도 참되게 하나님께 헌신할 수 없는 것입니다.

모세가 그가 의지하던 것을 다 잃고, 아무 것도 없이 빈손으로 하나님 앞에 섰을 때, 하나님의 능력에 의하여 사용되는 복을 누렸습니다. 모세처럼 우리의 소속이 분명해야 합니다. 모세는 부귀와 영화가 있는 애굽의 소속이 되는 것보다, 다 잃어버리게 되는 이스라엘의 소속이 되는 것을 좋아했습니다. 우리의 소속은 어디입니까? 애굽입니까? 아니면 가나안입니까? 소속이 분명해야 합니다. 우리가 가나안과 애굽을 가지려고 한다면 하나님은 일을 시작하시지 않으십니다. 이 땅의 그리스도인들의 소속이 너무나 불분명합니다. 애굽에서, 가나안에서 좋은 것만 취하려합니다. 그런 사람은 하나님의 훈련소를 통과하지 않고는 결코 아무 것도 할 수 없을 것입니다.

둘째, 베드로의 경우를 보면 이해가 가실 것입니다. 담임목사가 아무리 성령으로 깨달아 영적전쟁의 진리를 전해도 받아들이는 성도가 성령의 임재가운데 아멘으로 화답하고 받아들이지 않으면 진리로서 역사할 수가 없습니다. 성도들이 진리를 깨닫고 따라가지 못하는 것은 말씀을 전하는 담임목사에게 문제가 있을 수가 있습니다. 그러나 진리의 말씀을 성령으로 깨달아 받아들이는 성도에게도 문제가 있을 수가 있는 것입니다. 그래서 목회자나 성도가 자아가 강하여 진리를 받아들이지 않으면 성령님이 직접 개입하시는 것입니다. 마치 사도행전 10장에 나오는 베드로와 같은 경우입니다. 베드로가 비 진리인 율법의 자아를 깨뜨리지 못하고 여전하게 율법을 가지고 판단하는 것입니다. 그러니까, 성령님이 직접 개입하여 베드로의 율법에 찌든 자아를 부수십니다.

사도행전 10장 9절을 보십시오. "이튿날 저희가 행하여 성에 가까이 갔을 그 때에 베드로가 기도하려고 지붕에 올라가니 시간은 제6시더라." 베드로는 지붕에 올라가서 기도를 하였습니다. 유대인의 지붕은 편평하고 조용해서 기도하기 좋다고 합니다. 베드로가 지붕에 올라가서 기도할 때에 하늘에서 큰 그릇이 내려왔습니다. 큰 보자기 같고 네 귀를 매어 땅에 드리웠습니다. 그 안에 무엇이 있었습니까?

12절을 보면 "그 안에는 땅에 있는 각색 네 발 가진 짐승과 기는 것과 공중에 나는 것들이 있는데"하였습니다. 그 거대한 보자기 안에 소 말 늑대 돼지 개 여우같은 각색 네발가진 짐승이 있었습니다. 짐승이 요리가 되어 있는 것이 아니라 생생히 살아있었습니다. 또 한 기는 것들, 뱀, 개구리, 악어, 도룡뇽, 지렁이 같은 것들이 있었습니다. 공중에 나는 것들은 독수리와 학 참새 꿩 비둘기 같은 것들이었습니다. 베드로가 이것을 보고 놀라서 멍해 있으니 주께서 "베드로야 일어나 잡아먹으라" 하셨습니다. 베드로는 즉각 거부했습니다. "또 두 번째 소리가 있으되 하나님께서 깨끗하게 하신 것을 네가 속되다 하지 말라 하더라. 이런 일이 세 번 있은 후 그 그릇이 곧 하늘로 올려져 가니라"(행 10:15-16)"

이런 일이 세 번이나 반복되었습니다. 베드로는 정말 잊을 수가 없었습니다. 하나님께서 베드로의 율법적인 자아를 부수어 진리를 따라가도록 하시는 것입니다. 그런데 그때에 고넬료가 보낸 사람들이 그 집에 도착하여 문을 두드리며 베드로를 찾았던 것입니다. 성령께서 베드로에게 "베드로가 그 환상에 대하여 생각할 때에 성령께서 그에게 말씀하시되 두 사람이 너를 찾으니, 일어나 내려가 의심하지 말고 함께 가라 내가 그들을 보내었느니라. 하시니"(행 10:19-20). 이방사람에게 성령으로 세례를 받아 진리 속으로 인도하기 위하여 베드로에게 성령으로 직접 개입을 하신 것입니다. 성령님의 직접적인 역사를 체험하게 하여 베드로의 사고를 바꾸어 진리를 따라가는 사도가 되게 하십니다. 성령님께서 직접 꼭꼭 집어서 알려주시고 이방인이 고넬료에게 성령의 세례를 받게 하십니다.

진리는 생명입니다. 성령으로 깨닫는 것입니다. 성령의 역사가 있기 때문에 진리이고 진리를 받아들이면 변화되는 것입니다. 하나님은 현장에 상황을 만들어 놓고 시험을 하십니다. 사도행전 3장에 나오는 "나면서 못 걷게 된 이를 사람들이 메고 오니 이는 성전에 들어가는 사람들에게 구걸하기 위하여 날마다 미문이라는 성전 문에 두는 자라"(행 3:2). 이 사건도 마찬가지입니다. 하나님께서 현장에다가 상황을 만들어놓고 성령께서 베드로에게 감동하게 하십니다. 베드로가 성령의 감동에 순종합니다. "베드로가 이르되 은과 금은 내게 없거니와 내게 있는 이것을 네게 주노니 나사렛 예수 그리스도의 이름으로 일어나 걸으라 하고, 오른손을 잡아 일으키니 발과 발목이 곧 힘을 얻고, 뛰어 서서 걸으며 그들과 함께 성전으로 들어가면서 걷기도 하고 뛰기도 하며 하나님을 찬송하니"(행 3:6-8). 베드로가 성령의 감동에 순종하니 살아계신 하나님의 역사로 나면서부터 걷지 못하던 사람이 걷는 기적이 일어나는 것입니다. 베드로가 하나님께서 함께 하시는 것을 체험하게 하십니다.

그런데 베드로가 성령의 감동에 순종하지 않았으면 하나님께서 베드로와 함께 할 수가 없습니다. 나아가 베드로는 성령의 이끌림으로 진리 속으로 들어가지 못했을 것입니다. 하나님께서는 이렇게 현장에 상황을 만들어 놓고 시험을 하십니다. 진리를 아는 가 모르는 가 시험지 가지고 시험보시지 않습니다. 바울도 마찬가지입니다. "루스드라에 발을 쓰지 못하는 한 사람이 앉아 있는데 나면서 걷지 못하게 되어 걸어 본 적이 없는 자라. 바울이 말하는 것을 듣거늘 바울이 주목하여 구원 받을 만한 믿음이 그에게 있는 것을 보고, 큰 소리로 이르되 네 발로 바로 일어서라 하니 그 사람이 일어나 걷는지라"(행 14:8-10). 바울이 분명하게 "바울이 주목하여 구원 받을 만한 믿음이 그에게 있는 것을 보고, 큰 소리로 이르되 네 발로 바로 일어서라" 성령의 감동에 순종하자 "나면서 걷지 못하게 되어 걸어 본 적이 없는 자"가 일어나 걷게 된 것입니다.

하나님은 성도들이 성령의 이끌림을 받으면서 진리 속으로 들어가게 하기 위하여 직접개입을 하십니다. 하나님은 절대로 목회자를 통하여 성도들을 진리 따라가는 성도되게 하시지 않습니다. 직접 일대일로 역사하시면서 진리 속으로 들어가게 하십니다. "너희는 주께 받은바 기름 부음이 너희 안에 거하나니 아무도 너희를 가르칠 필요가 없고 오직 그의 기름 부음이 모든 것을 너희에게 가르치며 또 참되고 거짓이 없으니 너희를 가르치신 그대로 주 안에 거하라"(요일 2:27). 성령님이 직접 가르친다고 말씀하십니다. "그러나 진리의 성령이 오시면 그가 너희를 모든 진리 가운데로 인도하시리니 그가 스스로 말하지 않고 오직 들은 것을 말하며 장래 일을 너희에게 알리시리라"(요 16:13). 그렇기 때문에 어떤 목회자가 성도들을 성도되게 한다고 말하든지, 자신만이 진리를 깨달아 전한다고 하면서 특별한 사람인 것과 같이 행세한다면 경계의 대상입니다. 정말로 조심해야 하는 목회자입니다. 하나님의 자리에 앉아있는 사람이기 때문입니다. 분명하게 "모세가 그에게 이르되 네가 나를 두고 시기하느냐 여호와께서 그의 영을 그의 모든 백성에게 주사 다 선지자가 되게 하시기를 원하노라"(민 11:29). 이것이 하나님의 뜻입니다. 그렇기 때문에 성도들은 성령의 개별적인 인도를 받아야 합니다. 개별적인 인도를 받기 위하여 성령으로 세례를 받고, 성령으로 충만하기 위하여 성령으로 기도하여 성령의 인도를 받아야 합니다. 분명하게 하나님은 성령으로 세례를 받은 성도를 개별적으로 인도하십니다. 하나님은 영이시기 때문에 성도들이 육체가 되었을 때 성령의 음성을 들을 수가 없기 때문입니다.

성경은 이렇게 말합니다. "오직 하나님이 성령으로 이것을 우리에게 보이셨으니 성령은 모든 것 곧 하나님의 깊은 것까지도 통달하시느니라. 사람의 일을 사람의 속에 있는 영외에 누가 알리요. 이와 같이 하나님의 일도 하나님의 영외에는 아무도 알지 못하느니라. 우리가 세상의 영을 받지 아니하고 오직 하나님으로부터 온 영을 받았으니 이는 우리로 하여금 하나님께서 우리에게 은혜로 주신 것들을 알게 하려 하심이라. 우리가 이것을 말하거니와 사람의 지혜가 가르친 말로 아니하고 오직 성령께서 가르치신 것으로 하니 영적인 일은 영적인 것으로 분별하느니라"(고전 2:10-13). 성령으로 깨달아 알고 성령의 음성에 순종해야 일대일 관계가 열릴 수가 있습니다. 하나님은 성령으로 세례를 받은 성도들과 교통하십니다. "만일 너희 속에 하나님의 영이 거하시면 너희가 육신에 있지 아니하고 영에 있나니 누구든지 그리스도의 영이 없으면 그리스도의 사람이 아니라"(롬 8:9). 모든 성도들이 성령으로 세례를 받아 성령의 지배와 장악이 되어 성령의 인도를 받으면 성령께서 성도 개개인을 진리 속으로 친히 인도하시는 것입니다. 살아계신 하나님께서 자신을 통하여 역사하신다는 것을 체험하게 하십니다. 그래서 진리이신 예수님을 따라가서 영생하는 성도가 되게 하십니다. "예수를 죽은 자 가운데서 살리신 이의 영이 너희 안에 거하시면 그리스도 예수를 죽은 자 가운데서 살리신 이가 너희 안에 거하시는 그의 영으로 말미암아 너희 죽을 몸도 살리시리라"(롬 8:11). 진리를 성령으로 깨닫고 보면 예수를 믿고 성도가 되었다는 것은 위대하고 특별한 축복을 받은 것입니다. 모두 성령으로 진리 안으로 이끌림을 받으시기를 바랍니다.

셋째, 영적 전투하는 군사는 성령께서 친히 훈련시키십니다.

성령께서 성도들 군사 만드는 것을 체험하면 신비롭습니다. 대형교회에서 아무런 문제없이 관념적으로 율법적으로 신앙생활을 하던 성도가 갑자기 여러 가지 일들이 발생합니다. 예배시간에 졸음이 사로잡아 설교가 들리지를 않습니다. 가슴이 답답하여 기도를 제대로 할 수가 없습니다. 조그마한 소리도 받아들이지 못하고 혈기와 짜증이 심해집니다. 갱년기가 찾아와 만사가 귀찮아 집니다. 우울증이 생깁니다. 불면증이 생겨서 잠을 제대로 잘 수가 없습니다.

잘되던 사업이 어려움이 생깁니다. 투자를 하면 할수록 손해만 납니다. 직장에서 사람들과 관계에 스트레스가 심해집니다. 말을 잘 듣고 순종하면서 믿음생활을 잘하던 자녀가 정신적인 문제가 발생하여 학교생활을 제대로 하지를 못합니다. 그래서 병원에 가서 약을 먹여도 치유가 되지 않고 한약방에 가서 약을 지어 먹여도 해결이 안 됩니다. 이 방법 저 방법을 다 동원해도 해결이 되지 않고 더 심해지기만 합니다.

하나님께서 영적인 눈이 열리게 하여 영적 전투하는 군사를 만들기 위하여 역사하시는 것입니다. 성령께서 영적인 군사를 만들기 위하여 상황을 조성하는 것입니다. 빨리 알아차리고 성령의 인도를 받으면서 영적으로 해결을 하려고 하면 쉽게 해결이 가능하나 그렇지 못하고 인간적인 방법으로 해결하려고 이리저리 뛰어다니면 점점 더 심해지기만 합니다.

점점 더 심해지니까, 이제야 영적인 방법으로 해결하려고 합니다. 여기저기 수소문을 하여 신령하고 능력 있는 목회자가 사역한다는 기도원에도 갑니다. 그러나 해결이 안 됩니다. 귀신만 쫓아내면 된다고 하여 축귀를 잘하는 목사에게 축사를 받아도 효과가 없습니다. 저~ 목사를 찾아가 축사를 받아도 효과가 없습니다. 요~ 목사를 찾아가 축사를 받아도 효과가 없습니다. 물질과 시간만 낭비하면서 상태는 점점 나빠지기만 합니다.

주변에 치유를 잘한다는 목회자를 찾아가서 안수기도를 받아도 해결이 안 됩니다. 어떤 신령하다는 여 목회자를 찾아가서 상담하니 하나님께 2천 만 원을 헌금하면 치유가 된다고 하여 헌금을 하고 안수를 받아도 치유가 안 됩니다. 담임목사님은 열심히 예배 생활을 잘하고 봉사 열심히 하며 새벽기도 빠지지 않고 참석하여 기도하고 저녁에 교회에서 철야하면서 기도하면 치유가 된다고 하여 6개월을 철야를 하면서 기도해도 소용이 없습니다.

그러다가 충만한 교회와 같이 영적전투를 전문으로 하면서 영적인 전문가와 군사를 양성하는 교회를 찾아가서 훈련을 받으면서 성령으로 세례 받고 성령 충만 받으면서 성령으로 기도하며 내면을 정화시키니 서서히 치유가 되기 시작을 합니다. 정신이 돌아오고 머리가 맑아지기 시작을 합니다. 성령으로 기도가 되기 시작을 합니다. 영적인 눈이 열리기 시작을 합니다. 성령으로 진리가 깨달아 지기 시작을 합니다. 설교를 들으면 은혜가 됩니다.

성령의 역사가 자신을 장악하고 자신 안에서 흘러나오는 상태가 되었기 때문입니다. 필자는 이렇게 영적 전신적으로 고생하는 성도들이 찾아오면 물어보는 것이 있습니다. 예수님을 믿을 때 자신이 어떻게 되었느냐고 질문합니다. 질문하면 백이면 백 대답을 제대로 하지 못합니다. 해답은 이것입니다. 자신은 예수를 믿을 때 죽었고, 다시 예수님으로 부활했다는 것입니다.

그렇기 때문에 지금 사는 것은 자신이 사는 것이 아니고 예수님이 사신다는 것입니다. 이제 자신의 열심과 노력으로 살지 말고 성령으로 살아가야 한다는 것입니다. 성령님이 주인으로 역사하기 시작하면서 서서히 하늘나라 성전이 되어가기 시작을 하는 것입니다. 자신이 하늘나라 성전이 되어가는 만큼씩 영적이고 정신적인 문제들이 치유되기 시작을 합니다. 서서히 하나님께서 전인격을 사로잡으니 자신의 영-혼-육의 상태가 좋아집니다. 환경이 열리기 시작을 합니다. 기도할 때 성령의 권능이 나타납니다. 문제가 있어 하나님께 기도하니 하나님께서 지혜를 주셔서 지혜대로 순종하니 기적같이 해결이 됩니다.

하나님께서 자신을 통하여 일하시기 때문입니다. 성도를 영적 전투하는 군사를 양성하는 분은 사람이 아니고 성령께서 직접 하시는 것입니다. 성령께서 하나님께서 사용하시는 사람을 만나게 하여 군사가 되게 하십니다. 그렇기 때문에 성령으로 세례를 받고 자신 안에 주인으로 계시는 예수님으로부터 성령과 불로 세례를 받으면서 성령으로 충만을 받아 성령의 지배와 장악과 인도를 받는 성도가 되어야 합니다.

4장 귀신 쫓는 훈련은 언제 어디서하나

(엡 6:10-18)"끝으로 너희가 주 안에서와 그 힘의 능력으로 강건하여지고 (11) 마귀의 간계를 능히 대적하기 위하여 하나님의 전신 갑주를 입으라 (12) 우리의 씨름은 혈과 육을 상대하는 것이 아니요 통치자들과 권세들과 이 어둠의 세상 주관자들과 하늘에 있는 악의 영들을 상대함이라 (13) 그러므로 하나님의 전신 갑주를 취하라 이는 악한 날에 너희가 능히 대적하고 모든 일을 행한 후에 서기 위함이라 (14) 그런즉 서서 진리로 너희 허리 띠를 띠고 의의 호심경을 붙이고 (15) 평안의 복음이 준비한 것으로 신을 신고 (16) 모든 것 위에 믿음의 방패를 가지고 이로써 능히 악한 자의 모든 불화살을 소멸하고 (17) 구원의 투구와 성령의 검 곧 하나님의 말씀을 가지라 (18) 모든 기도와 간구를 하되 항상 성령 안에서 기도하고 이를 위하여 깨어 구하기를 항상 힘쓰며 여러 성도를 위하여 구하라"

우리가 귀신들을 쫓아내는 영적전투훈련을 필수적으로 해야 하는 것은 세상에는 선(善)한 것과 악(惡)한 것이 공존하고 있기 때문입니다. 선한 힘 뒤에는 하나님이 계시고, 우리 자신의 악한 욕망과 세상의 유혹 뒤에는 직접적으로나 간접적으로 악의 화신인 마귀가 있습니다. 사실 선(Good)과 하나님(God), 악(Evil)과 마귀(Devil)의 경우에 차이점은 알파벳 한 자 뿐입니다.

　세상에는 악한 것이 너무나 많기 때문에 어떤 사람에게는 하나님의 존재보다 마귀의 존재를 믿는 것이 더 쉽습니다. 동양인에게 특히 그런 것 같습니다. 한편, 서구인들은 마귀의 존재를 한낱 뿔 달린 괴물 정도로 치부하는 경향이 심합니다. 그러나 우리가 초월적인 하나님의 존재를 믿는다면 마귀의 존재를 인정하는 것이 논리적일 것입니다.

　성경적인 세계관에 의하면 세상의 악 뒤에는 마귀가 존재합니다. 마귀를 뜻하는 헬라어 디아볼로스(Diabolos)는 히브리어의 사탄(Satan)을 번역한 것입니다. 사탄은 타락한 천사입니다(사 14:12-23). 사탄은 구약성경의 몇몇 사건 속에 등장합니다(욥 1장, 대상 21:1). 사탄은 단순한 어떤 힘이 아니라 인격체입니다.

　신약성경에는 사탄의 활동이 더 분명히 그려집니다. 사탄, 곧 마귀는 하나님께 끊임없이 반항하고 있으며, 많은 악령들을 거느리고 하나님 나라의 확장을 막으려 동분서주하고 있습니다. 사도 바울은 우리가 "마귀의 간계에 맞서야" 한다고 말합니다. 엡6장 12절에 "우리의 씨름은 혈과 육에 대한 것이 아니요 통치자와 권세와 이 어두움의 세상 주관자들과 하늘에 있는 악의 영들에게 대함이라" 말합니다.

　오늘 본문에서 하나님 나라 자녀들과 마귀의 세력 간에 벌어지는 영적 전투는 실제 상황임을 분명히 하고 있습니다. 본문에 따르면, 마귀와 그의 사자들을 과소평가해서는 안 됩니다. 그들은 간교합니다(11절). 그들에게는 권력이 있습니다. 그들은 '통치자(=정사), 권세, 어두움의 세상 주관자들'이라 불립니다(12절). 그리고 그들은 '악의 영들' 입니다. 따라서 우리가 적들의 강력한 공격을 받게 되는 것이 놀랄 일이 아닙니다. 오늘 말씀을 통하여 영적 전투의 실상을 알게 되기를 바랍니다. 성도들은 먼저 마귀의 전술을 알아야 합니다. 그리고 하나님께서 우리에게 주신 방어용 무기와 공격용 무기를 활용하는 법을 배워야겠습니다. 어디에서 배워야 하는가 교회 예배당에서 배워야 합니다.

첫째, 어떻게 준비하고 싸워야 하는가? 귀신들을 쫓아내는 전투는 아직 끝나지 않았고 사탄의 세력 또한 아직 멸망하지 않았기 때문에, 우리는 우리의 방어수단을 질서정연하게 준비할 필요가 있습니다. 사도 바울은 11절에서 "마귀의 궤계를 능히 대적하기 위하여 하나님의 전신갑주를 입으라" 라고 말합니다. 그런 다음 우리에게 필요한 여섯 가지 장비를 언급하고 있습니다.

1) 진리의 허리띠(14절). 허리띠는 전투에 임한 병사에게 매우 중요합니다. 성도에게는 진리의 허리띠가 필요합니다. 이것은 일차적으로 기독교 교리와 진리의 근본을 의미합니다. 기독교의 진리 전체를 우리의 사고체계에 적용시키는 것을 의미합니다. 성경을 읽고, 설교 말씀을 경청하고, 기독교 서적들을 읽고 테이프를 들음으로써 그 일을 할 수 있습니다. 그리고 우리의 삶을 진리대로 살도록 최선을 다해야 합니다. 이로써 거짓말쟁이

요 거짓의 아비인 사탄을 막아낼 수 있습니다.

2) 호심경, (14절). 전투에 나가는 병사는 심장과 폐 등 신체의 주요부분을 가리는 '가슴막이'를 합니다. 영적 전투에 나가는 성도의 호심경은 하나님의 은혜로 주어지는 그리스도의 의(義)입니다. 그리스도의 의는 그로 말미암아 구원을 얻은 성도의 영생을 보장하기 때문입니다.

그리고 이것은 성도의 실제적이고 구체적인 의로운 삶을 포함합니다. 왜냐하면 성도의 의는 그리스도로부터 오는 의인 동시에 그 의를 본받아 살려고 하는 성도의 의로운 생활로 구체화되기 때문입니다. 이러한 의는 악의 원흉인 사탄의 악한 공격을 훌륭히 막아내며 무력화시킵니다. 성도들이 착용한 의의 흉배는 말씀과 성령충만입니다.

3) 평안의 복음의 준비한 신(15절). 우리는 신을 신되 금강 구두도 좋고, 에스콰이어 구두도 좋지만 성도는 평안의 복음의 신발을 신어야 합니다. 신발 없이 어떻게 가시나 돌밭, 험한 산길을 걸어 다니며 싸울 수가 있겠습니까?

월남전에서 베트콩들은 독을 묻힌 쇠못을 땅에 박아 두었다고 합니다. 그것을 밟는 날이면 쇠못이 살 속으로 박혀 몸에 독이 퍼져 결국 죽게 된답니다. 그래서 아군은 두툼한 정글화(군화)를 신고 다녔다는 일화가 있습니다. 이처럼 가시밭 길, 산길을 걸어가기 위해서는 신발이 중요합니다. 신발 없이 그런 험한 길을 걸어 다니면서 전쟁한다는 것은 불가능합니다.

마찬가지로 하나님을 위해 달려 나가는 우리의 인생길도 험합니다. 험한 길을 달려 나가기 위해서는 복음의 신을 신어야 합니다. 그런데 본문에서의 "평안"은 마음의 평화를 말합니다. 진정한 평화, 평안은 언제 찾아옵니까? 복음을 믿는 것에서부터 옵니다. 자신 안에 주인으로 오신 예수님으로부터 성령과 불로 세례를 지속적으로 받아 성령으로 충만 받으며 성령의 지배와 장악을 받으며 성령의 인도를 받아야 평안합니다. 평안은 자신 안에 예수님으로 채워진 증거입니다.

마음의 평화가 깨어짐으로 분노하고 두려워하고 염려하고 이래서는 승리할 수 없습니다. 싸움을 시작하기도 전에 벌써 패한 것입니다. 마귀는 인간의 흔들리는 마음, 하나님과의 분리에서 오는 초조, 불안 등의 심리상태를 이용하여 우리를 넘어뜨리려 하고 패망케 하려 합니다. 따라서 우리는 하나님과의 깊은 교제를 통해 완전한 평화를 누리는 그런 자세로 살아가야 마귀와의 싸움에서 승리할 수 있습니다.

사랑이 지난 자리에는 항상 신발자국이 남듯 평안의 복음을 신으면 가는 곳곳마다 평화의 자국이 남아야 합니다. "좋은 소식을 가져오며 평화를 공포하며 복된 좋은 소식을 가져오며 구원을 공포하며 시온을 향하여 이르기를 네 하나님이 통치하신다 하는 자의 산을 넘는 발이 어찌 그리 아름다운고"(사52:7). 하나님의 군사의 신발은 복음 표이어야 합니다.

"평안의 복음의 준비한 것"을 군화로 신으라고 합니다. 그것은 사탄과의 가장 효과적이고 실제적인 대결은 평화의 복음을 증거하기 위해 언제나 준비되어 있는 것임을 가리킵니다. 매우 중요한 것입니다.

직접적인 전도를 통해서나 말없는 우리의 삶 자체를 통한 전도나 그리스도 안에 있는 평화의 복음을 증거 하는 것 보다 사탄이 싫어하는 것은 없으며, 그것보다도 더 사탄의 영토를 좁혀가며 하나님의 나라를 확장하기에 좋은 전투는 없을 것입니다. 이 말은 복음으로 무장하여 어디를 가든지 어떤 환경에 처하더라도 망설이지 말라는 뜻입니다. 전투화(군화)를 신으면 어디든지 갑니다. 군대에 가보신분은? 다 아는 사실입니다.

4) 믿음의 방패(16절). 방패는 온몸을 보호하는데 쓰여지는 방어용 무기입니다. 화살이 빗발치고 칼날이 난무하는 전쟁터에서 방패는 온몸을 방어하는데 아주 요긴한 무기인 것입니다. 방패는 온몸을 보호합니다. 데모 진압하는 경찰을 보면 모두 방패를 하나씩 가지고 있습니다. 그것으로 화염병을 막고 날아오는 돌을 막고 무지막지한 발길질도 다 막아냅니다. 우리 그리스도인은 영적 전쟁에서 승리하기 위해서 꼭 믿음의 방패를 갖추어야 합니다. 매우 중요한 것입니다.

믿음은 영적 전쟁에서 우리의 온몸을 보호하는 무기입니다. 왜요? 마귀의 궁극적인 공격의 목표는 우리로 하여금 예수 그리스도를 믿는 믿음에서 떠나게 만드는 것입니다. 그래서 우리를 마귀의 자식으로 만드는 것을 궁극적 목적으로 합니다. 그러니 우리가 예수 그리스도를 믿는 믿음 위에 굳게 서 있으면 우리 온 몸을 보호하는 것입니다. 우리의 전신을 보호하는 것이 바로 믿음의 방패인 것입니다.

오늘도 마귀는 문제, 핍박, 환난, 풍파, 시험을 통해 우리에게 화전을 날립니다. 불화살을 날립니다. 의심의 화살, 불신의 화살을 날립니다. 그래서 하나님을 불신하도록, 예수 그리스도를 의심하도록, 하나님의 말씀인 성경을 믿지 못하도록 화전을 날립니다. 그러나 우리는 믿음 위에 굳게 서야 합니다. 믿음의 방패로 이 모든 불화살을 다 막아낼 수 있어야 할 것입니다.

모든 무장을 했어도 온 몸을 감출만한 방패가 꼭 있어야 합니다. "모든 것 위에"라는 단어에 유념해야 합니다. 다른 무장 다 해도 믿음을 굳건히 하지 않는다면 마귀에게 패합니다. 오직 하나님의 말씀에 대한 믿음만이 어떤 화살이라도 막아낼 수 있습니다. 믿음의 방패를 늘 점검하시기 바랍니다.

5) 구원의 투구(17절). 구원을 신체에서 가장 중요한 머리 부분을 보호하는 투구와 관련하여 비유한 것은 성도의 영적 안전을 도모하는 데 있어서 구원의 중요성이 그만큼 크다는 것을 강조하는 것입니다. 구원에는 세 가지 시제가 있습니다. 우리는 이미 죄의 형벌로부터 구원을 받았습니다. 우리는 죄의 권세로부터 구원받는 중에 있습니다. 그리고 우리는 죄라는 것의 존재 자체로부터 구원될 것입니다. 마귀는 이러한 구원의 확신을 흔들려 하고 최후 구원에 대한 소망마저 앗아가고자 안간힘을 쓰고

있는데, 우리는 구원의 이 위대한 개념들을 알고 마음에 새겨야 합니다.

6) 성령의 검(17절). "성령의 검", 곧 성령으로 깨달은 하나님의 말씀을 가지라고 합니다. 이것은 사탄이 가장 겁내는 것, 사탄을 막을 뿐 아니라 쫓아내고 섬멸할 수 있는 가장 좋은 무기는 하나님의 말씀이요 말씀으로 역사하시는 성령의 능력을 힘입는 것임을 가르쳐주는 것이라 봅니다. 유일하게 공격용 무기입니다. 지금까지의 모든 무기는 방어용 무기지만 검은 공격용 무기지요? 전쟁이란 항상 방어만 하면 승리할 수 없습니다. 때를 따라 공격해야 승리를 할 수 있습니다.

성령께서 주신 검입니다. 적을 베고 찔러 죽일 수 있는 날카로운 하나님의 말씀입니다. "하나님의 말씀은 살았고 운동력이 있어 좌우에 날선 어떤 검보다도 예리하여 혼과 영과 및 관절과 골수를 찔러 쪼개기까지 하며 또 마음의 생각과 뜻을 감찰하나니"(히4:12). 하나님의 말씀은 마귀를 죽이는 무기입니다. 검객은 검을 사랑하고 늘 간수합니다. 하나님의 군사들은 하나님의 말씀을 날카롭게 마음에 준비해야 합니다. 마귀가 공격할 때 말씀의 칼을 휘둘러야 합니다.

누군가가 한 성도를 실족케 하려고 이런 말을 했습니다. "하나님은 당신 같은 사람 사랑하지 않아!" 여기에 대해 "아니오. 성경에는 분명 하나님은 세상을 이처럼 사랑하신다 했소." 성령으로 깨달은 말씀으로 공격해야 합니다.

둘째, 영적 전투훈련은 언제 어디서 해야 합니까? 앞에서 보았듯이, 사탄과 그의 심복들은 갈보리 십자가 위에서 이미 패배했으며, 우리는 지금 예수님이 다시 오실 때까지 남은 잔당들을 소탕하는 일에 참여하고 있습니다. 그리스도인으로서 우리는 사탄을 두려워할 필요가 없습니다. 우리의 적극적인 활동을 두려워하여 피하는 것은 바로 어둠의 세력입니다. 어떻게 효과적으로 사탄의 세력을 향해 공격하는 기술을 배울 것입니까?

1)건물교회 예배당에서 예배시간에 배우고 훈련해야 합니다. 영적전투를 하려면 마귀의 전술을 알아야 합니다. 마귀의 전술을 생각하기 전에 먼저 C. S. 루이스의 지적을 들어보십시오. "인류가 마귀 때문에 저지를 수 있는 동일하면서도 상반된 두 가지 실수가 있다. 하나는 그의 존재를 믿지 않는 것이며, 다른 하나는 그 존재를 믿으면서 그에 대해 지나친 관심과 불건전한 관심을 갖는 것이다. 마귀는 인류의 두 가지 실수를 똑같이 즐거워하며, 물질주의자나 마법사들을 똑같이 기뻐하며 맞이한다." 그러므로 우리는 건강하지 못한 관심을 가지지 않도록 주의하며, 성경이 보여주는 마귀의 전술을 살펴보아야 할 것입니다.

파괴를 목적으로 합니다. 사탄의 궁극적인 목적은 예수를 믿는 성도들을 멸망시키는 것입니다(요 10:10). 이 목적을 위해 사탄은 누구든지 예수 그리스도를 믿는 것을 막으려고 애씁니다. "그 중에 이 세상 신이 믿지 아니하는 자들의 마음을 혼미케 하여 그리스도의 영광의 복음의 광채가 비취지 못하게 함이니 그리스도는 하나님의 형상이니라."(고후4:4).

눈을 흐리게 합니다. 사탄의 길을 따르고 눈이 멀어 있는 한, 인간은 그의 술책에 대하여 거의 무지할 것입니다. 우리가 일단 생명을 얻게 되고 눈이 뜨여 진실을 보게 되면 공격을 당하고 있다는 것을 알게 됩니다.

의심의 씨를 뿌립니다. 공격의 최전선은 의심하는 곳에 있습니다. 에덴동산에서 사탄은 뱀의 모습으로 나타나 하와에게 말합니다. "하나님이 정말로 말씀하시더냐?" 사탄의 공격은 여자의 마음속에 의심을 일으키는 것으로 시작합니다.

사탄의 술책은 바뀌지 않았습니다. 그는 아직도 우리 마음속에 의심을 불러일으킵니다. "하나님이 정말 이러이러한 행동이 나쁘다고 하셨니?" 혹은 "만약 네가 그리스도인이라면…" 등의 생각을 심어 하나님이 하신 말씀과 그분과 우리의 관계에 대한 우리의 확신을 흔들어 놓으려고 합니다. 우리에게 떠오르는 많은 의심의 원인이 이것임을 알 필요가 있습니다.

유혹합니다. 창세기 3장에는 사탄이 매우 자주 사용하는 방법을 보여주는 예가 기록되어 있습니다. 하와에게 접근한 사탄은 하나님께서 허락하신 것을 무시하게 했고, 금지한 것에 초점을 두게 했으며, 형벌을 부인하도록 했습니다. 창세기 2장 16~17절에서 하나님은 아담과 하와에게 많은 것을 허락하시면서 단한 가지를 금하셨습니다. 그리고 불순종했을 때는 반드시 벌을 받을 것이라고 경고하셨습니다. "여호와 하나님이 그 사람에게 명하여 가라사대 동산 각종 나무의 실과는 네가 임의로 먹되 선악을 알게 하는 나무의 실과는 먹지 말라 네가 먹는 날에는 정녕 죽으리라 하시니라"

사탄은 하나님께서 허락하신 그 많은 것들을 무시하고 금지하신 한 가지에만 주의를 집중했습니다. 그리고 그것을 과장했습니다. "뱀이 여자에게 물어 가로되 하나님이 참으로 너희더러 동산 모든 나무의 실과를 먹지 말라 하시더냐"(창 3:1). 마귀는 하나님께서 우리에게 모든 것을 풍성하게 즐기도록 주셨다는 사실은 무시합니다(딤전 6:17). 마귀는 우리가 하나님과의 관계 속에서 살아가는 큰 축복을 무시합니다. 성도의 결혼과 가족의 풍성함, 성도의 안정되고 행복한 가정, 성도가 교회 공동체를 통해 누리는 수준 높은 교제와 우정, 그리고 그 밖에 하나님께서 자기 백성들에게 주시는 셀 수 없이 많은 것들을 무시합니다.

그 대신 마귀는 그리스도인들이 해서는 안 되는 사소한 금지 조항들에 매달려서, 술을 마셔서는 안 되며 거짓말하거나 음란해서는 안 된다는 것을 반복하고 또 반복하여 확인시킵니다. 하나님께서 우리에게 허락하지 않은 일들은 비교적 적으며 그것들을 금지하신 데에는 매우 타당한 이유가 있음을 고의로 무시하려 합니다.

결정적으로 사탄은 형벌을 부인합니다. 머뭇거리는 여자에게 사탄은 "너희가 결코 죽지 아니하리라"(창 3:4)라고 말합니다. 무슨 말입니까? 하나님을 거역한다고 해도 아무런 해가 없을 것이라는 말을 하고 있는 것입니다. 그는 하나님이 사실은 훼방꾼이며, 우리 삶에 가장 좋은 것을 바라지도 않으시며, 하나님을 거역해야만 우리가 인생을 놓치지 않으리라고 주장합니다.

그런데 아담과 하와가 사탄의 유혹에 넘어가서 하나님께 불순종한 결과가 어떻게 되었습니까? 첫째로 그들은 부끄러움과 곤혹스러움을 피할 수가 없었습니다. 그들은 벌거벗었다는 것을 느끼고 몸을 가리기 시작했습니다. 둘째로 하나님과 그들과의 사이의 친밀한 관계가 깨어졌습니다. 하나님께서 다가오는 소리를 들었을 때 그들은 숨었습니다. 셋째로 아담과 하와 사이에도 틈이 생겼습니다. 아담은 하와를 탓했고, 하와는 뱀을 탓했습니다. 이처럼 사탄의 속임수는 아담과 하와를 하나님으로부터 멀어지게 했고, 온 인류를 멸망으로 이르는 길로 가게 했던 것입니다.

고소(告訴)합니다. 사탄은 속이는 자이고 멸망시키는 자이며 시험하는 자이고 의심을 불러일으키는 자일 뿐 아니라, 고소하는 자임을 알아야 합니다. 히브리어로 사탄은 '고소하는 자' 혹은 '중상하는 자' 라는 뜻입니다. 사탄은 사람들 앞에서 하나님을 고소합니다. 하나님에게 모든 잘못을 돌립니다. 사탄의 말에 따르면, 하나님은 믿을 수가 없다는 것입니다.

사탄은 또한 하나님 앞에서 그리스도인들을 고소합니다(계 12:10). 그는 우리를 비난하고 죄책감을 가지게 합니다. 그와 반대로 성령님은 우리에게 죄가 무엇인지를 보여주셔서 죄로부터 우리가 돌이킬 수 있게 하십니다.

시험을 받는 것과 죄는 다릅니다. 때때로 마귀는 우리 마음속에 잘못임을 알고 있는 생각을 집어넣습니다. 그 순간, 우리는 그것을 받아들일 것인가, 거부할 것인가를 선택할 수 있습니다. 그것을 받아들인다면 우리는 죄로 향한 길에 있는 것입니다. 거부한다면, 예수님께서 하신 일을 하는 것입니다. 예수님은 "모든 일에 우리와 한결 같이 시험을 받은 자로되 죄는 없으신" 분이십니다(히 4:15).

마귀는 우리 삶에 실패가 습관적으로 반복되기를 바라는 자입니다. 마귀는 우리가 죄에 더 많이 빠지면 빠질수록 더 많은 죄가 우리 삶을 조정하기 시작한다는 것을 압니다. 한 번의 마약주사는 우리를 지배할 수 없지만, 그것을 매일, 여러 날 동안, 여러 달 동안 계속 주사한다면 지배력을 가질 것이며, 우리는 중독 될 것입니다. 우리들이 잘못임을 알고 있는 일들을 계속한다면, 그것이 결국 우리들의 삶을 지배하게 됩니다. 그 길은 마귀가 원하는 멸망으로 이르는 길입니다.

마귀의 전술은 이처럼 신약성경에 명백히 드러나 있습니다. 그러나 아무리 마귀의 책략이 교묘하다 하더라도, 우리가 반드시 기억해야 할 것은 마귀는 그리스도의 십자가에서 패배했다는 사실입니다. 우리는 그리스도인이기 때문에 "우리를 흑암의 권세에서 건져내사 그의 사랑의 아들의 나라로 옮기셨습니다"(골 1:13).

사탄은 정복된 적입니다(눅 10:17-20). 사탄과 그의 모든 심복들은 십자가에서 패배했으며, 바로 그 때문에 사탄과 그의 악령들은 예수님의 이름을 그토록 두려워하는 것입니다(행 16:18). 그들은 자신들이 패배했다는 것을 압니다.

예수님은 우리를 죄로부터 해방시키셨고, 우리를 새로운 왕국으로 옮겨 놓으셨습니다. 십자가는 사탄과 그의 심복들에 대한 큰 승리였으며, 우리는 이제 잔당들을 소탕하는 시대에 살고 있습니다. 적이 아직 완전히 멸망하지 않았고 여전히 해를 입힐 수 있는 능력이 있기는 하지만, 그들은 무장 해제 당했고 사기가 꺾였습니다. 이것이 우리의 현재 위치입니다.

주님께서는 이제 우리를 영적 전투의 현장으로 초대하고 계십니다. 예수 이름의 권세를 가지고 영적 전투의 현장에 나아가는 모두가 되시기를 바랍니다.

2)주일날 예배당에서 예배시간에 훈련해야 합니다. 주일날 예배를 드리면서 영적전투훈련을 해야 합니다. 거룩하게 예배를 드리는 것에만 집중할 것이 아니고, 세상에 나가 성도들의 대적인 귀신들과 싸워서 승리할 수 있는 영성을 길러야 합니다. 성령으로 세례를 받고 성령 충만한 상태에서 귀신들과 싸워서 이길 수 있도록 정규 예배시간을 활용해야 합니다. 주일예배시간이 아주 좋은 영적전투 훈련 시간입니다.

요즈음 세상 살기가 힘이 들어서 주일 하루만 교회에 나오는 분들이 많습니다. 이들이 영적전투훈련을 배우기 위하여 별도 시간을 낼 수가 없을 것입니다. 기도원에 갈 시간도 없을 것입니다. 인터넷에 보면 어느 교단에서는 영적전투 훈련학교를 별도로 기간을 정해가지고 특정한 장소에서 했다고 하던데 이것을 시간이 많은 성도들이나 목회자들에게 해당되는 것입니다.

일반적인 성도들이 이렇게 별도의 시간을 내서 영적전투 훈련을 참가하는 것은 불가능하다고 생각합니다. 정작 영적전투훈련을 받아야 하는 분들은 주일 밖에 시간을 낼 수 없는 분들일 것입니다. 이분들이 영적전투에 대하여 바르게 알고 싸워 귀중한 영혼을 지킬 수 있도록 주일날 영적전투훈련을 해야 합니다. 각 교회 담임목회자가 영적전투에 대하여 관심을 가지고 목회를 해야 합니다. 그래야 성도들이 생존경쟁에서 이길 수가 있을 것입니다.

우리 모두는 영적 전투의 현장에 불려나온 전사들입니다. 우리에게는 원수의 집요한 공격을 막아내고 그들을 물리쳐야 하는 막중한 사명이 부여되어 있습니다. 주님을 위해 하나님 나라의 용맹한 군사가 되어야 하지 않겠습니까? 하나님의 전신갑주를 취하는 일에 최선의 노력을 경주하십시오. 진리의 허리띠를 띠고 의의 흉배를 붙이는 일에 더욱 정진하십시오. 평안의 복음의 신을 준비하기 위해 전도훈련을 받으십시오. 믿음의 방패와 구원의 투구를 새롭게 다지기 위해 말씀공부와 기도회에 적극 참여하십시오. 성령의 검인 말씀을 가지고 직접 행동으로 나서십시오. 이 전투의 승리는 반드시 우리의 것임을 믿고 용감히 싸우십시오. 먼저 자신과 가정에서, 그리고 구역과 전도 모임에서, 각 사역 팀에서, 그리고 전 교회적으로 영적 전투에 승리하는 충만한 공동체가 되기를 예수 이름으로 축원합니다.

충만한 교회에서는 매주 토요일 10:00-12:30까지 2시간 30분 동안 개별 특별집중 기적치유 시간을 갖고 있습니다. 한번에 4-6명밖에 할 수 없으므로 1주일 전에 지정된 선교헌금을 입금하시고 예약을 합니다. 자세한 것은 홈페이지를 참고하시기를 바랍니다.

*대상은 이렇습니다. 기도하는 습관이 되기를 원하시는 분/ 여기서도 저기서도 치유와 능력을 받지 못한 분/ 지금 천국과 아브라함의 복을 누릴 분/ 불치병, 귀신역사를 빨리 치유 받을 분/ 목과 허리디스크, 허리어깨통증, 근육통, 온몸이 아프고 무거움에서 치유해방 받고 싶은 분/ 자녀나 본인의 우울증, 공황장애, 조울증, 불면증을 빨리 치유 받을 분/ 가슴이 답답하고 기도하기가 힘이 드는 분/ 방언기도를 깊고 강하게 하고 통역하고 싶은 분/ 축복과 영의 통로를 뚫고 싶은 분/ 성령의 불세례를 체험하고 싶은 분/ 최단기간에 현실문제 해결과 성령치유 능력 받고 싶은 분입니다. 오시면 자신이 눈과 몸으로 느끼고 주변사람들이 알아볼 정도로 획기적인 효과가 나타납니다. 반드시 일주일 전에 전화 확인하시고 선교헌금을 입금 후 예약해야 합니다(전화 02-3474-0675).

5장 귀신 쫓는 히든카드는 무엇일까?

(딤전 4:7-8)"망령되고 허탄한 신화를 버리고 경건에 이르도록 네 자신을 연단하라. 육체의 연단은 약간의 유익이 있으나 경건은 범사에 유익하니 금생과 내생에 약속이 있느니라"

귀신들을 쫓아내는 영적전투 훈련을 하는 목적을 알아야 합니다. 우리 소망을 하나님께 두었기에 하나님 나라에 더 영광중에 들어가기 위해 영적전투훈련을 하는 것입니다. 훈련한 만큼 실력이 나오듯이 신앙도 은혜이지만 훈련을 하는 사람에게 은혜를 주십니다. 말씀훈련, 묵상훈련, 읽는 훈련, 듣는 훈련, 성령충만 훈련, 성령으로 기도하는 훈련, 대적기도훈련… 등등을 해야 합니다. 잘 안 고쳐지는 성품들도 내버려두지 말고 천국에서 부끄럼 당하지 않으려면 훈련을 통해 고침을 받아야 합니다. 일생에 훈련을 해야 하는데 이것이 중단되면 사단의 역사가 오고 넘어집니다.

악한 마귀를 너무 두려워할 존재도 아니지만 무시해도 안 되는데 마귀는 늘 우리를 노리니 영적세계도 알고, 영성훈련도 하고, 영적원리도 알고, 변화도 되어야 하니 천국 가는 길이 멉니다. 딛2:12~13절에 "우리를 양육하시되 경건치 않은 것과 이 세상 정욕을 다 버리고 근신함과 의로움과 경건함으로 이 세상에 살고 복스러운 소망과 우리의 크신 하나님 구주 예수 그리스도의 영광이 나타나심을 기다리게 하셨으니!" 주님 오심을 사모하는 것이 중요하지만 그것으로 되는 것이 아닙니다. 심령이 영혼이 양육이 되어야 합니다. 거룩해지고, 아름다워지고, 깨끗케 되어야 하고, 치유도 되어야 합니다.

마귀와 싸울 때 여러 공격 루트가 있는데 평소에 대비를 해야 승리할 수 있습니다. 군인들이 싸울 때 여러 작전이나 군사훈련을 배우듯이 적과 싸울 때 적들의 여러 공격 루트가 있는데 거기에 다 대비를 해야 합니다. 무술을 하는 사람도 한 가지 방법만 쓰는 것이 아니고 여러 가지 방법을 배워 훈련하고 대비해야 그만큼 실력 있는 자가 될 수 있습니다.

신앙생활을 하다보면 여러 가지 일을 만나고 악한 영이 여러 가지로 공격하는데 그러니 전신갑주를 입으라 하십니다. 말씀은 잘 아는데 기도하지 않으면 영적능력이 없어 알고도 행치 못해 유혹에도 넘어가고 핍박에도 굴복하게 되는데 능력이 없으면 그것을 이겨낼 수가 없습니다. 평소에 영력을 쌓아놓지 안으면 어둠의 때는 오히려 있는 믿음마저 없어져버리고 두려워 떱니다.

첫째, 영적전투에서 승리할 수 있는 무기를 알아야 합니다.

1) 기도와 회개입니다. 누가 어려움을 당하고 아프면 대개 성도들의 아는 지식은 죄를 지어서 그러니 회개하라고 합니다. 이분은 감추어 놓은 무기가 회개밖에 없으니 그 무기를 내어 놓는

데 그러나 그것만 있는 것이 아닙니다. 누구도 회개하고 영적인 질병이 나았다고 이런 사례를 말하는데 이것이 안 통할 때가 있습니다. 그래서 여러 가지를 배워야 합니다. 전술을 여러 가지를 익혀 놓으면 여러 가지 방법으로 싸울 수 있습니다. 기도의 무기가 없는 사람이 있는데 기도하지 않으면 어려움이 올 때 당황해 버립니다.

문제가 있든 없든 기도훈련을 해야 합니다. 군대에 가면 전쟁이 있든 없든 훈련을 하듯이 기도훈련이 평소에 되어야 어려울 때도 기도하게 됩니다. 기도를 하되 성령으로 해야 합니다. 성도들 중에는 어려움이 오면 하나님을 피하든지, 인간적인 방법을 쓰든지, 하나님께 더 나아가든지 세 가지 중에 한 가지 방법을 쓰게 되는데 기도훈련이 된 사람은 하나님께 기도합니다. 말씀을 듣고 기도하지 않으면 열매가 안 됩니다. 영광의 뜻을 내 것으로 만들려면 내가 구하고 내가 원해야 합니다.

겔 36:37절에 보면 "나 주 여호와가 말하노라 그래도 이스라엘 족속이 이와 같이 자기들에게 이루어 주기를 내게 구하여야 할찌라!" 고 하셨듯이 주님이 약속하셨다고 해도 이 약속이 이루어지기를 구해야 합니다. 기도하지 않으면 영적전투 뿐만 아니라 영성 생활에 실패합니다. 마지막 때 이 모든 일을 피하고 인자 앞에 서도록 기도하며 깨어 있으라 하십니다. 주의 크고 영화로운 날이 이르기 전에 성령의 임재가운데 주의 이름을 불러야 합니다.

2)성령으로 충만입니다. 성령은 귀신을 쫓아내는 최고의 히든 카드입니다. 성령으로 충만해야 귀신을 쫓아내며 영적전투를 승리할 수가 있습니다. 성령 충만하려면 먼저 성령으로 세례를 받아야 합니다. 성령으로 세례를 받아 자신 안에 주인으로 계시는 예수님으로부터 성령과 불로 세례를 지속적으로 받으며 성령의 지배와 장악이 되어 성령님을 주인으로 모시고 성령의 인도를 받아야 합니다. 성령으로 충만해야 귀신을 쫓아낼 수가 있습니다.

3) 말씀훈련입니다. 성령으로 말씀을 깨달아야 합니다. 하나님의 많은 지혜와 지식의 말씀을 배우는데 이 우주만물을 말씀으로 지으시고 통치하시고, 나의 나 됨이 하나님의 은혜이고, 모든 것을 합력하여 선을 이루신다고 하시고, 의인은 일곱 번 넘어져도 다시 일으키신다고 하시고, 하나님을 믿으니 나를 믿으라고 하신 말씀들이 힘이 되고 영의 양식이 됩니다.

말씀으로 양육이 되면서 동시에 능력이 되면서 어려움이 생길 때 성령께서 말씀이 떠오르게 하십니다. 그러니 말씀을 심비에 많이 담아 두어야 합니다. 말씀을 암송하는 것도 좋지만 많이 읽고 듣고 기도하면 새겨집니다. 성령께서 심비에 기록하시고 필요할 때 감동으로 깨닫게 하십니다. 말씀을 머리고 지식으로 아는 것 보다 성령으로 말씀을 깨닫는 것이 아주 중요합니다.

두려워하는 사람에게는 "두려워 말라 내가 너와 함께 함이니라 놀라지 말라 나는 네 하나님이 됨이니라. 내가 너를 굳세게 하리라 참으로 너를 도와 주리라 참으로 나의 의로운 오른손으로 너를 붙들리라."(사41:10). 이 말씀으로 사람들이 응답을 많이 받습니다. 읽을 때와 기도할 때 성령님께서 생각나게 하시고 깨닫게 하시고 레마로 주시면 다릅니다. 저도 어려울 때 말씀으로 힘이 나게 하셨습니다. 힘이 들고 어려우면 기도로도 응답하지만 말씀으로도 응답을 주시는데 그래서 말씀을 반복훈련을 합니다. 복있는 자는 여호와의 말씀을 주야로 묵상합니다(시1:1~2).

성령치유집회에서 응답을 못 받으신 분이 돌아가서 "저가 채찍에 맞음으로 나음을 입었나니……" 그 말씀을 반복했는데 이 말씀이 이루어졌습니다. 사람들이 긍정적인 생각을 하면 좋다고 하듯이 말씀이 최고로 긍정적인 것이니 나음을 얻었나니 완료형을 써보세요. 그렇게 해서 효력을 본 사람도 많습니다.

4) 금식입니다. 금식이 있는데 말씀도 안 되고 기도도 안 되는데 금식을 통해서 될 수도 있습니다. 금식이 영적성장에 도움이 되는 것은 집중하기 때문입니다. 기도해보려고 밥 먹는 것도 잊어버리고 기도에 전념하라고 금식하는 것이지 굶는 것이 목적이 아닙니다. 금식을 세상을 끊고 하나님께 집중하는 것입니다. 금식을 바르게 알고 행해야 합니다. 금식이 영성성장에 도움도 되고 문제 해결하는데 도움이 될 수 있는데 이것도 무기이니 훈련해놓으면 좋습니다.

5) 중보기도입니다. 교회생활이 중요한 것은 늘 서로 보니 생각이 나고 중보해 준다는 것입니다. 숯불이 함께 타야 타오르는데 혼자 있으면 꺼져버리듯이 중보의 위력이 대단합니다. 이를

모르는 성도들은 자기가 은혜가 있으니 혼자 한다고 하는데 그러다보면 꺼져버립니다. 서로 중보하고 도움을 받아야 유리하지 그렇지 않으면 힘듭니다. 어떤 문제가 있을 때 먼저는 자신이 최선을 다해 기도해야 합니다. 문제가 있으면 무조건 중보 팀에 내놓거나 누구에게 안수 받으려고 하거나 그것이 아니고 먼저 자신이 해야 합니다.

6) 순종입니다. 주님께서 뭔가 하라고 하신 부분에 순종하지 않아 어려움이 올 수 있는데 그 문제는 순종하지 않고 중보기도를 의지하거나 안수를 의지하면 소용이 없습니다. 그것을 순복하라는 것이고 순복할 때 양육되고 그래야 영광을 얻는데 합당한 자가 됩니다. 무엇보다도 성령의 감동에 순종해야 합니다.

7) 용서입니다. 상처를 받으면 마음에 미움이 있는데 용서하지 않으면 미움이 그대로 있습니다. 어떤 사람은 용서함으로 병이 나은 사람도 있고 용서함으로 더 큰 은혜를 받은 사람도 있습니다. 용서받으려면 용서를 해야 합니다. 내가 용서하지 않으면 나의 죄도 용서해주시지 않으시는데 어떤 질병은 용서를 해야 치유해 주십니다.

8) 감사 찬양입니다. 범사에 감사하는 자가 되라고 하시는데 감사할 수 없는 상황에서 감사하라고 하십니다. 어려움 속에서 기도해보고 금식을 해봐도 안 되면 또 하나의 히든카드가 있는데 감사 찬양할 때 그때 역사가 있습니다. 사도바울은 빌립보 교도소에서 매 맞고 감사 찬양할 때 교도소이 열렸듯이 이렇게 해

서 나은 사람도 많습니다.

한국전쟁 때 그때 당시 미군이 도와주러 왔는데 영하 20도 되는 그때 당시 북한지역에 제1사단 해군 단이 갇히게 되어 추위와 배고픔으로 6일간 있었습니다. 아직 포로는 안 되어 있고 포위되어 있는 상황에서 그 중에 한명이 기독교인이었는데 그 사람이 우리 이럴 때 하나님을 찬양해 보자고 했습니다. 믿지 않는 사람이 이런데서 찬양하느냐 할 수 있는데 너무 절박하니 시키는 대로 해보자 하고 춥고 배고픈 상황에서 하나님을 찬양하고 감사했는데 갑자기 야생 멧돼지 한 마리가 그들을 향해 돌진하더라는 것입니다.

놀라서 총을 쏘려고 하는데 총을 쏘면 들키는데 주님이 아시고 그 앞에서 오더니 툭하고 죽게 하셔서 바비큐로 힘을 얻었다고 합니다. 다음날 어떤 남한 사람이 왔는데 영어를 잘하면서 당신들이 나가도록 길을 안내해 주겠다고 해서 그 분을 따라서 안전하게 산속 숲길을 다 벗어나 북한군이 없는 데로 나갔습니다. 그 분들이 인도해 주어서 고맙다고 감사하다고 인사하려고 했는데 없어졌는데 찬양할 때 하나님께서 보내준 천사였습니다. "여호와의 사자가 주를 경외하는 자를 둘러 진 치고 저희를 건지시는도다"(시34:7). 이렇게 찬양하면 주님이 어려울 때도 함께 하시는데 그들이 두려워 덜덜 떨었다면 토끼 한 마리도 안 나타납니다.

9) 귀신을 쫓는 것입니다. 어떤 선교하신 목사님이 목사님들과 선교사님들의 모임이 있었는데 어떤 분이 다 죽어가니 그분

들이 놀라서 단체로 기도를 하는데도 안 듣습니다. 그래서 이 목사님이 "여러분 기도를 멈추세요" 하고는 자기가 하겠다고 하더니 "더러운 귀신아~ 내가 예수님의 이름으로 명령한다. 이 사람의 목을 잡아 호흡을 제대로 못하게 누르는 행위를 멈추고 떠나가라" 귀신에게 명령을 했습니다. 그랬더니 호흡이 돌아오고 살아났습니다. 사람들이 박수를 한동안 치더니 잠잠해 졌습니다. 그럴 때는 예수님의 이름으로 권세를 주장하며 명령하는 것이 더 효과가 있습니다. 성령으로 판단해서 귀신을 쫓아내야 하는데 잘 몰라서 사용하지 못하는 것입니다.

10) 결심과 결의와 굳센 각오입니다. 정말 은혜를 받아야겠다는 결심, 결의, 굳센 각오를 하면 은혜를 받습니다. 소경 바디메오가 물러가지 않고 끝까지 주님을 찾아 결국 은혜를 받았고 수로보니게 여인도 물러서지 않았을 때 은혜를 받았습니다. 정말 은혜를 받아야겠다. 결심하고 각오하는 것도 무기입니다. 주님은 하나님께서 하신다는 것을 믿고 하려고 하는 자를 돕습니다. 하고야 말리라는 굳센 결의가 필요합니다.

성도에게 히든카드가 많습니다. 그중에 하나를 꺼내 쓸 수 있는 자격이 있고 권리가 있습니다. 기도할 수도 있고 묵상할 수도 있고 찬양할 수도 있고 중보의 도움을 받을 수도 있고 안수도 받을 수 있고… 많습니다. 무기를 가지고 있으면 사용할 줄을 알아야 하는데 이 무기가 안 되면 다른 무기를 쓰고 사용해야 합니다.

둘째, 영적전투에서 써야하는 강력한 파워가 되는 히든카드!

1) 하나님이 통치하신다는 것입니다. 우리에게 히든카드는 이 행위에 앞서 하나님이 통치하신다는 것입니다. 저는 이 카드를 종종 들어 사용합니다. 기도하고 묵상도 하는데 거기에 만족이 안 되면 하나님이 통치하신다는 사실을 생각합니다. 그분은 우리 아버지시고 우리 왕 이시다는 것입니다. 이것이 신학적인 히든카드인데 대단한 힘을 줍니다. 마귀가 하나님의 자녀들을 어떻게 할 것인가… 하나님이 통치하시는데… 대단한 힘입니다.

2) 약속의 말씀을 붙드는 것입니다. 세상 끝날 까지 함께 하신다고 하신 약속들… 그 약속을 놓치지 않습니다. 우울할 때 낙심될 때 나와 함께 하신다. 이런 히든카드들을 씁니다.

3) 성령께서 하신다는 히든카드입니다. 필자에게는 여러 유형의 고통을 당하는 분들이 찾아오십니다. 그때마다 성령하나님께서 저를 통하여 살아계심을 증명하시려고 보내셨다는 믿음을 가지고 손을 얹어 안수를 합니다. 그때마다 저의 믿음을 보시고 아무리 위중한 문제나 상처나 영적인 문제라고 치유되고 해결이 되게 하십니다. 필자는 항상 이런 믿음을 가지고 있습니다. "나는 예수를 믿을 때 죽었고, 다시 예수님으로 살아나 예수님의 인생을 살아가는 것이다. 고로 예수님이 나의 믿음을 통하여 어려운 문제들을 해결하신다." 그렇기 때문에 담대하게 환자들에게 손을 얹어 기도하여 치유하는 것입니다. 제가 하는 일이 아닙니다. 하나님께서 하시는 것입니다. 성령님이 하신다는 히든카드

를 사용하시기를 바랍니다.

　많은 목회자나 성도들이 자신이 능력이 있는 줄로 착각을 하는 것입니다. 자신을 통하여 역사하시는 하나님의 능력이라는 것을 믿고 행해야 합니다.

　겸손 하라는 것입니다. 이런 이야기가 있습니다. 어느 산골짜기에 조그마한 연못이 있었는데, 그 연못에 개구리 한 부부와 비둘기 한 부부가 살고 있었습니다. 그런데 어느 한해에 가뭄이 너무 심해 그 연못이 바짝바짝 말라 들어갔습니다. 이제 물이 넉넉한 다른 연못으로 이사하지 않으면 개구리 부부는 죽을 것입니다. 어느 날 개구리 부부는 비둘기 부부에게 간청을 합니다. 우리를 다른 연못으로 좀 데리고 가 달라고… 그러자 비둘기 부부는 그러고 싶으나 방법이 없다고 하소연했습니다.

　그때 개구리 부부에게 기발한 꾀가 생각났습니다. 그 꾀란 이런 나무 가지 하나 양끝을 개구리 부부가 물고 있으면 비둘기가 나무 가지 중간을 물고 날아가면 된다는 것이었습니다. 그렇게 하기로 하고 드디어 출발했습니다. 나무 가지 양끝을 개구리 부부가 물고 있으니 비둘기가 그것 중간을 물고 날아갔습니다. 아주 멋진 여행이었지요.

　어디쯤인가 날아가고 있는데 저 밑에서 여우가 박수를 치면서 "야~ 끝내주는 아이디어다. 저 기발한 생각을 누가 했어!" 하고 칭찬을 했습니다. 그 말을 들은 개구리 부부, 기분이 좋아서 대답하기를 "우리가 했지!" 그 다음 어떻게 되었겠어요? 우리가 했지! 하고 말하는 순간 물고 있던 나무 가지를 놓치게 되었습니다. 결국 그 높은 하늘에서 떨어져 꽥!하고 죽어 버렸어요.

무슨 예화입니까? 내 의로, 내 자랑으로는 이 세상에서 승리할 수 없습니다. 내 의를 앞세우고 내 자랑을 앞세우면서 일하는 사람들, 얼마 안가면 패배합니다. 인간적인 의로 무장을 한다면 성도는 구멍 뚫린 흉배를 가슴에 단 것과 같은 것입니다. 아예 가슴을 적에게 내어놓고 싸우는 짓인 것입니다. 예수님의 십자가 은혜로 죄에서 자유 함을 받았습니다. 그렇기 때문에 예수 안에 있을 때 죄에서 자유 함을 받을 수가 있는 것입니다. 모든 것이 성령하나님께서 자신을 통하여 하신 것입니다.

4) 고난을 당하고 있을 때 사용하는 히든카드입니다. 어려움이 오면 하나님의 허락가운데 있고 나의 유익을 위해서이고 감당하게 하시고… "고난당한 것이 내게 유익이라 이로 말미암아 내가 주의 율례들을 배우게 되었나이다"(시 119:71). 고난은 자신에게 영적인 유익이라는 히든카드가 있습니다.

5) 성령의 기름부음과 친밀함입니다. "내가 손을 들어 여호와의 기름 부음 받은 자를 치는 것을 여호와께서 금하시나니 너는 그의 머리 곁에 있는 창과 물병만 가지고 가자 하고"(삼상 26:11). 이렇게 기름부음 받은 자를 치지 말라고 하셨는데 이런 기름부음을 받기 전에도 지키셨는데 하물며 지금이랴! 기름부음을 받은 자에게는 너무 많은 약속이 있습니다. 친밀한 자를 지키시고 더욱 함께 하십니다. 기름부음이 강력한 히든카드인데 이

는 세상 사람들이 모르는 능력입니다.

셋째, 모든 히든카드는 진실하게 믿을 때 역사하십니다. 내가 진실하게 진짜 믿으면 역사하십니다. "하나님이 통치하시고 사랑하시고 함께하시고 모든 것이 하나님의 섭리이고 주님이 나와 함께하신다, 기름부음 안에서 그만큼 나를 보증하신다, 지키신다." 이런 것을 알고 믿고 그리고 기도하고 감사 찬양하고 이렇게 믿으면 믿음대로 함께 해주십니다.

강하고 담대할 때 하나님께서 역사하시고 두렵고 놀라면 마귀가 역사합니다. 모든 것이 영적인데서 일어난 일이니 진실하게 믿으면 하나님의 영광을 보게 됩니다. 어떤 능력의 사역자에게 천사가 와서 "당신이 진실 된다면 어떤 것도 당신의 기도 앞에 견디지 못할 것입니다. 심지어 암도 견디지 못할 것입니다." 라고 했습니다. 이런 하나님의 통치와 약속과 섭리와 친밀함 속에서 일어난 일들… 중보든 순종이든 용서든 이런 것을 통한 영적능력을 믿으면 당신의 기도는 강력할 것이라고 했습니다.

하루는 루터가 은혜를 받아 옛날의 죄를 다 회개하고 사역에 힘쓰고 있었습니다. 그런데도 사탄이 와서 자꾸 전에 지은 죄를 생각나게 하고 죄인 됨을 고발합니다. 기도하려고 하면 찾아와서 "위선 떨지마" 하고 속삭이고, 벽에다가는 옛날에 지은 죄를 가득 써놓고 "이렇게 죄가 많은 데 너 같은 죄인이 어떻게 종교를 개혁한다고 하느냐" 하면서 고발했습니다. 그것은 용기를 죽이려는 사탄의 계략입니다. 이에 루터는 "그 죄들은 이미 사함 받은 죄들이다"하고 외쳤습니다. 그래도 사탄이 끈질기게 달라붙자 잉크병을 집어 사탄의 머리에 던졌습니다. 그때 잉크병이 벽에 맞고 깨지면서 써 놓은 죄들을 모두 지워 버렸습니다. 그것을 보고 루터는 "지난날의 죄를 잊게 하시는 것도 하나님의 은혜다"라고 말합니다. 사탄은 종교를 개혁하려는 그의 의지를 꺾으려 했던 것입니다.

우리는 하나님이시면서, 하나님의 아들이신 예수님께서 우리의 죄를 담당하셨습니다. 예수 그리스도(우리의 죄를 담당하시고 죽으시고, 3일 만에 부활하신)를 믿는 즉시 모든 죄를 용서함을 받았습니다.

그래서 롬 8장1-2절에 이렇게 말씀하고 계십니다. "그러므로 이제 그리스도 예수 안에 있는 자에게는 결코 정죄함이 없나니 이는 그리스도 예수 안에 있는 생명의 성령의 법이 죄와 사망의 법에서 나를 해방하였음이라." 롬 6장 14절에서는 이렇게 말씀하십니다. "죄가 너희를 주관치 못하리니 이는 너희가 법아래 있지 아니하고 은혜아래 있음이니라"

넷째, 히든카드들을 평소에 훈련해 놓으면 어려울 때 당황하지 않게 되고 영화롭게 됩니다. 자신이 배워서 닦아 놓아야 시대적으로 개인적으로 어려움이 올 때 당황하지 않습니다. 경건의 훈련은 금생과 내생에 약속이 있는데 지키신다는 약속이 있습니다. 우리는 절대 혼자 사는 것이 아니고 주님이 함께하시고 주의 천사가 함께 하는데 우리가 기도할 때 늘 우리 곁에 와서 우리와 함께 하고 우리를 돕습니다.

지금 우리는 어려운 시대를 삽니다. 주님 오실 날이 가까워지고 마귀도 자기 시대가 얼마 남지 않은 것을 알고 역사합니다. 이를 아는 사람은 앞으로 시대적인 국가적인 환경적인 많은 일들이 생겨도 두려워하지 않는데 거기에 대해서 약속을 주셨고 기름부음을 주셨고 은혜를 받고 있기에 저희 환난 때 저와 함께 하며 지켜주며 건져주며 영화롭게 해주신다고 하십니다.

남들은 낙심하고 원망하고 탄식하는 때에 이 모든 환난에서 지켜주시고 영화롭게 해주시고 지금도 평안하게 하시고 승리하게 하십니다. 영적훈련을 한 것이 상상을 초월한 엄청난 이익이 있습니다. 이 말이여 모든 사람이 받을만하도다! 주님은 행한 대로 갚으십니다. 주님 안에서 영광의 주님 나라에 갈 때까지 주님을 뵈올 때까지 계속 훈련해야 됩니다.

신앙은 많은 어려움에 대처해야 하는 신부가 되고 용사가 되어야 하기에 양육이 되어야 합니다. 끝까지 이기고 견디고 승리해야 하니 말씀을 잘 듣고 순종하면 승리자의 반열에 서게 됩니다. 그때까지 끝까지 참고 겸손하시고 순종하셔서 꼭 승리하시기를 예수님의 이름으로 축원합니다. 아멘

2부 귀신 쫓는 훈련 장소는 마음이다.

6장 마음 안에 영적세계가 상존한다.

(엡6:12)"우리의 씨름은 혈과 육을 상대하는 것이 아니요 통치자들과 권세들과 이 어둠의 세상 주관자들과 하늘에 있는 악의 영들을 상대함이라."

하나님은 영적존재인 크리스천들이 영적인 세계를 밝히 보고 대처하기를 원하십니다. 우리는 세상에만 영적세계가 활동하고 있는 것으로 생각하면 안 됩니다. 영적세계는 자신 안에 상존하고 있다는 것을 알아야 합니다. 자신 안에 성령님도 거하십니다. 자신의 대적인 마귀도 거합니다. 자신의 영인 자아도 있습니다. 3가지 영들이 모두 다 자신 안에 공존하고 있는 것입니다. 그래서 내 마음은 치열한 전쟁터라고 하기도 하는 것입니다. 마음을 성령으로 하나를 만들어야 영적전투에서 승리할 수가 있는 것입니다.

크리스천에게 하나님께서 주신 텍스트 성경은 영적 존재와 영적 세계에 대해 적난하게 설명하는 책입니다. 세상에 그 많은 책들 중에 보이지 않는 영적 존재와 영적 세계를 체계적으로 다루는 책은 성경뿐입니다. 하나님은 보이지 않는 분이시나, 그가 보내신 예수 그리스도를 통해 하나님의 실존을 보여주셨고, 천사는 눈에 보이지 않으나, 그들의 활동을 통해 천사의 위치와 그 사역을 보여주셨습니다. 또한 인간의 영혼은 눈에 보이지 않으나 성령의 감동을 혼에 전달하여 순종하게 하는 일들을 통하여 그 실존을 알게 하셨습니다. 이 모든 것을 때로는 비유로 때로는 실상으로 우리에게 그 영적실상들을 보여주는 것이 성경입니다.

성경은 우리에게 하나님, 천사, 인간, 이 세 영적 존재의 위치와 역할 및 상호관계를 말해줍니다. 사람들은 하나님과 하늘을 동일시하여 하늘을 바라보며 막연히 머릿속에 어떤 신을 떠올리기도 합니다. 또 흰옷을 입고 날개 짓을 하고 있는 아름다운 아기 천사를 떠올리기도 합니다. 그러면서도 하나님이나 천사에 대해 영적 존재라고는 생각지 않습니다.

아직도 많은 그리스도인들이 여전히 하나님을 관념적 존재로 여기고 있고, 천사를 숭배할 대상으로 생각하고 있는 것입니다. 결국 영적으로 분명해야 할 하나님과의 관계가 불분명하고, 적극적으로 부리고 사용해야 할 종인 천사들의 도움을 받지 못하다보니, 신앙생활 자체가 관념적이고 무능력할 수밖에 없습니다. 하나님의 자녀가 마귀에게 당하면서 살아가는데 정작 자신은 이유를 알지 못한다는 것입니다.

영적세계를 모르면 눈은 떠있으나 소경이나 마찬가지입니다. 개척목회자가 영적인 세계를 모르면 개척목회가 힘들어집니다. 목회는 성령께서 직접 하시는 일이기 때문입니다. 성령의 임재와 역사를 알지 못하고 목회를 할 수가 없습니다. 성령의 역사를 보지 못하고 모르면 살아계신 하나님을 증명할 수가 없습니다. 개척교회는 살아계신 하나님의 역사가 일어나야 개척교회가 자립하고 성장할 수가 있습니다. 개척교회만이 아니고 성도들의 가정도 마찬가지입니다. 살아계신 하나님의 역사가 일어나야 가정이 천국을 누리며 영육의 축복을 받으면서 살아갈 수가 있는 것입니다. 가정에 살아계신 하나님의 역사가 일어나지 않으니 가정에 우환과 환란과 풍파와 부부불화가 일어나는 것입니다. 크리스천은 무엇보다도 생명의 말씀과 성령으로 영적세계를 보고 지배하는 눈이 열려야 합니다.

영원하신 하나님은 우리가 성령으로 영안을 열어 영적인 세계에 대하여 바르게 알고 분별하여 대처하기를 소원하십니다. 유일하신 하나님은 우리가 영적 세계를 알고 실제로 체험하고 5차원의 성령의 권능으로 4차원 이상의 영적인 세계와 3차원의 인간세계와 물질세계를 지배하기를 원하십니다. 5차원의 영적 세계에는 두 가지 형태의 영이 존재합니다. 하나님의 성령과 성령으로 거듭난 사람입니다. 4차원의 세계에는 타락한 마귀의 영이 거합니다. 하나님의 일반 은총으로 누구나 사용하면서 살아가는 인간세계, 물질세계는 3차원에 속합니다. 3차원은 보이는 세계입니다. 인간계 물질계입니다. 그렇다면 3차원의 인간세계와 물질세계를 지배하는 것은 무엇입니까?

5차원의 성령의 세계와 4차원에 속한 영의 세계입니다. 저는 이 책에서 편의상 물질세계와 인간세계를 3차원이라고 지정하여 부르고, 영적인 세계를 5차원의 성령의 세계와 4차원의 마귀의 세계라고 지정하여 부르겠습니다.

필자가 지정한 1차원, 2차원, 3차원, 4차원, 5차원을 좀 더 세부적으로 자세하게 설명하겠습니다. 1차원은 식물세계를 말합니다. 2차원은 동물세계를 말합니다. 3차원을 인간세계와 물질세계를 말합니다. 영적인 세계는 보이지 않는 세계로서 4차원인 마귀의 세계와 5차원인 성령의 초자연적인 세계를 말하는 것입니다. 다른 표현으로는 사람(3차원)입니다. 마귀와 귀신인 초인적인(4차원) 존재가 있습니다. 하나님=성령님은 초자연적인(5차원)입니다. 이렇게 두 가지로 이해하시고 책을 읽어 가시기를 바랍니다. 그래서 1차원인 식물은 2차원인 동물이 지배하고 살아갑니다. 2차원인 동물세계는 3차원인 인간이 지배하고 다스리며 살아갑니다. 그리고 3차원의 인간세계와 물질세계는 4차원인 타락한 마귀의 세계에 지배를 당하고 살아가는 것입니다.

4차원의 타락한 마귀의 세계는 5차원인 성령님과 성령으로 거듭난 크리스천에게 지배당하고 살아가는 것입니다. 그래서 3차원의 세계에 속한 성령으로 거듭나지 못한 인간(자연인)이 4차원의 마귀의 세계를 지배할 수가 없는 것입니다. 왜 그렇습니까, 아담이 마귀의 미혹에 속아서 선악과를 먹음으로 사람의 영적인 지위가 마귀 아래로 내려갔기 때문입니다. 그래서 예수를 믿지 않는 인간은 4차원에 속한 마귀를 이길 수가 없고, 마귀의 종이 되어 마귀의 지배를 당하며 살아가는 것입니다. 그래서 예수를 믿지 않는 세상 사람들은 모두 마귀의 종으로 살아가는 것입니다. 세상 사람들은 마치 이스라엘 백성들이 애굽에서 바로왕의 수하에 속해서 종살이를 하면서 살아가는 것같이 마귀의 종으로 살아가는 것입니다.

그래서 세상 사람들이 환란과 풍파를 당하면 인간 스스로 해결할 수가 없다는 것을 알고 무당이나 신접한 잡신들을 찾아가는 것입니다. 그래서 그들에게 무엇을 얻어서 환란과 풍파를 면해보려고 하지만 할 수가 없고 물질을 빼앗기면서 고통만 더 당하면서 살아가는 것을 신문 지면과 매스컴을 통하여 우리는 잘 알 수가 있는 것입니다.

그러나 인간이 예수를 믿고 성령으로 세례 받으면 영적인 권위가 5차원으로 상승되는 것입니다. 그래서 성령으로 거듭난 크리스천이 4차원의 마귀 귀신을 지배하고 살아갈 수가 있는 것입니다. 우리 크리스천이 마귀와 귀신으로부터 자유 함을 누리려면 성령으로 세례를 받아야 합니다. 그리고 성령의 인도와 지배를 받아야 합니다. 그래야 영육의 자유함을 누리며 살아갈 수가 있는 것입니다.

그러면 영의 세계는 어떤 세계입니까? 보이지 않는 영의 세계입니다. 그러나 실존하는 세계입니다. 살아서 역사하는 세계입니다. 영적세계가 인간세계(3차원)를 지배합니다. 하나님의 성령과 마귀와 성령으로 거듭난 사람의 영이 거하는 보이지 않는 영적인 세계입니다. 이 보이지 않는 영의 세계가 보이는 인간세계와 물질세계를 지배하는 것입니다. 좀 더 깊이 있게 설명하면 우리가 성령을 요청할 때 어떻게 기도합니까? 성령이여 임하소서라고 기도합니다. 이는 성령이 임해야 보이는 세계가 지배되기 때문입니다. 다시 말해서 인간세계의 문제나 환란과 풍파가 성령에게 장악을 당해야 해결되는 것입니다. 왜냐하면 보이는 세계에 일어나는 악의 문제의 배후에는 4차원의 영적존재인 마귀가 있기 때문입니다.

그래서 마귀보다 강한 5차원의 성령이 임하여 장악해야 성령의 역사로 문제나 환란과 풍파가 떠나가고 사람의 눈에 보이는 하나님의 창조물이 생겨나는 것입니다. 이것은 성경에 잘 기록되어있습니다. 창세기 1장2절부터 3절만 읽어보면 이해가 되는 것입니다. "땅이 혼돈하고 공허하며 흑암이 깊음 위에 있고 하나님의 영은 수면 위에 운행하시니라. 하나님이 이르시되 빛이 있으라 하시니 빛이 있었고(창1:2-3)" 땅이 공허하며 흑암이 깊음 위에 있었는데 하나님의 영(성령)은 수면에 운행을 했다고 했습니다. 이는 하나님의 영(성령)이 공허하고 흑암이 깊은 곳을 장악하니 하나님의 말씀대로 빛이 있으라 하시니 빛이 생겨났다고 말씀하고 있습니다.

이는 성령이 혼동하고 공허한 세상을 장악하고 하나님의 말씀이 떨어지면 하나님의 말씀대로 창조물이 생겨난다는 것입니다. 영의 세계는 말로서 보이는 형상이 나타나는 것입니다. 그러므로 성도는 말을 잘해야 합니다. 말이 씨가 되는 것입니다. 성령으로 거듭난 성도가 말한 그대로 이루어지는 것입니다. 그래서 하나님이 천지를 창조하실 때 성령으로 천지를 장악하시고 말씀으로 천지를 창조하신 것입니다. 그리고 성령으로 거듭난 성도가 아니더라도 영의 세계의 영향을 받아 우상을 숭배하는 신비종교들도 말로서 보이는 형상을 이루어내는 것입니다.

이는 애굽의 현인들과 마술사들을 보면 잘 알 수가 있는 것입니다. "모세와 아론이 바로에게 가서 여호와께서 명령하신 대로 행하여 아론이 바로와 그의 신하 앞에 지팡이를 던지니 뱀이 된지라. 바로도 현인들과 마술사들을 부르매 그 애굽 요술사들도 그들의 요술로 그와 같이 행하되 각 사람이 지팡이를 던지매 뱀이 되었으나 아론의 지팡이가 그들의 지팡이를 삼키니라(출 7:10-12)" 이렇게 마술사들도 지팡이로 뱀을 만듭니다. 그러나 아론의 지팡이가 그들의 지팡이를 삼켰다고 했습니다. 그러므로 마술사들이 만들어내는 형상은 미혹하는 허구에 불과한 것입니다. 그러므로 우리는 영안을 열어 영적인 세계를 분별해야 합니다.

그럼 원래 사람이 마귀의 지배아래 있었습니까? 아닙니다. 하나님은 아담보고 에덴동산을 지키고 가꾸라고 했는데 아담이 에덴동산을 지키지 아니했었습니다. 왜냐하면 마귀가 마음대로 출입하도록 내버려 두었습니다. 마귀는 에덴동산에 조그마한 제재도 없이 마음대로 들락날락 했습니다. 하나님이 아담에게 에덴동산을 지키라고 했는데 안 지켰습니다. "여호와 하나님이 그 사람을 이끌어 에덴동산에 두어 그것을 경작하며 지키게 하시고 (창2:15)" 분명히 하나님이 지키라고 하셨습니다. 우리들도 성령의 임재가운데 하나님의 축복을 지켜야 합니다. 그러데 안 지킨 것은 아담의 잘못인 것입니다. 그리고 마귀의 유혹에 찬 말에 귀를 기우렸습니다. 마귀가 나쁜 것을 알면서도 마귀와 대화를 하고 마귀의 유혹에 귀를 기우렸다는 이 자체가 대단히 잘못된 것입니다.

창세기 3장 4절로 5절에 "뱀이 여자에게 이르되 너희가 결코 죽지 아니하리라. 너희가 그것을 먹는 날에는 너희 눈이 밝아져 하나님과 같이 되어 선악을 알 줄 하나님이 아심이니라"고 선악과를 따먹으라고 유혹해서 하와가 따먹고 아담에게도 주어서 아담도 먹고 하나님을 반역하고 그들은 마귀의 종이 돼 버리고 만 것입니다. 그러므로 사람은 성령을 힘입지 않고는 4차원의 마귀를 지배할 수가 없습니다. 그리고 마귀는 하나님으로부터 창조된 피조물이므로 초자연적으로 역사하는 5차원인 성령을 지배할 수가 없습니다. 왜 그렇습니까? 성령은 하나님이십니다. 성령은 세상에 초자연적으로 역사하는 삼위일체 하나님이십니다. 고로 성령 하나님이 이 천지 만물을 지배합니다.

창세기 1장 2절에 "땅이 혼돈하고 공허하며 흑암이 깊음 위에 있고 하나님의 영은 수면 위에 운행하시니라."고 말씀하시므로 성령께서 보이는 세계를 장악하시는 것으로 묘사되어 있습니다. 그러므로 성령께서는 하나님의 모든 능력을 실제로 행하시고 역사하시는 영원한 차원의 세계에 속한 분입니다. 그러나 성령은 예수를 영접한 사람에게만 내주 하십니다. 절대로 강압적으로 인간의 영을 지배하지 않습니다. 반드시 예수를 영접한 사람의 영 안에 내주하십니다. 그러나 마귀는 그렇지 않습니다. 옛 사람(예수를 영접하지 않은 아담 안에 있는 사람)은 마귀의 종이 였기 때문에 마음대로 인간을 점령하는 것입니다. 그리고 사탄에 의해 지배되는 악령의 세계인 흑암도 사람보다 강한 초인적인 힘으로 영적인 세계에 능력을 행사하지만, 그것은 진정한 의미의 영적인 세계가 아닙니다. 이는 성령의 세계와는 전적으로 다른 것입니다.

그래서 5차원인 성령의 역사가 일어나면 떠나가야 하는 것입니다. 그러나 애굽의 마술사들이 하나님의 능력을 모방한 것과 같이 악령의 세계에도 일시적이고 허위 적인 치료와 기적들이 일어나기도 합니다. 사탄은 이러한 허위적이고 특이한 기적의 사건들을 일으키면서 이에 속아 현혹되고 미혹된 사람들을 끌어들입니다. 사탄은 예수 그리스도 안에서 성령으로 거듭나지 않더라도 영적인 체험을 할 수 있다고 사람들을 속이고 미혹합니다.

그러나 우리가 여기서 똑바로 기억해야 할 점은 사탄이 사람들을 미혹하기 위해 아무리 하나님의 능력을 모방한다 하더라도, 그 능력은 역시 하나님의 권세 아래 제한되어 있다는 점입니다. 사람을 변화시키고 살리는 진정한 능력과 권세는 전능하신 하나님께 속한 것입니다. 영원한 삶의 변화를 일으키는 성령의 영원한 세계에 사탄의 제한된 능력이 절대로 관여할 수 없습니다.

첫째, 영안을 열어 마음 안의 영적인 세계를 보라. 그래서 우리는 성령의 능력을 받아 영안을 열어 영적인 세계를 보고 마귀와 영적인 전쟁을 하여 지금까지 **빼앗겼던** 것을 되 찾아와야 합니다. 그래서 베드로가 요엘 선지자의 글을 인용하여 설교한 것입니다. "이는 곧 선지자 요엘을 통하여 말씀하신 것이니 일렀으되 하나님이 말씀하시기를 말세에 내가 내 영을 모든 육체에 부어 주리니 너희의 자녀들은 예언할 것이요 너희의 젊은이들은 환상을 보고 너희의 늙은이들은 꿈을 꾸리라(행2:16-17)" '너희의 자녀들은 예언할 것이요.'란 성령으로 하나님 말씀을 읽고 알아듣는 것을 말합니다. 너희의 젊은이들은 환상을 보고란 하나님이 자신에게 예비해 놓은 축복을 성령이 열어준 환상으로 바라보니 마귀가 가지고 있습니다.

그래서 성령의 권세를 가지고 마귀를 대적하여 몰아내고 지금까지 마귀에게 **빼앗겼던** 것을 마귀에게 **빼앗아** 오는 것을 말합니다. 성령으로 환상이 열린 성도는 마귀와 영적인 전쟁을 해서 지금까지 마귀에게 **빼앗겼던** 모든 것을 되 찾아와야 되는 것입니다. 너희의 늙은이들은 꿈을 꾸리라는 말씀의 영적인 뜻은 믿음으로 하나님이 나에게 주시기로 작정한 축복, 즉, 아브라함,

야곱, 요셉 등이 꿈에 본 것이 이루어지는 것을 보고 마음으로 누리는 것을 말하는 것입니다. 하나님이 보여주신 것이 이루어진 것을 보고 달려가는 믿음입니다. 그래서 성령으로 열린 환상으로 마귀와 영적인 전쟁을 해서 승리해야 평안한 하나님의 나라가 이루어지는 것입니다.

그러나 성령으로 환상이 열린 성도는 마귀와 수많은 영적인 전쟁을 해야 되는 것입니다. 이것은 누구나 피할 수 없는 일전입니다. 그러나 우리는 성령님이 도우시면서 함께하시기 때문에 승리하는 것입니다. 성령으로 환상으로 열어 마귀와의 영적인 전쟁에서 승리하여 지금까지 마귀에게 빼앗겼던 모든 것을 되찾아 회복하시기를 바랍니다.

여기서 마귀와의 영적인 전쟁에 대하여 우리가 바로 알아야 할 것은 사단은 아담으로부터 물질세계에 대한 권리를 넘겨받았습니다. 사단은 세상의 부귀와 권세를 가지고 있습니다. 그러기 때문에 성령의 권세로 빼앗아 와야 한다는 것입니다. "이르되 이 모든 권위와 그 영광을 내가 네게 주리라 이것은 내게 넘겨 준 것이므로 내가 원하는 자에게 주노라(눅 4:6)" "또 아는 것은 우리는 하나님께 속하고 온 세상은 악한 자 안에 처한 것이며(요일 5:19)" 그러므로 성도들의 이 세상의 삶은 영적인 전쟁터인 것입니다.

그래서 우리가 영적인 세계를 알고 확실하게 대처해야 하나님께서 원하시는 인생을 살아가며 성공한다는 것입니다. 그런데 우리 성도가 세상을 살아가면서 마귀와 전쟁을 끝없이 해야 하는데 우리 인간의 힘으로는 마귀를 이길 수가 없으므로 항상 성령으로 충만하고 깨어있어야 하는 것입니다. "술 취하지 말라 이는 방탕한 것이니 오직 성령으로 충만함을 받으라(엡 5:18)"

둘째, 영적인 세계는 보이는 영역과 밀접한 관계가 있다. 아담이 죄를 짓자, 죄는 보이는 인간 영역에서 발생했지만, 죄의 파급은 영적인 세계와 연결되어, 하나님과의 관계, 계약이 파괴되고, 인간 세계와 영적 세계와의 질서가 파괴됩니다. 원래 인간은 자연계와 영계의 지배 권한을 가지고 있었으나, 타락으로 인하여 영성을 소멸함으로 영적 세계의 지배권을 마귀에게 양도당하게 되었습니다. 그래서 우리는 문제를 해결할 때 한 차원 더 깊은 수준으로 영적인 배후를 분별하여 문제의 원인을 찾아 해결해 하는 것입니다.

그러므로 우리가 문제를 해결하려면 하나님의 권능이 와야 문제의 배후에 역사하는 마귀를 이길 수가 있는 것입니다. 이는 모세가 손을 들고 기도할 때, 아말렉 군대와의 전쟁에서 승리했습니다. 하나님의 힘을 받으니 이스라엘이 이긴 것입니다. "여호수아가 모세의 말대로 행하여 아말렉과 싸우고 모세와 아론과 훌은 산꼭대기에 올라가서 모세가 손을 들면 이스라엘이 이기고 손을 내리면 아말렉이 이기더니 모세의 팔이 피곤하매 그들이 돌을 가져다가 모세의 아래에 놓아 그가 그 위에 앉게 하고 아론과 훌이 한 사람은 이쪽에서, 한 사람은 저쪽에서 모세의 손을 붙들어 올렸더니 그 손이 해가 지도록 내려오지 아니한지라. 여호수아가 칼날로 아말렉과 그 백성을 쳐서 무찌르니라(출 17:10-13)" 하나님이 도와야 우리가 마귀와 싸워 이길 수가 있습니다. 하나님과 인격적인 관계가 되시기를 바랍니다.

성경에 보면 이스라엘의 불순종이 전쟁과 기근과 온역으로 연결되었습니다. "여호와께서 네 재앙과 네 자손의 재앙을 극렬하게 하시리니 그 재앙이 크고 오래고 그 질병이 중하고 오랠 것이라. 여호와께서 네가 두려워하던 애굽의 모든 질병을 네게로 가져다가 네 몸에 들어붙게 하실 것이며(신28:59-60)" 사울이 하나님께 불순종하자 사울에게 악귀가 들어왔습니다. "사울이 그 말에 불쾌하여 심히 노하여 이르되 다윗에게는 만만을 돌리고 내게는 천천만 돌리니 그가 더 얻을 것이 나라 말고 무엇이냐 하고 그 날 후로 사울이 다윗을 주목하였더라. 그 이튿날 하나님께서 부리시는 악령이 사울에게 힘 있게 내리매 그가 집 안에서 정신없이 떠들어대므로 다윗이 평일과 같이 손으로 수금을 타는데 그 때에 사울의 손에 창이 있는지라. 그가 스스로 이르기를 내가 다윗을 벽에 박으리라 하고 사울이 그 창을 던졌으나 다윗이 그의 앞에서 두 번 피하였더라. 여호와께서 사울을 떠나 다윗과 함께 계시므로 사울이 그를 두려워한지라(삼상 18:8-12)" 무엇이든지 땅에서 풀면 하늘에서 풀리며, 땅에서 묶으면 하늘에서도 묶입니다. "진실로 너희에게 이르노니 무엇이든지 너희가 땅에서 매면 하늘에서도 매일 것이요 무엇이든지 땅에서 풀면 하늘에서도 풀리리라(마18:18)"

우리는 하나님을 의지해야 합니다. 하나님의 도움이 없이는 문제를 해결할 장사가 없고 문제에 눌려서 마귀의 종으로 살아가게 되는 것입니다. 성령으로 기도합시다. 영적인 세계가 열리게 해달라고 기도합시다. 하나님은 우리의 기도에 응답하십니다. "진실로 다시 너희에게 이르노니 너희 중의 두 사람이 땅에서 합심하여 무엇이든지 구하면 하늘에 계신 내 아버지께서 그들을 위하여 이루게 하시리라(마18:19)" "우리 하나님 여호와께서 우리가 그에게 기도할 때마다 우리에게 가까이 하심과 같이 그 신이 가까이 함을 얻은 큰 나라가 어디 있느냐(신 4:7)"

영적인 세계를 보고 알아서 마귀에게 속지 말아야합니다. 마귀의 미혹에 속지 말고 하나님의 축복을 보존하는 크리스천이 되어야 합니다. 영적인 권세(카리스마)를 회복하여 마귀를 나와 나의 가정 교회 세상에서 몰아냅시다.

7장 마음은 선과 악의 치열한 전쟁터다.

(롬 7:22-24)"내 속사람으로는 하나님의 법을 즐거워
하되 (23) 내 지체 속에서 한 다른 법이 내 마음의 법과
싸워 내 지체 속에 있는 죄의 법으로 나를 사로잡는 것을
보는 도다 (24) 오호라 나는 곤고한 사람이로다. 이 사망
의 몸에서 누가 나를 건져내랴"

사람은 누구나 겉으로 보기에는 아무 일 없이 잘 지내는 것처
럼 보이지만 속을 헤집어 보면 치열하고 위험한 전쟁터와 같습
니다. 뿐만 아니라 우리의 마음은 조석 간에 변하고 순식간에 달
라집니다. 간사하기 그지없고 흔들림 또한 엄청나 영성과 감정
도 늘 출렁입니다.

한순간에 천사 같아 보이기도 하지만 돌변하여 악마의 모습을
보이기도 합니다. 내 안에 또 다른 내가 살고 있으며 때로는 다
중인격으로 공존하기도 합니다. 그래서 우리는 남의 마음은 고
사하고 내 마음을 나도 모를 때가 많은 것입니다.

이런가하면 저렇고 저런가하면 이렇습니다. 오죽하면 주님
의 위대한 종 바울도 "선을 행하려는 나와 죄를 지으라고 충동질
하는 악한 영으로 인해", "오호라 나는 곤고한 사람이라 누가 이
사망의 몸에서 나를 건져 내랴"고 탄식하고 있을까요.

하물며 우리야 어떻겠습니까? 전쟁의 승패가 내 맘대로 안

되듯 우리가 마음먹고 생각한대로 사는 것은 여간 어려운 일이 아닙니다. 생각한 즉시 무너지고 마음먹은 대로 어느 것 하나 저절로 되는 게 없습니다.

돌발 상황과 위기상황이 늘 복병이 갑자기 나타나는 전쟁터이듯 우리의 마음 또한 그렇습니다. 선을 생각하면서 악을 행하고 거룩함과 순결함을 마음에 품은 즉시 추악함과 더러움으로 무너집니다. 그래서 "무릇 지킬만한 것보다 우리의 마음을 지키라" 말씀하고 있는 것입니다. 이유는 생명의 근원이 여기서 나오기 때문입니다.

우리의 마음이~ 성령으로 기도하는 동안에는 온 몸으로 천국을 누립니다. 그러나 기도를 마침과 동시에 우리의 마음은 금방 쑥대밭이 되고 천 가지 만 가지 생각으로 암흑천지가 됩니다. 분명한 것은 우리 안에 우리의 결심과 의지보다 더 강한 무언가(?) 존재한다는 것입니다.

그것을 결박하지 않고서는 더 깊은 은혜로 들어갈 수 없으며 결국에는 영적 생존까지 위협받게 됩니다. 그렇지 않아도 존재론적으로 힘들고 버거운 것이 우리의 삶인데 어디서 그렇게 오만가지 쓸데없는 생각들과 불안한 마음들이 쓴뿌리 되어 요동치는지 알 수가 없습니다. 그렇기 때문에 예수로 충분한 삶과 하나님의 선하심을 맛보아 알기 위해서는 열심히 교회만 다닌다고 해서 되는 것이 아니라 먼저 처리해야 할 것이 있습니다.

그것은 우리 안에 숨어 수시로 역사하는 가나안의 일곱 족속들을 몰아내는 것입니다. 이것이 영적전쟁의 시작입니다. 가나안의 일곱 족속을 그대로 두고서는 결코 가나안으로의 진입은 물론 가나안을 누릴 수 없습니다. 결박을 풀지 않고서는 결코 자유를 누릴 수 없다는 의미입니다. 베로 동인채로 살아 난 나사로의 '결박을 풀어 주라' 하신 주님을 의지하여 억눌리고 묶인 결박들을 풀어내야 합니다.

그러므로 예수를 잘 믿으려면 다른 길이 없습니다. 날마다 우리 마음의 가나안에 거주하는 일곱 족속 즉 육(옛사람)에 속한 것(자아+쓴뿌리)들을 예수 이름으로 성령의 역사로 몰아내고 우리의 마음과 생각의 전쟁터를 성령께서 지켜 주시고 다스려 주시기를 갈망하며 치열하게 영적전쟁을 감당해야 합니다. 세상에 거저 되는 것은 없습니다. 영적 원리도 동일합니다.

우리를 한순간에 무너뜨리는 일곱 족속을 그대로 둔 채 인간의 수고와 노력만으로는 성령 충만과 승리를 경험할 수 없습니다. 작은 여우 한마리가 포도원을 망치 듯 작은 생각 하나 작은 마음 하나가 우리의 삶과 신앙을 송두리 채 사라지게 할 수 있습니다. 성령님은 수시로 우리에게 말씀하시지만 우리의 귀가 어두워 듣지 못할 때가 많습니다.

그렇기 때문에 은혜를 받아도 뿌리를 내리지 못하고 얼마 안되어 받은 은혜를 쏟게 됩니다. 바울은 우리에게 말씀을 통하여 "예수 그리스도의 마음을 품으라"고 권면하고 있습니다. 문제는 예수의 마음을 품는 것이 결심하고 노력한다고 되는 것이 아니라는데 우리의 연약함과 혼란이 있는 것입니다. 우리의 힘으로는 안 됩니다. 성령의 도움으로 피 흘리기까지 싸워야 합니다.

예수의 권세로 악한 마음과 나쁜 생각들을 우선 결박해야 합니다. 그래서 풍랑이 잠잠해지듯 우리 안에 온갖 분노와 미움과 혈기와 교만과 두려움과 불안과 염려가 잠잠해져야 합니다. 그 일을 행하시는 분이 주님이시며 그 일을 이루시는 분이 "보혜사 성령님"이십니다.

필자 또한 이 글을 쓰면서도 한편으로는 여러 가지 잡념과 영적방해에 시달리고 있습니다. 그래서 우리는 무시로 은혜가 필요하고 은혜 아니면 이토록 치열한 전쟁에서 이길 수 없음을 통절히 경험하게 됩니다.

그러므로 우리는 범사에 "성령님, 어떡할까요?", "성령님, 도와주세요."를 입에 달고 살아야 합니다. 우리가 날마다~ 우리의 마음을 지킬 수 있다면 우리의 마음은 하늘정원이 되겠지만 그럴 수 없다면 우리의 마음은 마귀의 놀이터가 되어 예수를 믿으면서도 '속의 근심 밖에 걱정'에서 헤어날 수 없도록 우리를 대적합니다.

결국은 이 땅에서 천국을 경험하지 못하게 하며 이후에 올라갈 천국에 대하여도 소망을 누리지 못하도록 쉬지 않고 역사하는 것입니다. 이럴 때일수록 천국은 "침노하는 자가 **빼앗을 것이라(마11:12)**"는 말씀을 단단히 붙잡아야 합니다. 그렇게 될 때 말씀이 우리의 연약한 손을 붙잡아 줄 것이며 그로 인하여 우리는 영적전쟁터와 같은 이 땅에서도 하늘에 속한 삶을 누릴 수 있을 것입니다.

그러기 위해서는~ 영적 긴장감을 놓치지 말고 영적 수면을 유지하는데 전심을 다해 게으르지 말아야 합니다. 이 세상은 우리의 영원한 피난처가 아닙니다. 잠깐 머물다 갈 정거장과 같은 곳입니다. 그러므로 24시간 주를 바라보는 일과 나는 죽고 주로 사는 일에 더욱 더 집중해야 합니다. 그리하면 장차 갈 영원한 천국을 미리 못 보게 될 것입니다. 초막이나 궁궐이나 내 주 예수 모신 곳이 그 어디나 하늘나라이기 때문입니다.

첫째, 마음은 치열한 전쟁터다. 어떤 사람이 오랜 기간을 경과하여 사막 횡단에 성공했습니다. 신문기자들이 몰려들어 그에게 질문을 던졌습니다. "뜨거운 사막을 혼자서 건너는 데 가장 힘들었던 것은 무엇이었습니까?" 기자들은 뜨거운 태양이나 갈증이라는 대답이 나올 줄 알았는데 그 사람의 대답은 전혀 엉뚱했습니다. "사막의 뜨거운 태양이나 추운 밤이 문제될 것은 없었습니다." 그러자 기자들은 의아해하며 또 다시 물었습니다. "외롭게 혼자서 걷는 것이었습니까?", "아닙니다. 그것도 미리 각오한 것이어서 그다지 문제가 되지 않았습니다." 그리고는 잔잔한 미소를 띠면서 이렇게 대답했습니다. "사실 나를 가장 고통스럽게 만들었던 것은 끊임없이 내 신발 속에 들어왔던 작은 모래 알갱이였습니다."

우리의 행복과 기쁨을 무너뜨리는 것은 내 마음을 파고드는 작은 감정들과 작은 생각과 잡념들입니다. 이까짓 것하고 내버려두면 감당할 수 없게 깊숙이 파고듭니다. 일단 모래가 파고들면 발만 괴로운 것이 아니라 온몸이 아프고 마음까지 편치 못합니다. 댐이 무너지는 것도 작은 개미구멍에서부터 시작되어 마침내 함몰까지 됩니다. 심신의 아픔도 작을 때부터 치료하고 다스려야 회복이 빠른데, 방치하다 보면 중병에 이를 수 있습니다. 우리의 마음은 몇몇의 감정이 잠자고 있는 낭만적인 호숫가가 아닙니다.

일일삼천심(一日 三千心)이란 말도 있듯이, 여러 가지 갈등과 원인으로 치열한 전쟁이 늘 치러지고 있는 전선이라는 사실입니다. 이 전쟁에서 이기려면 작은 감정부터 잘 다스려 내 마음이 초토화 되지 않도록 스스로가 잘 보호해 가야 할 것입니다. 그러기에 행복과 불행은 종이 한 장 차이며 온전히 자신의 마음에 달려있는 것입니다.

성경에 "자신의 마음을 다스리는 자는 산성을 빼앗는 용사보다 낫다(잠16:32)." 고 했습니다. 자신의 싸움에 가장 큰 대상은 적의 산성처럼 외부에 있는 것이 아니라 바로 자신의 마음인 것입니다. 그 마음을 잘 다스리는 자가 진정한 승리자인 것입니다. 여자의 얼굴을 예쁘게 다듬듯이, 그리고 꽃밭에 물을 주며 잘 가꾸어서 예쁜 꽃을 피우도록 하듯이… 마음을 잘 가꾸고 다스리려는 생각과 관심이 중요합니다.

자신의 마음이 치열한 전쟁터에서 상처입지 않고 심신의 건강을 지켜내도록 나를 아프고 괴롭게 하는 작은 모래알갱이 같은 감정부터 잘 다듬고 가꾸며 관리하여 평화로운 동산을 만들어가야 합니다. 행복이란 꽃은 바로 그 마음의 동산에서 자라기 때문입니다.

마음을 다스리기 위하여 이렇게 해보시기를 바랍니다. "이는 너희 믿음의 시련이 인내를 만들어 내는 줄 너희가 앎이라. 인내를 온전히 이루라. 이는 너희로 온전하고 구비하여 조금도 부족함이 없게 하려 함이라."(야고보서 1:3-4). 감정을 제대로 조종할 필요성을 누구나 느낍니다. 화를 참지 못해서 낭패 본 경험 없는 사람은 없지 않습니까? 그것을 알지만 실천이 어렵습니다. 화를 내는 그 때, 인내하는 것이 중요한데 그것이 쉽지 않다는 것입니다. 화를 낼 때 얼마나 빨리 반응하는지 모릅니다. 0.5초밖에 안 걸리는 듯합니다.

그런데 그 순간을 그렇게 자꾸 방치해놓으면 큰일이라는 것입니다. 우리는 우리 마음을 다스려야 합니다. 자기의 마음을 다스리는 사람은 성(城)을 점령한 사람보다 낫다고 합니다(잠 16:32). 어떻게 하면 마음을 다스릴 수 있습니까? 동방예의지국에서 자란 우리나라 직장인들은 화를 잘 내지 않는 것이 훈련되어 있고, 그래서 화병도 심각한 문제입니다. 성도들 중에는 지금 이 시간도 화병으로 고생하는 분들이 의외로 많습니다. 미국 정신 의학 회에 'hwa-byung'이 등재되어 있다고 합니다.

이런 상황에서 결국 우리 마음을 다스리기 위해서는 용서하는 마음이 필요합니다. 화를 나게 하는 상대방을 그저 한방에 없애 버리고 싶지만, 조금 여유를 가지고 생각해서 용서라는 미덕을 발휘해 보는 것입니다. 이 방법은 우리 크리스천의 특권입니다. 미국 대통령 링컨에게는 에드윈 스탠튼이라는 정적이 있었습니다. 무슨 정책을 내놓기만 하면 시비를 걸고 저질 광대라고 공격을 했습니다. 심지어 그는 링컨을 미련한 고릴라로 비유하기까지 했습니다. 하지만 링컨은 대응하지 않았습니다. 왜 화가 나지 않았겠습니까?

그러나 좀 참았습니다. 그리고 에드윈 스탠튼의 능력을 봤습니다. 남북전쟁 때는 자기를 그렇게 비난한 스탠튼을 국방장관에 기용해 전쟁을 승리로 이끌기도 했습니다. 링컨은 그를 용서한 것입니다. 그로부터 얼마 후 링컨이 괴한의 총에 맞아 쓰러졌습니다. 그 때 스탠튼이 가장 먼저 찾아갔고 링컨의 최후를 지켰다고 합니다. 링컨이 죽자 "여기 이 세계 역사 위에 가장 위대한 정치가가 누워 있다."고 말했습니다.

결국 용서가 가능하게 한 것입니다. 야고보 사도가 인내를 온전히 이루라고 말하는 것은 바로 용서의 한 방법인 것입니다. 함께 일하다 보면 미운 사람, 꼴도 보기 싫은 사람이 있습니다. 그 사람을 진정으로 용서할 수 있는 마음을 제게 주시옵소서. 주님의 십자가를 통해 용서하게 하옵소서. 마음을 다스리기 위하여 날마다 관심을 가지고 성령의 임재가운데 기도하시기를 바랍니다.

둘째, 마음 안에 죄의 법과 마음(성령)의 법이 공존하고 있다.

마음 안에 죄의 법과 마음(성령)의 법이 공존하고 있다는 것을 모두 알고 계실 것입니다. 로마서 7장 23절 보세요. "내 지체 속에서 한 다른 법이 내 마음의 법과 싸워 내 지체 속에 있는 죄의 법으로 나를 사로잡는 것을 보는 도다"

우리 안에 두 개의 법이 공존합니다. 하나는 사망에 이르게 하는 율법이고, 다른 법은 마음의 법이라고 그럽니다. 마음의 법이라고 하면 좀 생소하게 들리는 분도 있으실 것입니다. 그 마음의 법은 다름이 아닌 생명의 성령의 법이라고 부릅니다.

우리는 오늘 성경에서 율법과 선지자로 표현된 말씀을 대하게 되면, 그걸 거듭난 사람도 마찬가지로 받아들이게 됩니다. 먼저 율법과 규례로 인식을 하게 됩니다. 왜? 우리는 선악과 따 먹은 아담들이기 때문에 선악구조 하에서 살고 있기 때문에 어떤 것을 인식할 때 아담 적 사고로 먼저 받아들이게 됩니다.

그러니까 당연히 말씀에서 이거해라, 저거해라, 뭐 해라, 뭐 해라. 그러면 예수로 풀어내기 이전에 먼저 우리는 그걸 법으로 받아들이게 됩니다. 율법으로 받아들이게 된다는 말입니다. 그래 말씀을 들어도 내 안의 율법, 죄의 법이 쌓이는 것입니다. 그래서 짐이 됩니다. 예수님 믿기 힘들다고 그러는 것입니다. 그런데 그러한 아담들 중에 하나님의 선택 안에 들어가 있는 하나님의 아들들에게, 예수님이 완료하신 또 다른 생명의 법, 그걸 마음의 법, 성령의 법이라고 그럽니다. 쉬운 말로 성령입니다. 그걸 다른 말로 하면 믿음이라고 해도 되는 것입니다.

성령이 들어가서 생명의 법, 성령의 법인 성령과 믿음과 이 다른 법, 죄의 법, 율법이 서로 투쟁을 하는 것입니다. 그래 영적 전쟁은 다른 데 가서 하는 거 아닙니다. 자신 안에서 하는 것입니다. 자신 안이 하나님 나라이기 때문에 그 나라 안에서 전쟁이 일어나는 것입니다. 자신 안에 영적인 세계가 공존하기 때문에 자신 안에서 전쟁이 일어나는 것입니다.

어딜 뭐 다른데 가가지고 무슨 워싱턴의 정치의 영, LA의 뭐 음란의 영, 테리토리얼 스피릿(territorial spirit), 절, 무당집, 흉가 등등을 얘기하는 사람들 많습니다. 무슨 선교단체 수장들이 그냥 그런 얘기 많이 하고 돌아다니는데 그런 것들하고 싸우는 것이 아닙니다. 무슨 테리토리얼 스피릿이 있어요? 무슨 마귀들이 자기들끼리 영토 싸움 해 갖고 뭐 나눠 갖고 있단 말입니까? 다 자신 안에 있는 것입니다. 우리 안에 있는 것입니다. 영적세계, 마귀의 하수인, 우리들이란 말이란 말입니다. 그것은 말입니다. 자 한 법은 지켜라~ 지켜야 돼~ 이렇게 하여 사망에 이르게 하는 법입니다.

또 다른 법은 넌 하나님의 법에 순복하여야 하는 자이지, 네 스스로의 능력과 힘을 발휘해서 하나님처럼의 삶을 고수해서는 안 되는 거야~ 성령님을 의지해야지~ 반대로 "선악 구조의 의해서 네가 선악 판단하고, 선악을 판단하는 주체가 되고, 그 네가 판단해 놓은 그 법을 네 스스로 지켜낼 수 있다." 라고 하고, 그렇게 해서 인간의 가치를 챙기는 그런 아담으로 살아서는 안 되는 거야~ 이게 성령의 법이지 않습니까?

이 두 법이 싸우는 것입니다. 우리 안에서 일어납니다. 그런데 바울이 뭐라고 그럽니까? 마음의 법이 죄의 법에게 자주 진다고 그러지 않습니까? 늘 사로잡혀 간다고 그럽니다. 예수가 율법을 완전히 지켜서 완성해 내신 것처럼, 너희도 열심히 해서 예수의 본을 쫓아가라~ 이게 죄의 법이 외치는 거라면….

후자의 법, 마음의 법, 즉 성령의 법은 너희의 모든 가능성과 힘을 부정하고 너희가 원치 않는 방향일지라도 성령께서 인도하시는 방향으로 따라가라…. 우리가 원하는 방향은 뭐일까요? 자기 힘으로 내 하나님 됨, 왕 됨을 지키려고 하는 것이 우리가 원하는 바니까. 그 원치 않은 방향으로 끌고 간다는 건 뭡니까? 다 털어낸다는 말입니다. 부정시켜내고 부인시켜낸다는 것입니다(그렇게 사망의 법, 인간적인 법(율법) 따라가지 말고)…. 바른 방향으로 끌고 가시는 하나님의 법, 그 성령의 법에 이끌려서 살아라. 이게 마음의 법이란 말입니다.

그런데 우리는 솔직히 전자의 법이 훨씬 매력이 있잖아요. 보람도 느끼고 그 보람을 느끼면서 성취감도 맛볼 수 있고, 다른 사람들에게 존경도 받고, 뭐 성실함, 훌륭함 인정도 받지 않습니까? 내가 했다고 자신의 얼굴을 드러낼 수도 있습니다. 그런데 아니야 나는 예수를 믿을 때 죽고, 예수로 살고 있기 때문에 모두다 하나님께서 나를 통하여 하신 것이야! 죽은 사람이 무엇을 할 수 있어, 내가 한 것이 아니야 하나님께서 하셨지 나는 아니야~ 우리는 예수님께 모든 영광을 돌려야 돼~ 예수님이 완전케 하신 그 의를 우리는 전가 받아야 살 수 있어~ 예수님 없이는 한 시도 살아갈 수가 없어~

이 방향으로 끌려가는 사람은 어떻겠어요? 보람도 없어, 사람들에게 저거 참 옛날에 열심히 하더니 왜 갑자기 저렇게 불성실해졌어, 왜 성도들에게 그렇게 평가 받아~ 당연히 전자의 법을 쫓아갑니다. 우리는 아담의 근성이 있어서 아니라고 하면서도 수시로 거기로 끌려가는 것입니다. 자신을 내세우면서 사망의 법을 쫓아가는 것입니다. 아니 수시로 끌려간다니까요? 자신이 죽어 없어지기 전에는 수시로 끌려갑니다. 그래서 성령으로 세례를 받고 자신 안에 주인으로 오신 예수님으로부터 성령과 불로 세례를 지속적으로 받아서 성령충만 받으면서 성령의 지배와 장악된 가운데 성령의 인도를 받으라고 하는 것입니다.

그러나 모든 영광 하나님께 돌리자니 불안하고 어디인가 허전하고 쪽팔리고 그러니까. 그렇게 그 전자의 법에 의해 우리가 수시로 끌려가는 삶을 살기 때문에 사도바울이 그렇게 사도의 직분을 수행하는 과정 속에서도 "아~ 넌 여태 살았냐~ 죽어라. 죽어~" 매일 죽이는 것입니다. 자기를 스스로 죽였다는 게 아니라, 넌 아직도 죽은 자냐~ 이걸 매일 폭로 당했다는 뜻입니다. 그래서 바울은 "나는 매일 죽는다." 라고 하는 것입니다.

사도바울이 죽은 것 같으면 다음날 또 살아나 있고, 죽은 것

같으면 십분 뒤에 또 살아나 있고, 사도바울이…. 그러니까 매일 죽어, 매일 죽는데 하도 지겨워~ 나중에, "오호라 나는 곤고한 몸이구나, 이 사망의 몸, 이 죽은 시체의 몸에서 누가 나 좀 건져줘~" 그러는 것입니다. 왜 난, 왜 이렇게 죽은 자의 삶을 반복하여 살아~ 누가 나 좀 건져줘~ 그러는 것입니다. 말년에 그것도 죄인중의 괴수라고 그랬잖습니까? 자기를 말년에 율법을 완전케 하신 그리스도가 우리 안에 생명의 성령의 법, 그리스도의 영, 성령으로 오시게 되면 어떻게 된다고 그럽니까?

우리의 몸은 죄로 인하여 죽은 것으로 드러나고 그러지 않습니까? "죄로 인하여 죽은 것이나 그리스도가 너희 안에 계시면 너희의 몸은 죄로 인하여 죽은 것이다. 그러나 영은 의로 인하여 산 것이다." 라고 이야기 한단 말입니다. 그러니까 몸은 죽은 걸로 드러나고 내 안에 성령과 연합한 나만 산 것으로 드러난다는 뜻입니다.

그러니까 영은 우리 안에 따로 존재하고 있는 어떤 객관적 어떤 실체, 이런 것이 아니라 성령과 연합된 성령의 의해 지배와 장악된 나를 이야기하는 것입니다. 성령님께 지배되고 장악된 나, 그걸 영이라고 그럽니다. 성령님께 지배되고 장악도고 인도받는 성도는 육이 아니고 영입니다.

그래서 인간의 영을 성령, '푸뉴마'라는 단어로 막 혼용해서 사용합니다. 성령의 의해 끌려가는 장악된 나만 영이라는 것입니다. 그것만 산 것입니다. 그걸 새 성전(성령으로 거듭난 성도)

이라고 그럽니다. 성령님께 지배되고 장악되고 인도받는 성도는 걸어 다니는 성전인 것입니다. 그래서 고전 3장 16절에 "너희는 너희가 하나님의 성전인 것과 하나님의 성령이 너희 안에 계시는 것을 알지 못하느냐" 말씀하시는 것입니다.

그러니까 새로운 법, 성령의 법, "이 생명의 법은 우리를 죽은 자로 폭로 시켜 내고 우리가 법을 지켜내는 게 아니라, 하나님께서 법으로 우리를 장악하시고 통치하신다." 라는 그런 말인 것입니다. 이것이 새 언약입니다.

이제 우리는 성령의 임재 가운데 깊은 영의기도로 마음을 다스리며 살아야 합니다. 우리의 오랜 친구 괴로움은 모든 종류의 자극으로부터 야기된 불만족스러운 마음에서 일어납니다. 그것은 육체적인 불만족에서 시작되지만, 마음 자체가 (건전한 상태로부터) 이탈하거나, 뒤엉킬 때 더 자주 야기됩니다.

마음은 괴로움을 만드는 것입니다. 바로 그것이 실제 우리가 자신의 마음을 반드시 보아야 하고, 또한 보호하여야 하는 이유입니다. 우리 자신의 마음이 우리를 행복하게도 만들고, 또한 불행하게 만들 수도 있습니다. 이 세상의 그 어떤 사람이나 그 어떠한 것도 우리에게 이렇게 할 수 있는 것은 없습니다.

일어나는 모든 것들이 우리 행위의 시발점 역할을 하고, 그것은 끊임없이 우리가 제대로 알아차리지 못하도록 몰고 갑니다. 따라서 우리는 자신의 마음의 순간들을 명확히 알 수 있는 힘을 계발하여야 합니다. "계발(啓發)이란 '잠재되어 있는 자신의 슬기나 재능, 사상 따위를 일깨움' 이라는 뜻을 지니고 있습니다."

우리는 깊은 영의기도를 통하여 그렇게 할 수 있는 기회를 가집니다. 이를 세상에서는 수행이라고 하기도 합니다. 깊은 영의 기도에는 두 가지 방향이 있습니다. 하나는 고요함(samatha)을 지향하는 것이고, 다른 하나는 통찰(vipassana)을 지향하는 것입니다. 만약 깊은 영의기도를 통하여 고요함을 어느 정도 얻는다면, 그것은 집중력이 커졌음을 의미합니다. 그러한 가치 있는 능력을 통찰에 이용하지 않는다면, 그것은 시간을 낭비하는 것입니다.

깊은 영의기도를 통하여 마음이 고요해 지면, 종종 기쁨과 참 평안이 일어납니다. 하지만 그러한 기쁨이 순간적이고 영원하지 않음을 지켜보아야 합니다. 그러한 기쁨조차도 근원적으로 여전히 쉽게 잃게 되는 하나의 조건적인 상태일 뿐임을 보아야 합니다.

고요함이 더욱 확실하게 이루어지면, 그것은 장애들에 대하여 더욱 잘 견디게 됩니다. 처음 깊은 영의기도 시에는 소리나 불편함 또는 생각들이 고요함을 깨뜨리는 훈련을 해야 합니다. 성령으로 충만하려고 의지적인 노력을 해야 마음의 법(생명의 성령의 법)을 따라갈 수가 있습니다. 기쁨과 참 평안 안에서 살아갈 수가 있습니다.

8장 마음 안에 쌓인 것이 많이 있다.

(고전 6:9-10)"불의한 자가 하나님의 나라를 유업으로 받지 못할 줄을 알지 못하느냐 미혹을 받지 말라 음행하는 자나 우상 숭배하는 자나 간음하는 자나 탐색하는 자나 남색하는 자나 (10) 도적이나 탐욕을 부리는 자나 술 취하는 자나 모욕하는 자나 속여 빼앗는 자들은 하나님의 나라를 유업으로 받지 못하리라"

우리는 과거에 경험했던 어떤 고통스러운 사건 사고들의 기억으로 말미암아 마음속에 쌓인 것들이 많습니다. 이들로 인하여 인간관계가 좋지 않고, 과거의 실패 감에 사로잡혀 있으므로 무엇인가를 시도해도 잘되지 않는 경우가 있습니다. 나아가 영적인 전투에서 승리하기 못합니다. 오늘을 잘 살기 위해서는 과거의 부정적인 마음속의 기억을 치유해야 합니다. 과거를 잘 정리해야 합니다. 실패는 교훈입니다. 실패하지 않고 성공하는 사람이 없습니다. 문제는 실패가 아니라, 우리에게 남아서 늘 부정적인 영향을 주는 실패 감입니다.

과거가 주는 실패 감을 잘 정리해야합니다. 하나님은 언제나 우리에게 꿈을 주고 새로운 시도를 통하여 창조적인 삶을 살게 하지만, 마귀는 실패 감을 부여잡고 쓰러져 있게 만듭니다. 아무런 시도도 하지 못하게 만듭니다. 실패 감에 사로잡혀 환경에 이끌려 다니게 만듭니다. 하나님은 우리를 마음으로부터 새롭게 시작하게 하십니다. 실패를 넘어 성공을 향해 새롭게 도전하게 하십니다.

이렇게 함으로 하나님을 닮은 우리자신의 가치를 높이게 하십니다. 아무것도 하지 않는 것은 스스로 쓸모없는 존재, 무가치한 존재로 전락하는 것입니다. 구원받은 인간은 계속 가치가 올라가다가 마지막에는 천국까지 가는 것입니다. 이를 위해서는 과거가 주는 실패 감, 부정적인 감정에서 벗어나야 합니다.

그리고 자꾸 자신을 가꾸어야 합니다. 마음을 가꾸라. 과거를 가꾸라. 영성을 가꾸라. 그래야 하나님이 쓰십니다. 새로운 것에 대한 도전은 과거를 정리해야 가능합니다. 과거가 정돈되지 못하면, 새로운 도전을 할 수 없고, 결국 하나님께서 원하시는 행복하고 성공적인 삶을 살지 못하게 됩니다.

마음을 성령으로 정화하는 것은 과거를 회상하여 부정적인 영향을 주는 것들을 새롭게 정리함으로써 현재에 나타나는 나쁜 영향을 좋은 영향으로 바꾸어주는 것입니다. 과거의 사건이 현재의 삶에 계속해서 수치심, 죄의식, 실패감, 좌절감과 같은 나쁜 영향을 주는 것으로부터 자유 함을 얻게 하는 것입니다. 미움의 감정이 있으면 다른 사람에 대한 사랑의 감정이 약화됩니다. 미워하는 사람이 있는 사람은 가족들을 제대로 사랑하지 못합니다. 하나님과 사람에 대한 사랑의 감정이 자꾸 막히는 것은 누군가를 미워하고 있는 것입니다. 이 미움의 감정을 정리하십시오.

미워하는 사람을 용서해야 사랑하는 사람에게 사랑이 흐르게 됩니다.

사람을 용서해야 하나님을 사랑하게 됩니다. 어려운 환경, 실패한 과거를 수용하십시오. 그래야 하나님과 가까이 할 수 있게 됩니다. 그래야 환경을 이기게 됩니다. 하나님과 가까이 하는 것이 이미 치유가 시작되는 것입니다. 하나님을 용서하십시오. 하나님에게 섭섭하고, 하나님에게 상처받은 것을 용서하십시오. '왜 하나님이 내 인생을 이렇게 어렵게 만드시는가?'

이런 마음을 씻어 내야합니다. 하나님의 마음은 어디에 계시는가? 세리와 죄인, 낮고 고통이 있는 곳입니다. 아픔이 있는가? 하나님의 마음이 오고 있음을 깨달으세요. 힘든 내 환경, 내 삶을 통하여 하나님이 내 안에 계시고, 나와 하나가 되십니다. 그러므로 힘든 환경을 받아들이세요. 그리함으로 그곳으로 임하시고, 그 속에서 역사 하는 하나님의 사랑의 손길을 깨달으세요.

그리고 내 안에, 나와 함께 하시는 하나님을 믿음으로 담대함을 가져야합니다. 모든 부정적인 것을 마음에서, 잠재의식에서 쏟아버리세요. 청소해버리세요. 실패는 성공의 어머니입니다. 사람은 용서하고, 실패는 감사하고 수용하십시오. 그리고 겸손하게 실패를 감사함으로 수용하는 낮은 마음에 함께 하시는 하나님의 도우심으로 그 실패를 딛고 일어서세요. 실패에서 성공의 조건을 찾아내는 것이 내적치유입니다.

마음을 성령으로 정화하는 것은 과거의 사건자체를 바꾸는 것이 아닙니다. 우리는 과거를 바꿀 수 없습니다. 하나님의 은혜와 능력을 통하여 과거의 사건이 품고 있는 부정적이고 칙칙한 감정을 제거하고, 그 대신 진취적, 소망적, 밝고 맑은 감정을 가지는 것입니다. 부정적인 것들을 하나님에게 드리고, 대신 하나님이 주시는 밝은 것을 가지는 것입니다.

어린 시절의 감정, 습관, 꿈은 성인이 되어도 계속 영향을 미칩니다. 이런 것들이 좋은 것이라면 괜찮으나 좋지 않은 영향을 주고 있다면 치유되어야 합니다. 아프고 부끄러운 상처일수록 깊이 묻혀 있고, 스스로 파내어서 치료받으려고 하지 않습니다. 상처가 크고 부끄러울수록 깊이 묻혀 있고, 깊이 묻혀 있는 만큼 인생에 깊이 영향을 미칩니다.

인간의 자아방어를 위한 심리적인 본능으로 이처럼 아픈 감정을 기억에서 잊혀지고 깊이 파묻게 하는 것은 우리의 자아를 상처로부터 보호하려는 하나님의 은총이십니다. 만일 인간이 아픈 감정을 모두 생생히 기억한다면 괴로워서 스스로 삶을 포기하게 됩니다. 인간은 고통의 기억보다 좋은 기억을 하게 되어 있습니다. 그러나 상처와 감정을 깊이 묻게 하는 것은 억제, 방어의 기능이지 치료의 기능은 아닙니다. 마음을 성령으로 정화하는 것은 그리스도의 십자가의 보혈의 공로와 성령님의 도우심으로 과거의 상처를 억제된 부분에서 현실로 가지고 와서 치유하는 것입니다.

자신 스스로 마음을 성령으로 정화하거나 변화될 수 없고, 다른 사람도 내면을 치유하거나 변화시킬 수 없습니다. 오직 성령님만이 하실 수 있습니다. 성령님의 도우심을 간구하십시오. 성령님의 역사는 마음을 감동시키심으로 나타납니다. 마음에 감동을 받으려 하십시오. 마음에 감동을 주려고 하십시오. 크리스천의 사역은 감동을 통한 사역입니다.

모든 일에 대하여 감동을 달라고 성령님에게 간구하십시오. 내적치유를 위한 기도에 성령님의 감동이 임하시게 하십시오. 그런 기도가 되게 하십시오. 자꾸 이러한 기도를 하십시오. 이러한 기도의 훈련을 하십시오. 머리에 손을 얹고 기도하고, 가슴에 손을 얹고 기도하십시오. 입술로 기도하고, 마음으로 기도하십시오. 성령의 감동이 임하시게 하십시오. 성령님이 앞서시게 하십시오. 내 감정이 앞서지 않게 하십시오. 나를 낮추면 성령님이 역사하십니다. 내가 높아지고 강해지면 성령님은 뒤로 들어가십니다.

첫째, 마음 안에 영육의 상처가 쌓이는 영적상황은 이렇습니다. 마음 안에 쌓인 것들은 성령으로 깨닫게 됩니다. 그렇기 때문에 성령으로 세례를 받고 성령으로 충만 받는 것은 필수입니다. 그리고 마음 안에 쌓여서 영적전투를 방해하는 요소들이 무엇이 있는지를 알고 대처해야 합니다.

1)태중에서 들어와 쌓입니다. 60% 이상의 마음에 쓰레기는 태중에서 쌓이게 됩니다. 태아는 어머니가 느끼는 것을 느끼면

서 40주 동안 엄마 뱃속에서 자냅니다. 대부분 엄마가 가지고 있는 영적존재들이 침입을 합니다. 이때가 생애에서 가장 취약한 시기입니다.

2) 유아 때에 들어와 쌓인 것들이 있습니다. 유아 때에 잦은 질병으로 고통을 당한 경우에 상처와 영적존재가 쌓여있을 수가 있습니다. 유아 때나 소년기에 잦은 질병으로 고생을 하신 분들이 어른이 되어 마음의 질병과 상처로 고통을 많이 당하는 것을 봅니다. 이런 분들을 내적 치유하다가 성령이 임재 하여 장악하면 병원에서 고통당하던 행동을 그대로 하는 경우를 많이 봅니다. 질병으로 끙끙 앓는 소리를 내는 경우가 많았습니다.

3) 이별로 인한 고아로 지낸 분들이 마음 안에 쌓인 상처와 영적인 존재들이 많습니다. 부모와 이별하여 친척집에서 자랐거나 고아원에서 자란 경우 무의식에 분노와 증오심이 많아서 내장 기관이 약한 경우가 많이 있습니다. 필자는 부모가 죽거나 이혼하여 고아원과 친척집에서 자란 사람들이 상처로 인하여 위궤양과 과민성 대장염 등으로 고생하는 사람들을 많이 치유하여 보았습니다.

4) 부모와 떨어져서 지내도 상처를 받으며 내면에 좋지 못한 것들이 쌓입니다. 부모가 바쁜 생활로 다른 사람에 의해 길러졌다면 상처가 있을 수 있습니다. 미리 치유하여 예방 신앙을 하는 것이 좋습니다. 필자는 부모가 돈돈돈 하면서 돈을 벌기 위하여 자식을 다른 사람에게 기르게 했는데 자식이 나중에 정신적인

질환으로 사람노릇을 못하는 것도 많이 치유하여 보았습니다.

4) 부모의 무관심 속에서 자라도 상처가 되며 영적존재가 침입을 할 수 있습니다. 부모의 무관심 속에서 자란난 사람의 경우 부모에게 관심을 받으려고 노력을 많이 합니다. 가정에서는 부모에게 직장에서는 상사에게 아부를 잘하는 사람이 되어 항상 동료들로부터 왕따의 문제를 가지고 사는 사람이 될 소지가 많습니다.

6) 오랜 기간 스트레스를 받는 부정적인 환경에서 자라도 상처가 되며 영적존재가 침입을 할 수 있습니다. 자라면서 가정의 잦은 불화를 겪으면서 자랐다든지, 부모에게 심한 잔소리를 들으면서 자랐다든지, 엄한 권위 밑에서 무섭게 양육 받았다든지, 잔혹한 여러 형태의 압박을 받고 자랐다면 무의식에 상처가 자리잡고 있을 수 있습니다. 그래서 반항적인 사람이 잘 됩니다.

67 어려서 부모로 부터의 잦은 거절을 당한 경우 상처가 되며 영적존재가 침입을 할 수 있습니다. 유아기에 부모에게 잦은 거절을 당한 경우 상처가 무의식에 형성되어 있을 수가 있습니다. 왜냐하면 유아기는 자기중심적이기 때문에 부모로부터 받은 것보다 받지 못한 것에 대하여 심각하게 생각하게 되고 상처를 받게 되기 때문입니다. 그리고 부모가 유아 때부터 귀찮아하고 천덕꾸러기 취급을 했다면 천덕꾸러기 영이 붙어서 어디를 가나 천덕꾸러기가 되기 쉽습니다. 이렇게 되면 직장에서도 천덕꾸러기가 되고 시댁에서도 천덕꾸러기가 되기 쉽습니다.

8) 부모에게 받은 상처들로 영적존재가 침입을 할 수 있습니다. 자라면서 부모에게 구타나 폭행이나 무시나 차별대우를 받은 경우에 상처가 무의식에 잠겨 있습니다. 이런 분들이 분노영이 있어서 항상 윗사람들에게는 고분고분 잘하지만 자기보다 약한 사람들에게는 분노를 발하는 경우가 많습니다. 분노는 시한폭탄과 같습니다. 언제 터질지 자신도 모릅니다. 찾아서 치유해야 합니다. 자신의 무의식에 분노가 있으면 분노의 영이 역사하여 되는 것이 하나도 없을 수 있습니다. 상처는 만 가지 문제의 근원이 됩니다. 말씀과 성령으로 찾아서 치유합시다. 그리하여 예수를 믿으면서 하나님의 복을 받으면서 살아갑시다.

9) 자주 심한 질병으로 고통당하면서 사는 경우도 상처와 영적존재가 쌓인다. 이는 태중에서나 유아 시절에 상처가 있었던 사람일 수가 있습니다. 필자가 지금까지 성령치유 사역을 하다가 보니 성장하면서 또는 어른이 되어 몸이 약하거나 심장에 문제가 있거나 난치병이 있거나 빈혈로 고생을 하거나 위장이나 대장질환으로 고생하는 분들을 치유하여 본 결과 모두 태아시절에 상처를 당한 분들이 많았습니다. 그리고 유아시절에 상처를 당한 분들도 다수가 되었습니다. 그러므로 자주 질병으로 고생을 한다면 예수를 믿고 내적치유를 받아야 건강하게 지낼 수가 있습니다. 절대로 현대 의술로는 치유가 불가능합니다.

10) 어려서 이별 사건을 당한 경우도 상처가 쌓인다. 어려서 부모가 이혼했거나 죽었거나 이민을 갔거나 친척집에서 자랐거

나 고아원에서 자란 경우에 무의식에 분노의 영이 자리하고 있습니다. 부모에게 버림을 당했거나 부모가 행방불명이 되어 고아원에서 자랐을 경우 부모를 향한 분노가 무의식에 자리 잡고 있어서 믿음 생활이나 사회생활을 제대로 못하는 분들이 있습니다. 필자가 십년이 넘도록 내적치유 사역을 하면서 상담하고 치유한 분들 중에 부모님을 향한 분노의 영이 무의식에 있어서 고통을 당하는 경우를 많이 봤습니다. 만약에 이런 분들이 계시다면 미리 내적치유를 받는 것이 좋습니다.

11) 부모의 이성적인 부정사건을 경험하고 자란 경우도 상처가 쌓인다. 자라면서 부모님의 이성적인 부정 사건을 경험하고 자란 경우 의부증이나 의처증이 될 확률이 다른 사람보다 높습니다. 필자가 지금까지 내적치유 사역을 하면서 경험한 바로는 대부분의 의처증환자는 어린 시절 어머니가 이성적인 부정 사건을 저지르는 것을 보고 자란 경우가 많았습니다. 그리고 의부증환자는 대부분 어린 시절 아버지가 이성적인 부정 사건을 저지르는 것을 많이 보고 자란 경우에 의부증 환자가 되는 경우가 많았습니다. 이는 남편이나 부인을 어머니나 아버지와 같은 동종으로 보기 때문입니다. 만약에 이렇게 부모님의 좋지 못한 면을 보고 자란 여성 성도님이라면 자신의 남편은 아버지와 절대로 같지 않다는 것을 알아야 합니다.

그리고 남성 성도님이라면 자신의 아내는 절대로 자신의 어머니와 같지 않다는 것을 알아야 합니다. 이렇게 자신의 아버지나

어머니와 같이 생각하고 보게 하는 절대로 마귀의 계략입니다. 속지 마시고 행복한 가정을 이루시기를 바랍니다. 행복한 가정을 이루기 위하여 자신의 부모님으로부터 받은 상처를 내적치유 받고 부모님을 용서하기를 바랍니다.

12) 어려서 가정불화를 많이 겪고 자라난 경우도 상처가 쌓인다. 어려서 부모님들의 부부싸움 하는 것을 많이 보고 자라난 성도가 불안과 두려움의 상처로 고생을 많이 하는 것을 봅니다. 이런 분들이 부모가 싸울 때 무서워서 밖으로 도망을 가서 싸움이 끝날 때까지 기다리다가 추위에 떨고 두려움에 사로잡혀서 고생하는 분들이 있습니다. 이런 분들이 내적치유 할 때 성령으로 장악되면 그 때 밖에서 추위와 두려움에 떠는 모습 그대로 오그리며 떨고 있습니다. 필자는 내적치유 사역할 때 나이가 50이 되신 분들이 그런 모습을 하고 떨고 있으면 정말 마음이 아프고 그 때 당시의 상황을 이해 할 수가 있습니다. 만약에 이런 경우를 당하면서 자란 분이 계시다면 빨리 치유 받으시기를 바랍니다. 치유는 빠를수록 좋습니다. 어려서 물질로 고통을 당하면서 자란 분들은 돈돈돈 하다가 어느 정도 형편이 풀리면 질병으로 고생을 하는 경우를 많이 봅니다. 이런 분들도 빨리 치유 받는 것이 자신의 건강을 위해서 좋습니다.

13) 어려서 물이나 불이나 교통사고, 천재지변을 당한 경우도 상처가 쌓인다. 어려서 물이나 불이나 교통사고, 천재지변을 당한 경우에 상처가 무의식에 그대로 남아 있습니다. 이렇게 사고

를 당한 많은 분들이 영적인 상처로 전환되어 영적인 문제로 고생하는 분들이 많습니다. 우울증이나 불면증이나 정신적인 문제로 고생하는 분들이 많습니다.

14) 학교에서 선생에게 체벌 받은 경우도 상처가 쌓인다. 초등학교 다니던 어린 나이에 학교에서 선생님으로부터 체벌을 당한 경우 상처가 무의식에 잠겨 있습니다. 이 상처로 인하여 무의식적으로 권위자들에게 반항하는 습관이 있을 수 있습니다. 이 일로 인하여 믿음도 자라지를 않을 수 있습니다.

15) 학교에서 친구들에게 따돌림 받은 경우도 상처가 될 수 있으며 영적존재가 침입을 할 수 있습니다. 많은 분들이 학교에서 따돌림을 당하는 경우 따돌림을 하는 사람들에게 문제가 있는 것으로 생각하는 경향이 있습니다. 그런데 필자가 내적치유 사역을 하면서 경험한 바로는 따돌림 당하는 장본인에게 문제가 있는 것이었습니다. 장본인이 하는 행동이 부자연스러워 아이들에게 왕따 당하는 것이었습니다. 그러므로 만약에 왕따를 당하는 아이가 있다면 그 아이의 상처를 치유하는 것이 맞습니다.

16) 어려서 시체에 놀란 경우도 상처가 될 수있으며 영적존재가 침입을 할 수 있습니다. 어느 남자 집사님이 토요일 날 퇴근하여 아파트 거실에서 쉬고 있는데 창밖으로 이불 같은 것이 떨어지더랍니다. 그래서 창문을 열고 아래를 내려다보니 사람이 떨어져서 죽은 것이었습니다. 그런데 그 사건을 보는 순간 두려움이 엄습하여 밤에 잠을 자지 못하고 우울증에 다가 불면증으

로 고생을 하다가 내적치유를 받으러 왔습니다. 그래서 머리에 손을 얹고 기도를 했습니다. 그러니 성령께서 감동하시기를 어려서 놀란 일이 있었다고 감동하시는 것입니다. 그래서 본인에게 어려서 놀란 일이 있었는지 생각해보라고 했더니 이런 말을 하는 것입니다. 초등학교 2학년 때에 학교를 가는데 사람이 죽어서 거적으로 덮어놓았는데 발이 나온 것을 보고 소스라치게 놀랐다는 것입니다. 그래서 그때 들어온 놀람의 상처를 내적치유하고 귀신을 축사했더니 정상으로 회복되었습니다. 여러분 이렇게 과거 놀란 일이 있다면 미리 내적치유를 하는 것이 좋습니다.

17) 병원에 입원하여 수술한 경우도 상처가 되며 귀신이 침입할 수 있다. 어느 여 집사님의 경우입니다. 이 집사님이 나아가 43세 이였습니다. 그런데 자궁에 질병이 생겨서 진단을 해보니 수술을 하지 않아도 견딜만한 질병이였다고 합니다. 그런데 여러분들에게 물어보니까, 자궁 수술을 해버리니까, 그렇게 시원하고 좋았다고 수술을 하라고 했다는 것입니다. 그래서 자궁을 수술하려고 수술실에 가기 전에 꼭 죽는 것 같은 두려움이 찾아왔다는 것입니다. 그래서 수술 전에 하는 마취 실에 들어가 기도 전에 놀라서 기절을 했다는 것입니다. 그런데 수술 후 후유증으로 심장병(심장부정맥)에다가 우울증에다가 위장병에다가 불면증 등의 합병증이 생겨서 1년 동안 너무나 힘들고 사람 구실을 못해서 남편이 직장을 그만두고 병 수발을 했는데 두려움의 상처를 내적 치유 받고 완치된 것입니다. 내적치유는 이렇게

좋은 것입니다. 만약에 수술한 경험이 있다면 그 때 들어온 두려움의 상처를 내적치유 받는 것이 좋습니다. 만약에 이런 분들이 내적치유를 받지 않으면 병원만 가면 가슴이 두근두근 하고, 병원치료를 하고 오면 상처가 뒤집어져서 고생을 할 수 있습니다. 어떤 분은 심장에 문제가 생겨 몸이 심하게 붓기도 합니다.

18) 군대에서의 상급자에게 심한 폭행을 당한 경우도 상처가 될 수 있으며 영적존재가 침입을 할 수 있습니다. 필자가 지금까지 내적치유 사역을 하다가 보니까, 군대에서 상급자들에게 얼차려나 폭행을 당할 때 생긴 상처로 인하여 고통을 당하는 성도들을 많이 보았습니다. 멀쩡한 사람이 사람 구실을 못하고 사는 경우가 많습니다. 필자가 지금까지 군대에서 폭행을 당할 때 들어온 두려움의 영과 악한 영을 축사한 경우가 몇 번 있습니다. 그리고 군대에서 받은 상처로 정상적인 생활을 못하는 분들도 몇 명을 보았습니다. 만약에 군대에서 이와 같은 상처를 받았다면 속히 내적치유를 받는 것이 좋습니다. 신앙은 예방 신앙이어야 합니다. 상처가 노출되기 전에 미리 성령의 역사로 치유하는 것이 좋습니다.

19)무당집을 출입할 때 귀신이 침입한다. 예수를 믿기 전이라도 무당집에 다녔을 경우 귀신이 침입하여 잠복해 있습니다. 반드시 성령의 임재가운데 회개하고 내적치유하고 축귀해야 합니다. 예수를 믿었다고 그 때 들어온 귀신이 안 떠납니다.

20)남묘호랭교나 천리교들을 믿었던 경우 귀신이 침입한다.

예수를 믿기 전이라도 잡신을 섬겼다면 귀신이 침입하여 잠복하고 있는 경우가 많습니다. 성령 세례 받고 회개하고 내적치유를 받으면서 그 때 들어온 귀신을 축귀해야 합니다.

21)절이나 사당이나 상여 집을 방비 없이 출입할 때 귀신이 침입한다. 예수를 믿기 전이라도 사찰이나 사당이나 상여집이나 고사를 지내는 장소나 제사를 지낸 경우 귀신이 침입하여 잠복하고 있을 수 있습니다. 반드시 회개하고 성령으로 세례 받고 내적치유를 받으면서 그 때 들어와 집을 짓고 있는 귀신을 축사해야 합니다.

둘째, 마음 안에 쌓인 것들을 정화하는 비결은 이렇습니다.

① 마음이 평안한 상태가 되어야 합니다. 성령의 충만한 임재 상태가 되어 마음이 외부의 영향을 받지 않는 상태가 되어야 합니다. 치유에 집중하는 마음 상태가 되어야 깊은 곳에 숨겨진 상처를 성령님의 도우심으로 치유 받을 수 있습니다. 외적 침묵과 내적 침묵이 되어야합니다.

② 성령님의 임재를 간구합니다. 영에서 마음으로, 이성으로 임재가 나타나시도록 간구합니다. 성령님의 도우심으로 자신의 과거로 돌아가서 과거에 받았으나 묻혀 있는 크고 작은 상처의 기억을 떠올리며, 상처와 함께 그때 겪었던 당황함, 부끄러움을 회상한 후, 하나씩 그 상처를 주님께 드립니다.

③ 당시에 받았던 상처로 말미암는 감정이 내면에 떠오르거나

감정이 되살아나면(수치감, 답답함, 분노, 좌절감, 깊은 슬픔, 두려움 등) 억제하거나 감추지 말고 의식수준으로 표현하십시오. 그리고 그것을 주님에게 드리세요.

④ 이 때 자신의 상처와 관련된 사람을 용서하는 작업을 해야 합니다. 용서하지 않고 단순히 감정만 처리하는 것은 상처의 근원은 그냥 두고 감정만 치유하는 것이며, 이러한 치유는 후에 다시 재발됩니다. 큰 사건, 큰 상처일수록 이 부분에 세심한 주의를 기울여야 하며, 세심한 치유를 했어도 같은 감정이 오면 몇 번이고 계속해서 치유해야합니다. 자신의 마음에 상처를 준 사람을 용서하지 않으면 진정한 치유가 되지 않습니다. 어두움과 저주의 세력에게 자신을 묶어놓고 있는 것입니다.

⑤ 성령님의 능력으로 치유 받은 후에는 마음에 평안함을 느끼게 됩니다. 계속하여 이 평안을 유지하는 것은 자신의 책임입니다. 오래된 상처나 깊은 상처는 일회적인 치유보다 장기적이고 지속적인 치유를 해야 합니다.

⑥ 성령님과 교제를 통하여 악한 생각이 나지 않도록 기도생활을 해야 합니다. 진정한 치유란 지속적인 성령 하나님과의 동행입니다. 늘 마음에 하나님을 느끼고, 하나님과 동행하고 하나님을 의지하여야 합니다. 그리함으로 늘, 점점 마음이 맑아지고, 자유해지고, 평안해지는 삶을 살아야 합니다.

9장 모든 문제의 근원은 자신의 마음 안이다.

(잠 4:23)"모든 지킬 만한 것 중에 더욱 네 마음을 지
키라 생명의 근원이 이에서 남이니라"

사랑의 예수님 사랑합니다. 하나님께서는 우리를 사랑하십니
다. 그리고 그 사랑은 우리를 구원에로 부르는 사랑입니다. 그리
고 주님의 사랑은 우리를 위하는 마음에서 비롯됩니다. 이 시간
주님의 마음을 생각하는 가운데 우리도 주님의 마음으로 변화되
기를 바랍니다.

언젠가 영화의 한 장면을 보았는데 손 잘린 사람이 발가락을
사용하여 노름을 하고 있는 것을 보았습니다. 그것은 손이 도박
을 하는 것이 아니라, 마음이 도박을 하기 때문입니다. 가끔 텔
레비전을 보면 죄짓고 벌 받으러 가는 사람이 부끄럽다고 손으
로 얼굴을 가립니다. 그렇지만 마음이 죄를 지었는데 손으로 얼
굴을 가린다고 마음이 가려지지는 않습니다.

때때로 '손버릇 나쁘다', '손 크다'라는 말을 합니다. 이 말은
마음이 그렇다는 말입니다. 아무리 고운 손이라도 나쁜 짓을 하
는 손은 고운 손이 아닙니다. 아무리 거친 손이라도 좋은 일을
하는 손은 거친 손이 아닙니다. 사실 겉모양도 좋지만 마음 관리
를 잘 하는 것이 더 중요합니다.

잠언에 보면 "모든 지킬 만한 것 중에 더욱 네 마음을 지키라 생

명의 근원이 이에서 남이니라"(잠4:23). "평온한 마음은 육신의 생명이나 시기는 뼈를 썩게 하느니라"(잠 14:30). "평온한 마음은 몸의 생명이고 질투는 뼈의 염증이다.", 즉 "마음이 편안 하면 몸에 생기가 돌고 마음이 타면 뼛속이 썩는다." 라는 것입니다.

사무엘 16장에 보면 사무엘이 주 하나님의 뜻을 받들어 왕으로 성별한 사람을 선택하게 됩니다. 그때 이새의 아들 중 "엘리압"을 보고 속으로 "주님의 기름부음 받은 이가 바로 주님 앞에 서 있구나."하고 생각하였습니다. 그러나 주님께서는 사무엘에게 "겉모습이나 키 큰 것만 보아서는 안 된다. 나는 이미 그를 배척하였다. 나는 사람들처럼 보지 않는다. 사람들은 눈에 들어오는 대로 보지만 주님은 마음을 본다.", "용모나 신장을 보지 마라. 그는 이미 내 눈 밖에 났다. 하나님은 사람들처럼 보지 않는다. 사람들은 겉모양을 보지만 나 여호와는 속마음을 들여다본다."하고 사무엘에게 말씀하셨습니다. 그래서 마침내 다윗에게 기름을 붓게 됩니다. 성경은 이렇게 마음의 중요성을 지적하고 있습니다.

고린도전서 4장 5절에서도 "그러므로 때가 이르기 전 곧 주께서 오시기까지 아무 것도 판단하지 말라, 그가 어둠에 감추인 것들을 드러내고 마음의 뜻을 나타내시리니 그 때에 각 사람에게 하나님으로부터 칭찬이 있으리라"라고 말씀하고 있습니다.

예레미야서 17장 9절에서 10절에는 "만물보다 거짓되고 심히 부패한 것은 마음이라 누가 능히 이를 알리요 마는 나 여호와는 심장을 살피며 폐부를 시험하고 각각 그의 행위와 그의 행실대로 보응하나니"라고 말씀합니다. 이 말씀은 우리에게 큰 희망을 주는 말씀이기도 하지만 무서운 말씀입니다. 살지 않으면 그에 상응하는 대가를 치러야 하기 때문입니다. '성 아우구스티노'도 "마음이 똑바로 향해 있으면 행동 또한 바르다. 마음과 행동이 일치할 때 구원의 은혜를 입을 것이다"라고 말했습니다. 그러므로 우리는 늘 마음을 정화하며 잘 다스려야 하겠습니다.

첫째, 모든 문제는 내 안에 있다. 성경은 "모든 지킬 만한 것 중에 더욱 네 마음을 지키라 생명의 근원이 이에서 남이니라."(잠 4:23)라고 말씀하십니다. 마음을 지키기 위하여 자신을 돌아보며 반성할 줄 아는 사람이 되어야 합니다. 살아가면서 내 주위에서 일어나는 모든 문제는 분명히 자신과 관계가 있습니다. 자신과 만나서 부딪히는 사람을 미워하지 말고 잘못을 내 속에서 찾아보아야 합니다. 우리는 살아가면서 많은 사람을 만나고 다양한 사람들을 사귀게 됩니다.

만나는 사람들이 좋은 사람도 있을 것이고 좀 마음에 안 드는 사람도 있고, 그리고 별 도움이 되지 않는 사람도 있을 것이고, 그중 나쁜 사람들도 있을 것입니다. 이렇듯 우린 가지각색에 많은 사람을 접하며 인간관계를 형성하며 삽니다. 사람은 누구에게나 자기 색깔과 장단점이 있습니다.

좋은 점이 있으면 안 좋은 점도 있는 법, 그렇다고 그 사람을 잘못됐다고 말하기보다, 그 성격을 이해하면서 좋은 것은 배우고 나쁜 것은 그냥 흘려보내면 되는 것입니다. 그 사람을 바꿀 수 없기에 자신의 마음을 어떻게 움직이느냐에 따라 세상도 달라지고, 어떤 마음을 가지느냐 따라 좋게도 싫게도 보이기도 할 것입니다.

자신의 마음을 움직일 수 있는 것은 자신도 아니고 성령님이시니, 자기 마음 안에 주인을 누구로 하느냐에 따라 행불행이 일어나기 때문에 모든 문제는 자신만이 해결할 수 있습니다. 요즘은 스트레스로 인하여 정신적으로 생기는 병이 많다고 합니다. 상처와 스트레스로 인하여 영적인 문제가 일어나기도 합니다. 또한, 사람 마음에 작용시키면 변화를 일으켜 고치는 병도 많다고 합니다. 그리기에 몸으로 나타나는 병을 웃음으로 고치는 웃음 클리닉과 웃음치료 강사도 있습니다.

사람들은 자기 고정관념에 매여 나는 못해, 나는 안 돼, 병이 심해 고칠 수 없어, 하고 벌써 마음부터 그렇게 생각하고 있으니까 정말 안 되는 쪽으로 휩쓸리는 것입니다. 지금 현대인들은 몸의 병보다 마음이 병들어 고통을 더 받고 정신적인 스트레스로 인하여 힘든 삶을 살고 있습니다. 사람은 마음에 성령하나님을 주인으로 모시고 성령의 역사를 일으키면 못할 것 같은 것도 할 수 있게 만드는 것이 마음입니다.

모든 문제는 마음먹기에 달렸으며 자신이 어떻게 하느냐에 따라 인생도 바뀔 수 있습니다. "세상은 마음먹은 대로 된다."라는 말이 있듯이 하나의 힘이 큰 힘이 되어 세상을 움직이는 것도 나 자신이 될 수도 있습니다. 세상을 밝게 보는 마음의 눈으로 멋진 인생 아름다운 삶을 위하여 전진해 나가야 합니다. 그래야 영적인 전투에서 승리할 수가 있습니다.

둘째, 자신 안의 문제를 찾아내라. 문제없는 사람은 죽은 사람밖에 없다는 말이 있습니다. 살아 있다는 것은 문제를 안고 살아가는 것은 모든 사람에게 숙명이라는 뜻일 것입니다. 그렇습니다. 살아가다 보면 수많은 문제들과 마주하게 됩니다. 그래서 어떤 사람은 문제를 지혜롭게 해결하는 사람도 있고, 문제에 넘어져 고통스러워하는 이도 있습니다. 아예 술로 도피하거나 비겁하게 다른 사람에게 떠맡기고 문제에서 도망치는 이들도 있습니다. 그러나 대부분의 사람들은 문제에 부딪쳐 고통을 호소하면 살아갑니다.

필자가 하는 사역은 사람들의 문제를 들어주고 함께 해결해주며 치유하는 일입니다. 가장 많이 호소하는 문제가 금전적인 문제입니다. 악성부채에 시달리다 극빈자의 삶을 이어가는 이들이 적지 않았습니다. 이들 중에는 혈통에 흐르는 영적인 존재들로 인하여 재정적인 고통을 당하는 분들이 많습니다. 아마 성경적인 재정 관리에 관한 상담을 오래 한 탓일 것입니다. 그다음으로 고질병을 해결하지 못해 찾아온 사람들입니다. 갖가지 이름의 정신병에서부터 육체적인 병들과 병명과 이름을 알 수 없는 이들도 더러 있었습니다. 이들이 성령으로 세례를 받고 내면의 상처와 스트레스를 성령으로 정화하니 기적적으로 치유되는 경우를 많이 체험했습니다. 정신병의 배후에 상처와 스트레스 영적인 존재들이 있었기 때문입니다.

배우자가 심각한 불행의 빌미를 제공하는 사람도 있습니다. 불륜이란 이름으로 끔찍한 고통이었습니다. 어떤 이는 자녀문제를 호소했습니다. 불량청소년이 되어 술을 마시고 가출을 하는 자녀로부터, 성인이 되어서도 결혼도 하지 않고 직장도 얻지 않아서 부모의 불행한 삶의 원인이 되고 있습니다. 가족이나 직장상사 등 가까운 사람들과의 불화로 살아갈 맛을 잃은 이들도 있었고, 본인이나 가족이 알코올 중독이나 각종 중독에 시달려서 화근을 제공하는 사람들도 있었습니다. 이렇듯 문제의 원인은 사람의 숫자만큼 다양했으며, 자신들이 가장 끔찍한 고통을 받고 있다고 한목소리로 호소했습니다.

그러나 그 사람들의 얘기를 들어보면 공통점이 있습니다. 자신에게 닥친 끔찍한 불행이나 고통스런 문제의 원인을 정확하게 콕 집어서 말한다는 것이었습니다. 악성부채의 원인이 사업의 실패나 빌려준 돈을 받지 못해서 혹은 투자의 실패 등입니다. 사람들과의 불화의 원인 제공자도 항상 배우자나 시어머니, 직장상사나 동료를 지목했습니다. 알코올 중독에 시달리는 원인도 사업실패나 아내의 가출, 해고 등을 꼽았습니다.

그들이 말한 불행의 원인을 제공한 것이 다른 사람이나 예기

치 못한 사건, 심지어는 다른 원인을 들이대기 힘들면 재수가 없어서 그랬다고 합니다. 그러나 그들이 지목한 불행의 원인이 정확할까요? 물론 고통의 빌미를 제공하거나 불행의 원인으로 작용했다는 것에 이의를 달 생각은 없습니다. 그러나 사람들이 잘못 아는 게 있습니다. 진짜 원인은 따로 있다는 것입니다.

인정하기 싫더라도 진짜 원인은 바로 자기 자신 안에 있습니다. 예를 들어, 사업실패나 투자 실패의 원인의 대부분이 탐욕과 조급함입니다. 탐욕스럽기에 먹고 살만한 수입에 만족하지 않고, 또 다른 사업을 벌이고 투자처를 찾아 나섭니다. 또한 조급하기에 스스로 번 자금이 아니라 금융기관의 대출을 얻고 지인에게 빚을 얻어 시작합니다. 알코올 중독의 원인은 쾌락을 사랑하는 방탕한 마음입니다. 그러나 그들은 다른 원인을 대곤 합니다.

심지어 배우자의 불륜에 대해서도 자신은 아무런 빌미를 제공하지 않았을까요? 가정이 만족스럽고 배우자와 깊은 사랑의 관계를 유지했다면, 갑자기 남편에게 애인이 생기고 아내가 가출을 통보했을까요? 자녀가 불량청소년이 된 이유로서, 부모에게 아무런 문제가 없다고 한다면 지나가는 개가 웃을 것입니다.

직장상사나 시어머니와의 관계가 악화된 것도 자신에게도 절반의 문제가 있다는 것쯤은 인정해야 하지 않을까요? 필자도 고통을 호소하며 불행에 슬퍼하는 사람들 앞에서, 그건 당신 때문이라고 말하고 싶지 않습니다. 그러나 필자가 이 말을 하는 이유는 이 문제를 해결하려면 문제의 원인이 밖이 아니라 자신에게 있다는 것을 아는 것에서 출발해야 하기 때문입니다.

모든 문제의 원인은 자신 안에 있습니다. 더 정확하게 말하자면 자신의 뼈 속에 새겨져 있는 죄 때문입니다. 자신이 끔찍한 죄인이기에 불행의 수렁에 빠져 고통스러워하며 살아가는 것입니다. 물론 인정하기 싫을 것입니다. 그렇다면 성경에서 지목한 죄들을 조목조목 짚어보겠습니다. 탐욕과 방탕으로 시작하여 미움, 시기, 질투, 싸움, 분열, 술 취함, 간음, 불경건 등으로 이어집니다. 탐욕은 일용할 양식에 만족하지 않고 더 채우려는 과도한 욕심입니다.

그래서 잘 나가는 직장에서 나와 사업을 벌이고 주식과 부동산 투자를 하는 게 아닙니까? 하나님보다 돈을 사랑하고 자신을 사랑하는 탐욕은 하나님이 가장 싫어하며 우상숭배라고 일컫는 무시무시한 죄입니다. 가족과 주변사람들과 불화를 일으켜 싸움을 하고 분열을 하는 것도 자신 안에 미움과 증오가 들어차서 그런 것입니다. 미움과 시기, 질투는 교만과 분노를 일으키는 악한 죄입니다. 간음과 불륜, 술 취함, 포르노와 게임 중독도 쾌락과 방탕이란 죄가 일으키는 불행한 삶입니다.

이처럼 자신 안에 들어찬 죄가 머리를 들고 일어서자 악한 영이 이를 부추겨 끔찍한 불행에 빠뜨리는 것입니다. 그러나 대부분 자신 안에 들어 있는 죄를 알아채지 못하고 예방하지 못했기 때문에 고통과 역경의 수렁에 빠지게 됩니다.

이처럼 죄는 남녀노소를 가리지 않고 생명과 영혼을 사냥하는 무시무시한 괴물입니다. 그러나 이를 아는 많은 크리스천들조차 자신 안에 새겨진 죄에 대해 무관심하거나 무지하기에 속수무책으로 당하는 것입니다. 그래서 이 죄의 문제를 해결하시기 위해서 예수 그리스도가 이 땅에 오신 이유가 아닙니까? 아시다시피, 그분이 십자가에서 흘리신 보혈의 공로로 우리는 죄를 해결할 천군만마의 솔루션을 갖게 되었습니다. 그것은 하나님께서 당신을 사랑하는 자녀에게 주신 천재일우의 기회입니다. 그러나 기회를 잡는 것은 자신의 몫입니다. 하나님은 문제를 해결할 기회만 주실 뿐입니다. 스스로 기회를 잡아야 합니다.

그렇다면 기회를 잡는 것은 무엇일까요? 예수 그리스도의 보혈이 자신의 문제를 해결하는 능력을 발휘하게 해야 하는 것인 아닙니까? 즉 예수님의 보혈의 능력이 자신 안에 들어와야 합니다. 그게 바로 성령이 우리 안에 내주하셔야 하는 이유입니다. 예수 그리스도의 영과 하나님의 영과 성령은 동일하신 분이십니다. 예수 그리스도가 흘리신 보혈의 공로로 사탄과의 싸움에서 승리하였지만, 그 보혈의 능력이 발휘되려면 각자의 가슴에 새겨져 있어야 하며, 성령이 자신 안에 들어와야 가능한 것입니다.

성령이 내주하셔서 동행하는 삶을 살게 되면 자신을 지배하는 죄를 몰아내주시는 것입니다. 할렐루야! 예수 그리스도가 이미 우리의 죄를 대신하여 십자가에 달림으로 우리의 죄를 깨끗이 씻어주셨지만, 타락한 옛사람인 육체에 은밀하게 잠복하고 있는 죄가 머리를 들지 못하게 하려면 성령이 자신 안에 들어와 통치하고 다스리시는 하나님의 나라가 이루어져야 하는 것입니다. 이러한 현상이 바로 우리 몸이 살아계신 하나님의 성전이 되는 것입니다.

성령이 자신 안에서 들어와 통치하시고 다스리는 하나님 나라가 이루어진다면 비로소 죄가 더 이상 문제를 일으키고 불행에 빠뜨리지 못합니다. 그래야 평안과 기쁨의 삶으로 채우고 행복의 열매를 풍성하게 맺게 되는 것입니다. 이는 우리가 모두 소원하는 게 아닐까요? 이렇듯 자신 앞에 닥친 모든 불행의 원인은 밖에 있는 게 아니라 자신 안에 존재하는 죄 때문입니다. 그러므로 날마다 죄를 회개하며 성령과 깊고 친밀한 교제를 나눈다면 놀라운 영적 능력의 사람이 되어 하나님이 사용하시는 도구의 삶을 살아가게 됩니다. 그 때는 이미 자신의 문제는 물론이고 다른 사람의 문제를 해결하는 영적 거장에 올랐음은 말할 나위 없습니다.

셋째, 마음을 성령으로 정화하라. 왜 주일 날 하나님의 말씀을 들었으면 최소한 1주일만큼이라도 성령 충만한 삶을 살아가야 할 텐데, 왜 그러한 삶을 살아가지 못하는 것일까 하는 점이었습니다. 아니 아침에 새벽 기도나 말씀 묵상을 했으면 그 말씀을 붙잡고 하루만큼 이라도 은혜 충만한 삶을 살아야 정상 아닙니까?

그런데 왜 그러한 삶을 살지 못하느냐는 것입니다. 심지어 하루만 지나도 그 설교 말씀의 제목까지도 잊어버리는 판이니 무슨 충만이 있을 수 있겠습니까? 좀 다른 표현으로 하자면, 교회를 그렇게 열심히 다니고 오래 다닌 사람들도 정말 그리스도인다운 삶을 왜 살아가지 못하는 것일까요?

왜 그 가정의 자녀들이 가출을 하고 문제아가 있는 것일까요? 왜 그 부부의 삶이 즐거워 보이질 않을까요? 왜 그리스도인다운 향기를 드러내지 못하고 살아가는 것일까요? 나중에 하나님이 깨닫게 해 주신 것은 우리 인간의 마음 밭이 병들어 있기 때문에 그 마음 밭에 아무리 좋은 씨를 뿌린다 하더라도 그 씨가 열매를 맺지 못하기 때문에 행복한 삶, 성령 충만한 삶을 살아갈 수가 없더라는 것이었습니다.

저는 성경말씀을 묵상할 때, 마치 그 말씀이 지금 저의 눈앞에서 펼쳐지고 있다고 생각하고 신나게 상상을 하다보면 너무 너무 실감나고, 또 많은 은혜를 받게 됩니다. 그 방식으로 우리가 자주 묵상하는 시편 23편을 살펴 보십시다. "여호와는 나의 목자시니 내가 부족함이 없으리로다. 그가 나를 푸른 초장에 누이시며 쉴 만한 물가으로 인도하시는 도다. 내 영혼을 소생시키시고 자기 이름을 위하여 의의 길로 인도하시는 도다. 내가 사망의 음침한 골짜기로 다닐지라도 해를 두려워하지 않을 것은 주께서 나와 함께 하심이라 주의 지팡이와 막대기가 나를 안위하시나이다. 주께서 내 원수의 목전에서 내게 상을 베푸시고 기름으로 내 머리에 바르셨으니 내 잔이 넘치나이다. 나의 평생에 선하심과 인자하심이 정녕 나를 따르리니 내가 여호와의 집에 영원히 거하리로다"

이 시편에 나오는 장면들을 그림으로, 영화처럼 한번 묵상해

보십시다. 끝없이 푸른 초장이 펼쳐져 있습니다. 쉴만한 물가도 있습니다. 어디에 누워도 편히 쉴 수 있는 바로 그곳에 목자가 되신 주님이 양떼들과 함께 서 계십니다. 그 평안함, 그 행복감…. 바로 그러한 마음, 바로 그렇게 평안하고 안정된 마음 밭이 하나님이 우리에게 주신 태초의 마음이라는 것입니다. 그런데 관계 속에 살아가는 존재인 우리는, 세상을 살면서 부모로부터, 배우자로부터, 친구로부터, 이 사람으로부터, 저 사람으로부터 상처를 받다 보니까 그 에덴 같은 마음 밭이 황폐화되어 버렸다는 것입니다. 그 옥토 밭이 폐허화되어 버렸다는 것입니다.

'내면세계의 질서와 영적성장'이라는 책을 쓴 고든 맥도날드는 우리의 마음이 황폐화되었다고 말하면서 마치 '함몰 웅덩이 증상'을 보이는 사람이 있다고 말합니다. 우리의 마음을 살펴보니까 마치 폭탄으로 인해 깊게 파여 있는 웅덩이 같은 것이 있다는 겁니다. 그런데 그 웅덩이에 맑은 물이 고여 있지 않고 흙탕물만이 고여 있다는 것이지요. 그러니 그 마음에서 나오는 말이 사랑의 말, 행복의 말이 나올 리가 없지요. 당연히 상처를 주고 아픔을 주는 일들만이 벌어질 수밖에 없는 겁니다.

고든 맥도날드는 구체적으로 내면세계를 이렇게 정의합니다. 우리의 내면세계는 다섯 부분으로 나눌 수 있다는 것입니다.

그 첫 번째는 우리로 하여금 어떠한 행동을 하게 하는가 하는 동기 부여의 문제를 들고 있습니다. 만약 그 내면세계가 정리되어 있지 않다면 그 사람들은 시대적인 풍조에 밀려 세상의 흐름에 밀려다니거나 무엇엔가 늘 쫓겨 다니는 사람이 된다는 것입니다. 그렇지만 내면세계가 정리된 사람들은 우리에게 어떤 일을 하도록 맡기시겠다고 주님이 약속하실 때, 그 분의 은혜로운 부르심을 받아들이는 부름 받은 사람이 된다는 것입니다.

두 번째는 인생의 한정된 시간을 가지고 무엇을 할 것인가 하는 문제인데요, 개인적인 성장과 이웃에 대한 봉사에 각각 얼마만큼의 시간을 할당하는 가의 문제는 그 사람의 내면세계가 얼마나 건강한지의 여부에 달여 있다는 것입니다.

세 번째는 지적인 면을 들고 있습니다. 창조의 진리를 받아들이고 그 진리를 논리적으로 인식할 수 있는 놀랄만한 능력을 우리의 마음이 소유하고 있는데, 그 마음을 가지고 무엇을 하느냐 하는 문제입니다. 내면세계가 정리된 사람들은 그 능력과 카리스마를 가지고 참으로 값지고 아름다운 일, 하나님이 기뻐하시는 일들을 하게 될 것입니다. 그렇지만 그렇지 못한 사람은 그저 자기 앞길 헤쳐 나가는데 급급할 것이고, 오히려 하나님의 질서를 파괴하고 방해하는데 머리를 쓰게 될 것입니다.

네 번째는 영적인 부분입니다. 나 말고는 아무도 알아듣거나 이해할 수 없는 방법으로 하나님 아버지와 교통할 수 있는 특별하고도 은밀한 곳이 있습니다. 우리는 그것을 내면세계의 정원이라고 말을 합니다. 그런데 그 정원이 아름답게 가꾸어져 있다면 하나님과 아름다운 교통을 할 것이지만, 그 정원이 망가져있다면 자신이 곧 하나님이 된 삶을 살아가게 될 것입니다.

마지막으로 우리 안에는 우리로 하여금 안식 혹은 안식일의 평화(Sabbath Peace)로 이끄는 부분이 있다고 말을 합니다. 이 평화는 일반적인 기쁨과는 다른 것입니다. 우리의 내면세계가 에덴으로 회복되어 있다면 진정한 안식을 누릴 수 있다고 말을 하는 것입니다.

그동안 한국교회는 엄청난 성장을 해 왔습니다. 그런데 성장만을 바라 왔지 성도들의 마음 가운데 있는 그 그릇을 온전하게 회복시키는 일에는 좀 등한시 했습니다. 그 결과가 어떻게 나타나고 있습니까? 교회는 이제 더 이상 성장하지 않고 있습니다. 성도의 수가 우리나라 총인구의 20%가 넘는다고 하면서도 이 세상은 썩어가고 있습니다.

소위 하나님의 자녀라고 하는 사람들이 빛과 소금의 직분을 제대로 감당하지 못하고 있다는 이야기입니다. 왜 그들이 그 소중한 직분을 잘 감당하지 못합니까? 그 마음이 상해 있기 때문에 그렇습니다. 그 마음의 그릇이 진리의 말씀과 성령으로 정화되고 회복되지 아니한 채로 신앙생활을 해 왔기 때문에 그렇습니다. 우리는 마음을 진리의 말씀과 성령으로 정화해야 합니다. 그래야 영적전투에서 승리할 수가 있습니다.

결론적으로 모든 문제의 근원은 자신의 마음입니다. 마음을 정화시키기 위하여 성령으로 충만한 삶을 살아야 합니다. 성령으로 충만한 상태에서 기도함으로 자신의 마음에 노폐물이 쌓이지 않도록 정화하는 것을 습관화해야 합니다.

10장 마음을 정화시키는 기도훈련을 하라

(왕상 19:11-12)(12)"또 지진 후에 불이 있으나 불 가운데에도 여호와께서 계시지 아니하더니 불후에 세미한 소리가 있는지라"

영적전투에서 승리하려면 마음을 정화시키는 성령의 기도를 할 수 있어야 합니다. 하나님은 우리의 마음 안에 임재 하여 계십니다. 자신의 주인이 마음 안에 계신 것입니다. 그래서 사람은 내면세계가 건강해야 합니다. 우리는 실체보다는 상징을 더 숭배하는 사회에 살고 있습니다. 많은 사람들이 내적인 것보다는 외적인 것에 더 이끌립니다. 그러나 우리는 외적인 것을 너무 좋아하면 안 됩니다. 그러면 뿌리 깊은 나무가 될 수 없습니다. 외적인 것은 재미를 주지만 내적인 것은 깊이를 줍니다. 내적인 것은 변화를 줍니다.

세상은 깊이보다 재미를 중시하지만 하나님은 재미보다 깊이를 중시합니다. 세상은 겉이 큰 것을 좋아하지만 하나님은 속이 큰 것을 좋아합니다. 옛말에 "못생긴 나무가 산을 지킨다."는 말이 있습니다. 서로 잘 낫다고 죽죽 뻗은 키 자랑 하다가 벌목되어 흉한 민둥산보다, 못생긴 나무라 할지라도 어우러져 알찬 생명력을 이루는 푸른 산이 더 아름다운 것 입니다. 보잘것없는 나무가 산을 지키듯, 못생긴 나무는 제자리를 지키면서 서서히 자라나 나중에는 대들보나 기둥 같은 역할을 해내게 된다는 사실을 말입니다. 못 생겼다고 실망하지 마시기를 바랍니다. 하나님은 못 생긴 사람을 통하여 가정을 세우고 교회를 세우십니다.

외적인 화려함이나 인기에 이끌려 발 빠른 존재가 되기보다는 생명의 말씀과 성령으로 내면을 잘 가꾸고, 내면을 잘 살펴서 어떤 바람에도 흔들리지 않는 뿌리 깊은 나무가 되기를 힘써야 합니다. 우리가 "성도답게 산다."는 것은 "내적인 삶을 중시하면서 산다."는 것입니다. 사실 우리의 외적인 삶을 준비하는 것은 내적인 삶입니다. 그러므로 내면이 건강해야 합니다. 삶에서 중요한 것은 "우리에게 어떤 일이 일어나고 있는가?"하는 것이 아니라, "우리 안에 어떤 일이 일어나고 있는가?"하는 것입니다. 그것이 바로 우리들에게 고독과 침묵의 시간이 필요한 이유입니다. 고독과 침묵의 시간은 우리의 마음을 정화하여 내면세계를 건강하게 만듭니다. 필자는 항상 이렇게 강조합니다. 밖에서 일어나는 문제를 해결하려고 이리 뛰고 저리 뛰지 말고 마음 안에 임재하신 하나님께 기도하라고 합니다. 그러면 하나님께서 밖에서 일어나는 문제를 해결할 수 있는 레마를 주십니다.

고독과 침묵은 마음을 정화시키는 좋은 방법이 됩니다. 고독훈련이란 무엇을 말합니까? 자신과 하나님과 둘만의 시간을 갖는 것입니다. 침묵훈련이란 세상의 잡다한 소리에 귀를 기우리지 않고 오로지 자신 안의 하나님께만 집중하는 훈련입니다. 고독과 침묵은 잘 활용하면 우리에게 큰 유익이 됩니다. 그러므로 고독과 침묵을 잘 훈련해야 합니다. 그러나 이 훈련은 어렵습니다. 왜냐하면 우리 사회는 고독이나 침묵과는 전혀 반대되는 방향으로 가기 때문입니다. 요즈음 인기 있는 음악을 보십시오. 고독과 침묵의 소리는 거의 들을 수 없습니다.

사람들이 고독과 침묵의 유익을 너무 모르고 있고, 그것들을 싫어합니다. 침묵이 들려주는 소리는 듣기 싫어하고 시끌벅적한 곳에 가야 만족감을 느끼는 분들이 많습니다. 그러나 우리가 보다 깊은 삶을 살려면 고독과 침묵의 세계로 들어갈 수 있어야 합니다. 왜 우리에게 고독과 침묵이 필요합니까? 지금 세상은 우리의 영혼에 도움이 되지 않는 여러 자극적이고 감성적인 소리로 우리를 유혹해서 혼란하게 만들기 때문입니다.

그러므로 우리는 그런 소리들을 물리치고 고독과 침묵 속에서 실체와 진실에 더욱 접근해야 합니다. 그래서 우리 자신을 더 생각하도록 만들고, 하나님께서 우리에게 더 말씀하시도록 만들어야 합니다. 바로 거기에서 환경을 이길 힘과 자신을 이길 힘이 생기게 됩니다. 성경 복음서를 보면 놀라운 사실을 발견합니다. 그것은 "예수님이 홀로 있는 시간을 아주 많이 가졌다"는 사실입니다. 예수님 때는 지금처럼 그렇게 난잡한 때는 아니었습니다. 그래도 예수님은 군중들로부터 떨어져 혼자 있는 시간을 많이 가졌습니다.

그러나 오늘날 어떤 영적 지도자들은 텔레비전에 나오기를 좋아하고, 무대 체질이고, 대중성을 좋아합니다. 사람들의 시선을 끌려고 "나는 다르다."는 것을 증명하려고 하다가 결국 "나는 틀리다."는 것을 증명한 분들이 얼마나 많습니까? 진짜 진리의 99%는 평범한 것에 숨어 있습니다. 특이한 것에는 대중성은 많아도 건강성은 적습니다. 하나님이 우주를 이끌어 가는 손길은 99% 자연적인 것을 통해 이끌어 가십니다. 어느 누구도 "해가 서쪽에서 뜨겠네!"라는 말을 듣고 "특이하다. 기적이다."고 하며 좋게 생각하지 않습니다. 신앙생활에서도 초자연적인 것, 기적적인 것, 대중적인 것, 화려한 것, 특별한 것을 열심히 쫓아다니면 실패할 가능성이 많습니다.

때로는 조용한 곳에서 혼자 떨어져 살아 계신 하나님과 직접 대화를 하며, 평범한 것에서 진리를 발견하고 평범한 것에서 감사거리를 발견하는 삶이 진정 복된 삶입니다. 그렇게 '무대 앞'에 서기보다 '하나님 앞'에 서기를 힘쓸 때 내 영혼이 풍성하게 되고, 자신을 한 맺히게 했던 말도 교훈과 위로와 축복을 주는 말로 신기하게 번역되어 들리고, 내 육신을 공격하는 바이러스와 암 덩어리의 공격력도 급속히 약화되어 병도 낫게 될 것입니다. "자기 혼자 하나님 앞에 서서 자신의 부족함을 고백하고, 마음과 마음을 터놓는 대화를 하고, 하나님의 음성을 듣는 시간"이 별로 없다면 얼마나 허무한 일입니까?

예수님은 대중을 사랑했지만 대중성과는 거리가 멀었습니다. 사람들이 예수님을 이스라엘의 왕으로 모시려고 할 때 예수님은 뒤로 물러나 숨으셨고, 병자들을 치료하신 후에는 그들의 입에 마이크를 갖다 대고 간증을 유도하기보다는 그 기적을 아무에게 도 알리지 말라고 하셨습니다. 그처럼 대중성 대신에 고독을 추구하셨던 예수님은 우리도 조용하고 비밀스럽게 드리고, 금식하고, 기도하기를 원하십니다.

마태복음 6장 6절에서 예수님은 말씀하셨습니다. "너는 기도할 때에 네 골방에 들어가 문을 닫고 은밀한 중에 계신 네 아버지께 기도하라 은밀한 중에 보시는 네 아버지께서 갚으시리라." 예수님은 중요한 순간에는 항상 혼자 따로 가셔서 기도하셨습니다. 예수님은 공적인 사역을 시작하시기 전에도 혼자 광야에 가셔서 40일간 금식하며 기도하셨습니다. 그 40일 금식 기도를 통해서 예수님은 온갖 유혹을 이길 수 있는 힘을 얻으셨습니다. 고독한 광야는 예수님을 약하게 한 장소가 아니었고 인간으로 오신 예수님을 강하게 한 장소였습니다. 그리고 예수님은 자주 고독과 침묵을 추구하셨습니다. 12제자를 선택하실 때에도 따로 가서 기도하셨고(눅 6:12-13), 사촌인 세례 요한이 죽었다는 소식을 들었을 때에도 따로 가서 기도하셨습니다(마 14:13).

누가복음 5장에서 예수님은 문둥병자를 고친 후 아무에게도 알리지 말라고 했는데 어느새 사람들이 그 사실을 알고 몰려오니까 예수님은 물러가셨고(눅 5:16), 5천 명을 먹이신 후에도 따로 산에 올라가셨고(마 14:23), 십자가에 달리시기 전에도 혼자 기도하셨습니다(마 26:36-48).

예수님에게도 그처럼 고독한 시간이 필요했다면 우리에게는 그런 시간이 얼마나 더 필요하겠습니까? 예수님은 대개 인생의 중요한 변화가 있기 전에 고독하게 되셨습니다. 공생애를 시작하기 전에 고독하게 되셨고, 사랑하는 동역자 세례 요한을 잃은 것에 대해 슬퍼하기 위해서 고독하게 되셨습니다. 또한 기적을 일으킨 위대한 사역 후에 오히려 고독하게 되셨고, 인생의 가장 극심한 어려움과 죽음에 처하시기 전에 고독하게 되셨습니다. 우리에게 고독과 침묵이 필요한 상황도 똑같습니다. 지금 인생의 중요한 결정을 앞두고 있습니까? 무엇인가 중요한 사건이 다가옵니까? 혹시 슬픔과 실망에 빠져 있습니까?

어떤 일의 성공을 위해 엄청난 에너지를 소모하셨습니까? 그렇다면 하나님의 음성을 듣고 자신의 영적인 배터리를 충전하기 위해서 고독과 침묵의 시간을 가져야 합니다. 그래서 다가올 날들을 준비해야 합니다. 고독과 침묵의 유익이 무엇입니까? 새벽에 하나님과 홀로 대면하는 느낌을 가지면서 내적인 평화가 생기고, 조용한 가운데 성경을 보면서 지혜를 얻게 됩니다.

또한 매일 당하는 상황과 기도를 필요로 하는 사람들을 위해 기도하면서 현실을 극복할 수 있는 힘을 얻고, 자신의 생업과 하나님의 뜻을 알기 위하여 성령으로 기도하면서 미래를 희망과 소중한 예감으로 보게 하는 신비한 시야를 얻게 됩니다. 때때로 극도로 어려운 상황에서 조용히 기도하면 생각보다 훨씬 가볍게 그 상황이 넘어가는 것을 보게 됩니다. 저도 가끔 지친 마음이 들 때가 있고, 드라이한 느낌이 들 때가 있고, 속이 상할 때가 있습니다.

그런 마음을 대략 4시간의 잠이 한번 풀어주고, 새벽에 교회에서 말씀과 기도 가운데 지내는 시간이 다시 한 번 그 마음을 풀어줍니다. 그러면 아침 해가 떠오르면서 울적했던 마음이 사라지게 됩니다. 그처럼 새벽 시간이 얼마나 중요한지 모릅니다. 어떤 분들은 밤 시간에 그런 역사를 경험할 수 있습니다.

우리가 사람들로부터 떨어져 조용한 곳에서 하나님의 세미한 음성을 들을 때 우리는 낙심과 좌절을 날려버릴 수 있는 힘을 얻게 됩니다. 엘리야의 이야기가 그것을 잘 말해줍니다. 약 2800년 전 어느 날, 엘리야가 바알 선지자와 대결을 청했습니다. 제단에 제물을 올려놓고 각자 자기 신에게 기도해서 그 제물을 태우는 신이 진짜 신임을 인정하자고 했습니다.

먼저 바알 선지자들이 기도하는데 기도가 먹히지 않자 그들은 춤까지 추고 자기 몸에 상처까지 내며 난리를 쳤습니다. 그러나 아무 반응도 없었습니다. 그 다음에 엘리야가 제단에 들어서서 "여호와여 응답하소서!" 하고 단순히 기도했습니다.

그러자 하늘에서 불이 내려 제물과 돌과 흙과 제단 옆 도랑의 물까지 태웠습니다. 엄청난 승리였습니다. 그러나 곧 왕비 이세벨이 엘리야를 죽이겠다고 위협하자 엘리야는 두려움과 낙심에 사로잡혀 도망쳐서 호렙산 굴에 숨었습니다.

그때 하나님께서 그에게 나타나셔서 말씀하시는 장면이 오늘 본문입니다. 본문 왕상19:11-12절을 보십시오. "여호와께서 가라사대 너는 나가서 여호와의 앞의 산에 섰으라 하시더니 여호와께서 지나가시는데 여호와의 앞에 크고 강한 바람이 산을 가르고 바위를 부수나 바람 가운데 여호와께서 계시지 아니하며 바람 후에 지진이 있으나 지진 가운데도 여호와께서 계시지 아니하며, 또 지진 후에 불이 있으나 불 가운데도 여호와께서 계시지 아니하더니 불후에 세미한 소리가 있는지라." 이 말씀을 보면 하나님은 크고 강한 바람 속에도 계시지 않았고, 지진 가운데도 계시지 않았고, 불 가운데서도 계시지 않았습니다.

하나님은 그런 것들이 다 지나고 나서야 세미한 소리를 들려주셨습니다. 그 세미한 소리가 낙심한 엘리야를 일으켰습니다. 진실한 성도는 그 세미한 음성을 통해 자신의 영혼이 채워지는 것을 경험할 것입니다. 오늘날 신앙생활의 가장 큰 위기는 이 세미한 음성을 못 듣는 것이 위기입니다. 하나님의 우주를 운행하시는 손길은 대개 조용하게 진행됩니다. 지금 우주는 하나님의 손길에 움직이고 있습니다. 우주의 일부분인 태양계도 하나님의 손길에 의해 움직이고 있습니다. 하나님의 손길은 대개 조용하게 움직입니다. 그처럼 하나님의 음성도 세미한 음성으로 올 때가 많습니다.

그런데 만약 혼자 있는 시간이 없으면 어떻게 그 소리를 듣겠습니까? 하나님은 조용히 성경으로 말씀하시기를 즐겨하십니다. 왜냐하면 그러한 세미한 음성이 진정으로 우리의 영혼을 살찌우는 음성이 되기 때문입니다. 우리는 지금도 수많은 소음 중에 있습니다. 우리의 감각은 끊임없이 보는 것과 듣는 것에 의해

압도되고 있습니다. 그렇게 때문에 우리의 영이 새로워지고 신선하게 될 조용한 장소가 우리에게는 더욱 절실하게 필요합니다. 그래야 우리가 매일 당하는 스트레스를 극복할 수 있는 힘을 얻게 되고, 하나님의 선한 통제 아래에 놓여서 미래를 잘 준비하게 될 것입니다.

그러면 우리는 어떻게 고독과 침묵의 시간을 가질 수 있습니까? 새벽이나 낮이나 매일 일정 시간을 그런 시간으로 확보하는 것이 좋습니다. 그 시간은 전혀 방해받지 않도록 해야 합니다. 또한 집에서도 조용히 성경을 보고 기도할 수 있는 공간을 확보하는 것이 좋고, 시간이 될 때마다 교회에 나와 기도하는 것도 좋은 방법입니다. 그리고 가까운 산에 올라가는 것도 참 좋습니다. 새로운 환경이 얼마나 많은 메시지를 주는지 모릅니다. 조용한 숲에 들어가면 나무들이 말하는 것 같고, 자연으로부터 배우는 것이 참 많습니다. 얼마나 유익하고 중요한 시간인지 모릅니다. 사역의 현장에서 물러나 쉴 때 오히려 하나님이 가까이 하심과 하나님의 손길을 더 느낄 때가 많습니다.

우리에게 쉼의 의미는 무엇입니까? 하나님 중심적인 삶으로 다시 우리를 조율하는 것이 바로 쉼의 의미입니다. 그래서 주일이 중요하고, 예배가 중요하고, 쉴 때는 쉬는 삶이 중요합니다. 여가 생활에 돈을 쓰는 것을 낭비라고만 생각하지 마십시오. 여가가 없어서 건강을 망치면 5배, 10배의 돈이 들게 됩니다.

왜 여가생활을 합니까? 하나님 중심적인 삶을 회복하기 위해서입니다. 그처럼 여가생활을 통해서 하나님 안에서의 내 삶의 목적이 뚜렷해지고, 목적을 향해 달려가는 추진력을 얻는 재충전이 이루어진다면 우리는 여가생활을 잘 가진 셈이 됩니다. 결국 여가생활이 필요한 가장 큰 이유는 삶의 현장에서 물러나 고독과 침묵의 시간을 가지기 위해서입니다. 이렇게 고독과 침묵의 시간을 통하여 내면세계가 건강하니 덩달아서 영-혼-육이 건강해지는 것입니다.

기도원이나 수도원에 가서 금식 기도할 때 가장 큰 유익이 무엇입니까? 기도원에 있는 전 시간 동안 아무 말도 하지 않는 것이 큰 유익입니다. 또한 아무 소리도 듣지 않는 것이 큰 유익입니다. 그곳에는 텔레비전도 없고, 라디오도 없고, 정신을 분산시키는 어떤 소리도 없습니다. 그렇게 며칠 있다 보면 하나님의 뜻이 보이고, 하나님의 소리가 들리고, 내적인 평화와 힘이 생깁니다. 또한 믿는 교인에게는 모든 것이 합력하여 선을 이루고, 현재의 고난은 내일의 축복이 되고, 나의 고난은 자녀의 축복으로 변하여 나타나게 된다는 사실이 확실히 믿어지게 됩니다.

그러므로 우리에게 고독과 침묵이 없으면 영적으로 자랄 수 없습니다. 하나님은 때때로 혼잡하고 소음 중에서도 만나 주시지만 대개 조용한 장소에서 만나주시고 그분의 말씀을 들려주십니다. 그러므로 우리는 고독과 잠잠한 침묵의 시간을 가져야 합니다. 이사야 30장 15절은 말합니다. "주 여호와 이스라엘의 거룩하신 자가 말씀하시되 너희가 돌이켜 안연히 처하여야 구원을 얻을 것이요 잠잠하고 신뢰하여야 힘을 얻을 것이거늘 너희가 원치 아니하고." 오늘날 많은 믿는 사람들이 잠잠하게 신뢰하지 않습니다. 그러나 하나님은 분명히 우리가 잠잠하고 신뢰하여야 힘을 얻게 된다고 말씀하십니다. 어리석은 사람과 현명한 사람의 차이는 현명한 사람이 10분이라도 더 침묵할 줄 아는 사람이라는 것입니다. 항상 잠잠히 신뢰함으로 뿌리 깊은 나무처럼 뿌리 깊은 영혼과 내면의 깊이를 소유하기를 바랍니다.

크리스천은 마음 안에 상처가 쌓이지 않도록 해야 합니다. 상처가 쌓이지 않게 하는 적극적인 활동이 성령으로 기도하는 것입니다. 그렇게 하여 내면에 문제가 생기지 않도록 관리를 잘 해야 합니다. 내면에 생기는 문제는 부흥회, 예배출석, 성경 읽기, 공부, 새벽기도회에 참석한다고 해서 해결되지 않습니다. 실제로 상처 난 부위를 치유해야합니다.

내적 치유란 딱딱해진 마음, 돌, 가시덤불로 가득 차서 말씀의 씨앗이 뿌리를 내리지 못하게 되는 요인을 제거하여 결실을 맺게 하기 위함입니다. 굳은 마음을 기경하는 것, 그 속에 있는 돌을 제거하는 것, 가시덤불을 뽑아내는 것이 내적 치유입니다. 씨앗은 생명입니다. 그러나 굳은 마음에는 이 씨앗이 들어가지 못합니다. 귀로는 듣지만 마음으로 들어가지 못합니다. 몸으로 선행한다고 해서 씨앗이 싹이 나고 열매가 맺히는 것이 아닙니다. 성령님으로 말미암아 마음이 부드럽게 풀어져야만 합니다. 돌들이 가득한 마음은 걱정, 근심의 무거움, 답답함으로 가득한 마음입니다. 이러한 것들을 다 뽑아 버리세요. 그래야 생명이 마음이 뿌리를 내리고 열매를 맺을 수 있습니다. 땅은 스스로 돌을 뽑아낼 수가 없습니다. 오직 우리 속에 계신 성령님이 해 주셔야 합니다. 걱정의 돌, 근심의 돌, 답답함의 돌을 빼내어 주십니다.

가시는 상처입니다. 이것이 나를 아프게 찌르는 것입니다. 마음을 찌르고 감정을 찌르는 것입니다. 나도 찌르고 남도 찌릅니다. 이것을 생명의 말씀의 묵상과 성령으로 기도하며 뽑아내세요. 남이 나를 섭섭하게 하고, 아프게 하는 것이 아니라, 내 속에 있는 가시가 나를 아프게 하는 것입니다. 남이 나를 찌르는 것이 아니라, 내 속에 가시가 있는데, 다른 사람은 단지 그것을 살짝 건드릴 뿐입니다. 남을 탓하기 전에 내속에 있는 가시를 뽑아내시기를 바랍니다. 내속에 있는 상처의 쓴 뿌리를 뽑아내시기를 바랍니다. 내가 치유 받아 변하지 않으면 아픔은 절대로 사라지지 않습니다.

자신의 마음을 먼저 치유 받아서 옥토로 만들기로 작심을 해야 합니다. 땅은 돌과 가시를 스스로 뽑고 뱉어낼 수 없습니다. 성령님이 오셔서 역사해야 합니다. 그분의 손은 정확한 위치와 손길로 모든 돌과 가시덤불을 빼내어줍니다. 그래야 우리의 마음이 옥토가 되고, 100배, 60배, 30배의 열매를 맺게 됩니다.

내적치유는 상하고 아픈 마음, 눌린 마음에 하나님의 평강이 임하는 것이요, 내 마음속에 있는 무거운 돌이 빼어지는 것이요, 속에 있는 가시가 뽑아지는 것입니다. 이제는 누가 뭐래도 별로 아프지 않고, 남을 아프게도 하지 않습니다. 이런 마음에 하나님의 은혜가 임합니다. 돌이 가득하고 가시가 가득한 밭에는 아무리 씨를 뿌려도 싹이 나지 않지만, 이런 것들이 다 뽑아진 밭에는 풍성한 열매가 맺힌다. 하나님의 은혜가 충만해집니다. 이런 것들이 그냥 내버려진 마음 밭에는 세상신인 마귀만이 충만하게 됩니다.

지금 일반적인 유형 교회는 마음을 치유하기보다는 씨앗의 질에만 관심을 두고 씨앗의 개량에만 열심을 냅니다. 문제는 씨앗이 아니고 마음 밭입니다. 마음이 무거우면 인생이 무겁고, 마음이 가벼우면 인생이 가볍습니다. 마음이 행복하면 인생이 행복합니다. 이런 마음에 물질이 따르고, 사람이 따릅니다. 돌이 가득하고 가시가 가득하면 마귀가 우글거리게 됩니다. 이것들을 생명의 말씀의 묵상과 성령으로 기도하면서 뽑아내시기를 바랍니다. 이를 위해 성령의 도우심을 간구하시기를 바랍니다.

하나님이 이를 위해 우리 안에 오셔서 거하십니다. 돕기 위해서, 치료하기 위해서, 우리 속에 있는 가시와 돌을 뽑아내시기 위해서 오셔서 기다리고 계십니다. 그분에게 자신을 맡기세요. 심령의 치유를 받기 위해서 노력해야 합니다. 중심이 풀리면 모든 것이 풀립니다. 중심이 풀리면 환경과 삶의 문제들이 하나씩 하나씩 풀려나갑니다. 이것이 자녀문제, 물질문제, 경제문제 등등의 문제를 해결하는 하나님의 방법입니다.

그래서 마음에 스트레스가 쌓이지 않도록 해야 합니다. 우리가 세상을 살아가다가 보면 스트레스를 받게 됩니다. 세상을 살아가는 것이 스트레스이기 때문입니다. 세상이 악한 자에게 처해있기 때문입니다. 그래서 스트레스가 무의식에 상처가 쌓이지 않도록 스트레스를 적극적인 활동을 하라는 것입니다. 시간, 시간, 스트레스를 처리하지 않으면 마음 안에 집을 짓게 된다는 것을 알이야 합니다. 집을 짓기 전에 처리해야합니다.

성령으로 기도할 때 자신 안에 쓰레기들이 청소되면서 정화되면서 깨끗해집니다. 성령으로 기도하는 성도는 마음이 깨끗한 성도입니다. 그래서 영적인 전쟁에서 승리하게 됩니다. 영적전쟁에서 승리하려면 인간적인 노력하지 말고 성령으로 기도하는 습관을 들여야 합니다.

마음을 정화시키려면 성령으로 기도해야 합니다. 성령으로 기도하는 사람은 참 신비한 사람입니다. 성령으로 깊은 기도하는 사람은 자찬 하면서 큰소리치지 않습니다. 자신 안에 모든 문제가 잠재되어 있다고 생각하고 자신 안을 성령으로 기도하며 정화하기에 열심입니다. 세상 모든 일이 하나님 손바닥 안에 있는 일이라는 것을 믿고, 조용히 하나님의 때를 기다립니다. 성령으로 기도하는 사람은 참으로 인내력이 강한 성도입니다. 매사를 자신의 열심히 하려고 하지 않고 성령하나님께서 역사하실 때까지 인내합니다.

성령으로 기도하는 사람은 참 잘 참고 기다립니다. 물론 해야 할 일은 하지만, 자신이 최선을 다했다 하더라도, 그것 때문에 좋은 결과가 있으리라 너무 쉽게 자신하지 않고, 그저 하나님이 직접 일하실 것을 기다립니다. 이러한 기다림은 위대한 행위입니다.

성령으로 기도하는 사람은 실망 않습니다. 성령으로 기도하는 사람에겐 실망이란 없습니다. 아무리 앞길이 캄캄해도, 하는 일마다 제대로 되지 않고, 나날이 더 힘들어지기만 해도, 기도하면 길이 열립니다. 성령 안에서 기도하면 하나님이 결코 내버려두시는 법이 없다는 사실을 확신하기 때문입니다.

성령으로 기도하는 사람을 보면 포근함과 평안함과 은근함을 느낍니다. 말을 많이 하지 않지만 성령께서 결정적인 지혜를 생각나게 하고, 기도하게 합니다. 그 자신도 어려운 가운데 있지만, 그를 만나면, 괜히 힘이 납니다. 희망이 솟구칩니다. 감사하고 싶은 마음이 생깁니다.

하나님이 원하시는 기도는 자신의 욕망을 채우는 기도가 아니라, 하나님의 나라와 그의 의를 구하는 기도입니다. 그렇다면 자신의 마음을 내려놓아야 합니다. 마음을 비우고 하나님이 기뻐하시는 기도를 해야 합니다. 그래야 기도할 때 마음이 정화되는 것입니다.

하나님이 가장 기뻐하시는 기도는, 하나님의 이름을 간절히 부르며 날마다 쉬지 않고 내면을 정화하는 기도합니다. 성도가 마음을 비우고 하나님이 기뻐하시는 기도를 하는 습관을 들였다면, 그 때서야 하나님은 기도하는 성도의 필요를 채워주시기 시작할 것입니다. 하나님은 전지전능하신 분이므로 기도하는 성도의 필요를 잘 알고 계십니다. 그래서 하나님이 기뻐하시는 기도를 하는 자녀들이라면, 그들이 필요한 모든 것을 넉넉하게 채워주실 것이 틀림없습니다. 먼저 자신의 마음의 정화되는 기도를 하시기를 바랍니다.

충만한 교회는 매주 다른 과목을 가지고 매주 화-수-목(10:30-13:00)집회를 인도합니다. 무료집회입니다. 단 교재를 구입해야 입장이 가능합니다. 매주 다른 과목으로 집회를 합니다. 그래서 많은 분들이 교수 과목에 대하여 질문을 많이 합니다. 즉, 성령의 불세례 받는 집회는 언제 합니까? 내적치유는 언제 합니까? 신유집회는 언제 합니까? 귀신축사는 언제 합니까? 기도 훈련은 언제 합니까? 성령은사 집회는 언제 합니까? 재정축복집회는 언제 합니까? 등등 질문을 하십니다. 충만한 교회 집회는 어느 집회에 오시더라도 기본적인 영성치유인"성령의 불세례, 내적치유, 귀신축사, 신유, 성령의 은사 전이, 깊은 영의기도"를 체험하고 치유 받을 수 있습니다.

매주 같은 과목으로 집회를 하면 영성을 깊게 개발할 수가 없습니다. 매주 다른 여러 가지 과목을 학습하면서 과목마다 다르게 역사하는 성령으로 상처와 질병과 귀신들이 떠나갑니다. 과목마다 성령께서 역사하는 방향이 다르기 때문입니다. 병원이나 세상 방법으로 해결하지 못하는 무슨 문제든지 해결 받겠다는 믿음을 가지고 오시면 성령의 9가지 은사와 15가지 질병과 문제도 모두 치유 받습니다.

3부 믿는 자들의 영적전투 대상은

11장 율법적이고 관념적인 신앙생활

(막9:23)"예수께서 이르시되 할 수 있거든이 무슨 말
이냐 믿는 자에게는 능치 못할 일이 없느니라 하시니"

신앙을 간략하게 설명하면 율법은 자신이 열심히 해서 기록
된 율법을 지키며 나름의 만족을 누리는 것입니다. 복음은 자신
이 죽어 없어져서 하나님의 형상으로 변하니 하나님께서 자신을
통하여 일하시어 만족을 누리게 하는 것입니다. 관념적인 신앙
이란 말과 혀로만 건성으로 하나님을 사랑하는 것입니다. 하나
님은 행함과 진실함으로 사랑하기를 원하십니다. "자녀들아 우
리가 말과 혀로만 사랑하지 말고 행함과 진실함으로 하자"(요일
3:18). 예수님이 산에 기도하러 가셨습니다. 그래서 아버지가 아
이를 데리고 예수님께 왔는데 예수님이 안계셨습니다. 아버지가
제자들에게 내 아들이 병들었으니 이 아이를 고쳐달라고 합니
다. 그래서 예수님의 제자들이 아이를 위해 기도합니다. 같은 말
씀이 막 9장 눅 9장 마 17장에 기록되어 있습니다. 그런데 눅 9
장에서는 내 아들을 귀신이 잡아 상하게 하고야 떠난다 하고, 마
17장에서는 내 아들이 간질 한다고 말하고 마 9장에서는 내 아
들이 귀신 들렸다 합니다. "무리 중에 하나가 대답하되 선생님

벙어리 귀신들린 내 아들을 선생님께 데려 왔나이다."(막9:17)

아들이 벙어리가 되고 귀가 먹었습니다. 예수님께 자기 아들을 데리고 왔는데 아버지가 그 아이가 말을 못하는 것을 안타깝게 여기는데 그 아들이 말만 못하는 것이 아닙니다. "귀신이 어디서든지 저를 잡으면 거꾸러져 거품을 흘리며 이를 갈며 그리고 파리하여 가는지라"(막9:17). 간질하는 사람은 입에 거품을 흘리며 팔다리를 흐느적거리며 오줌을 싸고 몸을 비틀며 아둥바둥하다가 시간이 지나면 깨어납니다.

아버지는 아들이 간질을 하는데 그가 예수님께 내 아이가 간질을 한다고 말하지 않고 귀신이 들렸다고 말합니다. 그러면서 몸이 점점 파리하여 간다고 말합니다. 그러니까 귀신들인 아이를 향해 약을 써도 소용이 없습니다. 사람들이 귀신들린 아이를 고치기 위해 정신 병원에도 가고 좋은 약도 먹고 건강 음식을 먹이는데 귀신이 안 나갑니다. 이것이 율법적인 방법입니다. 귀신들인 자를 사람이 고칠 수가 없다는 것이 율법입니다. 아버지는 그 아들을 고치기 위해 전 재산을 다 바쳐 고치려고 몸부림을 쳤습니다.

그런데 그 아들이 점점 악화가 되어 몸은 점점 굳어가고 소망이 없습니다. 그래서 예수님의 제자들을 향해 이 아이를 고쳐 주세요. 하니 제자들이 땀이 몸에 배일 정도로 열심히 기도 했습니다. 제자들은 율법에 잠겨있는 자들이었습니다. 그래서 귀신은 사람이 떠나보낼 수가 없다는 사고로 굳어있기 때문에 아무리 기도해도 역사가 일어나지 않는 것입니다. 예수님만이 귀신을 쫓을 수 있다는 생각에 잠겨 기도했기 때문에 아이에게서 귀신이 떠나가지 않는 것입니다.

제자들이 힘이 빠져 있는데 산에서 예수님이 내려 오셨습니다. 사람들이 웅성거립니다. 예수님이 무슨 일이냐. 아버지가 예수님에게 제자들이 아들을 고치지 못합니다. 하니 예수님이 심기가 상하셨습니다. "대답하여 가라사대 믿음이 없는 세대여 내가 얼마나 너희와 함께 있으며 얼마나 너희를 참으리요 그를 내게로 데려오라 하시매"(막9:19)

예수님이 믿음이 없는 것을 대충 넘어 가시는 것이 아니라 패역하다 말씀 하십니다. 하나님께서 믿음이 없는 것을 불쌍히 여기시는 것이 아니라, 그럴 수도 있다 하시는 것이 아니라, 참으로 너희가 악하다 하십니다. 어떻게 그렇게 믿음이 없느냐! 믿음이 없는 제자들을 향해 하나님이 화를 내십니다. 그러면서 그 아이를 향해 가시는데 그 아이가 예수님을 보자마자 간질을 시작합니다. 그래서 그 아이가 거품을 흘리며 땅에 엎드러져 몸을 비틀며 아둥바둥하고 있습니다. 수많은 사람들이 예수님을 알아보지 못하는데 아이 안에 있는 귀신은 예수님을 알아보면서 그 아이를 점점 힘들게 합니다.

그 아이가 사람들이 볼 때 도저히 소망이 없을 정도로 귀신이 아이를 힘들게 합니다. 그러니까 예수님이 아버지에게 언제부터 이렇게 되었느냐 하니 어릴 때부터라고 아버지가 대답합니다. 그러니까 이 아이는 온전한 삶을 살지 못했습니다. 율법은 이렇게 사람을 메이게 합니다. 아버지는 이 아이를 혼자 내버려 두지 못하고 항상 따라 다녀야 했습니다. 언제 무슨 일이 발생할지 모르기 때문입니다. 그런데 이 아이가 물속으로도 불속으로도 들어갑니다. 그 아이의 마음이 아니라 사단이 그를 이끌고 다닌 것을 볼 수가 있습니다. "귀신이 저를 죽이려고 불과 물에 자주 던졌나이다. 그러나 무엇을 하실 수 있거든 우리를 불쌍히 여기사 도와주옵소서"(마9:22).

아이가 불속으로도 물속으로도 막 뛰어 들어가니 아버지가 기가 막힙니다. 아이가 물속에 불속에 들어 가는 것이 자기 생각이 아니라, 사단에 의해 이끌려 가는 것입니다. 그래서 사람들이 자기의 생각을 가지고 사는 것 같은데 그 속을 들여다보면 자기 생각이 아니라 사단에게 이끌려 사는 것입니다. 하나님은 "너희의 허물과 죄로 죽었던 너희를 살리셨도다 그때에 너희가 그 가운데서 행하여 이 세상 풍속을 쫓고 공중의 권세 잡은 자를 따랐으니 곧 지금 불순종의 아들들 가운데서 역사하는 영이라"(엡:2:1-2).

그 아이가 온전한 생각으로 불과 물속에 들어가느냐 아닙니다. 사람들이 자살하는 것이 사단의 의지를 따라가서 죽는 것입니다. 사람들은 그 사람이 결심이 약해서 의지가 약해서 그렇다고 생각 하는데 그 마음을 사단이 강하게 일을 하면 그는 죽습니다. 아무리 재산이 많고 아무 부러울 것이 없다 하더라도 사단이 떨어져 하면 떨어집니다. 이것이 율법 아래에서의 삶입니다. 사단이 그 마음을 그 사람에게 올라오게 해서 수많은 사람들이 죽었습니다. 그것이 사단의 생각입니다. 죄 아래 있는 율법 아래 있는 모든 사람의 삶들이 사단의 이끌림을 받습니다. 아들이 그런 상태에 있어서 아버지는 한 순간도 마음이 편하지 않게 인생을 살았습니다.

아버지의 마음은 하나님의 마음입니다. 온 인류가 사단에게 속아 사단에게 이끌려 인생을 살면서 그것이 자기가 원하는 생각인줄 여기는데 사단에게 속고 있는 인생들을 보면서 하나님의 마음이 고통스럽습니다. 사람들이 지옥에 가는 것을 모르고 인생을 살다가 지옥에 떨어집니다. 이것이 율법아래에 있는 하나님이 백성의 모습들입니다. "내가 선생의 제자들에게 내어 쫓아 달라 하였으나 저희가 능히 하지 못하더이다"(막9:18). 아이의 아버지가 예수님을 하나님의 아들로 보는 것이 아니라 선생님으로 봅니다. 율법에 묶여있기 때문입니다. 그래서 그가 믿음이 전혀 없습니다. 그래서 할 수 있으면 내 아들을 고쳐 주시고 할 수 없으면 마세요, 하는 마음입니다. 그래서 예수님의 마음이 상합니다. "예수께서 이르시되 할 수 있거든이 무슨 말이냐 믿는 자에게는 능치 못할 일이 없느니라"(막9:23).

수많은 사람들이 나는 할 수 있어 하면서 사람들의 생각을 긍정적으로 적극적으로 바꿔라 하는데 그것이 사단의 생각입니다. 내가 할 수 있는 것이 하나도 없습니다. 나는 할 수 없는데 예수님이 하십니다. 그것이 하나님이 기뻐하는 생각입니다. 믿는 자에게는 능치 못함이 없습니다. 인간이 죄의 문제를 해결 할 수 없는

데 내가 하나님께 예배드리고 봉사하고 회개하고 자백하면 죄가 해결된 줄 아는 사람들은 사단에게 속고 있습니다. 죄는 오직 예수님이 피 흘려 나의 모든 죄를 영원히 씻어 죄가 없다는 복음을 믿음으로 죄사함을 얻는 것입니다. "가라사대 너희 믿음이 적은 연고니라 진실로 너희에게 이르노니 너희가 만일 믿음이 한 겨자씨만큼만 있으면 이 산을 명하여 여기서 저기로 옮기라 하여도 옮길 것이요 또 너희가 못할 것이 없으리라"(마17:20).

예수님이 제자들에게 "너희가 믿음이 적기 때문에 못하는 것이다." 겨자씨는 들깨 씨의 반 만합니다. 배추씨만 합니다. 그 씨가 뿌려지면 생명이 솟아 싹이 나서 큰 나무가 됩니다. "만일 너희 안에 겨자씨만한 믿음이 있으면 산이 옮겨진다." 어떻게 산이 옮겨지는 가 도저히 산이 움직인다는 것은 율법으로 보면 말도 안 됩니다. 자신이 해야 하기 때문입니다. "주께서 가라사대 너희에게 겨자씨 한 알만한 믿음이 있었더면 이 뽕나무더러 뿌리가 뽑혀 바다에 심기우라 하였을 것이요 그것이 너희에게 순종하였으리라"(눅:17:6).

예수님의 제자들이 우리에게 믿음을 더하여 주세요, 하니까 예수님이 "너희에게 겨자씨 한 알만한 믿음이 있었더면 뽕나무더러 뿌리가 뽑혀 바다에 심기우라 하면 그렇게 된다." 뽕나무는 뿌리가 깊이 박히고 널리 퍼졌기 때문에 뽕나무는 웬만해서 뽑히지 않는데 믿음이 그렇게 합니다. 그래서 하나님 앞에 나오는 자들은 그러한 믿음을 갖기를 원하십니다. 예수님이 피 흘려 내 모든 죄를 영원히 씻어 나를 죄없게 하셨는데 뽕나무의 뿌리처럼 깊이 내려간 자기 생각이 하나님의 은혜를 막고 있어 죄사함을 얻지 못하는 것입니다.

예수 그리스도께서 피 흘려 나의 모든 죄를 영원히 씻어 죄 없다는 복음을 향해 겨자씨만한 믿음이 있으면 하나님께서 뽕나무처럼 깊이 박힌 생각을 뽑으시고 예수 그리스도의 피로 영원히 죄가 씻어진 복음을 깨닫게 하시어 죄사함을 얻게 하십니다. "예수께서 이르시되 할 수 있거든이 무슨 말이냐 믿는 자에게는 능치 못할 일이 없느니라 하시니"(마9:23).

그러니까 그 아버지가 소리 지른다 예수님 내가 잘못했습니다. 당신은 모든 것을 하십니다. 나의 믿음 없는 것을 도와주세요. 하니 예수님이 그 소리를 들었습니다. 예수님을 향해 도와달라고 하니 예수님이 그 소리를 들었습니다. 아버지는 예수님의 책망을 듣고 내가 믿음이 없으니까 가야지 하는 것이 아니고 예수님을 향해 내가 잘못했습니다. 내 믿음 없는 것을 도와주세요 하며 예수님께 간구합니다.

"예수께서 무리의 달려 모이는 것을 보시고 그 더러운 귀신을 꾸짖어 가라사대 벙어리 되고 귀먹은 귀신아 내가 네게 명하노니 그 아이에게서 나오고 다시 들어가지 말라 하시매"(마9:25). 그 아이에게 귀신이 들어갔는데 벙어리 되고 귀먹은 귀신입니다. 그러니까 그 아이가 벙어리 되고 귀먹은 것이 아니라, 귀신이 귀먹고 벙어리가 되었습니다. 그 귀신이 아이 안에 자리를 잡고 있으니까 그 아이가 아무 말도 못하고 못 듣는 것입니다. 그래서 예수님이 귀신을 꾸짖습니다.

벙어리 되고 귀먹은 귀신아 내가 네게 명하노니 그 아이에게서 나오고 다시 들어가지 말라 그러니까 귀신이 나는 안 나가요 안합니다. 귀신은 예수님이 무섭다 왜냐하면 하나님이 주인이기 때문입니다. 그래서 귀신이 소리 지르며 나가는데 "귀신이 소리 지르며 아이로 심히 경련을 일으키게 하고 나가니 그 아이가 죽은 것같이 되어 많은 사람이 말하기를 죽었다 하나"(마9:26).

많은 사람들이 아이를 향해 죽었다 합니다. 그래서 예수님을 향해 사람들이 예수님이 아이를 죽였네 하면서 예수님을 대적하려고 합니다. 율법아래에 있는 사람들은 자기 생각과 다르면 대적합니다. 그런데 "예수께서 그 손을 잡아 일으키시니 이에 일어서니라"(마:9:27). 아이가 귀신이 떠나가고 온전하게 되었습니다. 우리가 율법 아래에 있는 때에는 죄 때문에 사단에게 끌려 사단이 우리 안에 살았습니다. 그런데 예수님 때문에 우리 안에 귀신이 떠나고 생명이 들어 왔습니다. "저가 한 제물로 거룩하게 된 자들을 영원히 온전케 하셨느니라"(히:10:14).

예수 그리스도의 피로 영원히 우리를 온전케 했습니다. 한마디로 제 정신이 들었습니다. 그래서 그 아이가 너무 기쁩니다. 아이가 말을 합니다. 지금까지 아이가 말을 못하고 못 듣고 인생을 살았는데 그가 귀가 열리고 입이 열렸습니다. 그가 아버지라고 말을 합니다. 지금까지 아버지는 너무 듣고 싶었던 소리입니다. 수많은 사람들이 하나님을 향해 하나님 아버지 하는데 하나님은 답답하십니다. 하나님은 그들을 향해 너희는 입이 있어도 말을 못하고 귀가 있어도 듣지를 못한다 하십니다. 입술로 하나님을 찾는데 하나님이 보시니 귀머거리 벙어리입니다. 왜냐하면 그 안에 죄가 있기 때문입니다.

율법 아래에서 죄가 있는 상태에서 하나님은 귀머거리 벙어리로 보십니다. 그런데 예수를 믿고 죄가 사해져서 생명이 들어오니 우리가 하나님을 아버지 하니까 하나님이 너무 기쁘십니다. 지금까지 하나님께서 듣고 싶었던 그 말입니다. 그래서 하나님은 한 생명을 천하보다 귀하다고 말씀 하십니다. 이제야 아버지가 아들을 통해 듣고 싶었던 소리를 듣게 됩니다. 아버지가 아들을 부둥켜안고 웁니다. 사단이 이 가정을 깨뜨렸습니다. 엄마는 이 가정을 떠났고 아버지는 아이를 혼자 키웠습니다. 사단은 우리를 죽이려고 하고, 깨뜨리려고 하고, 마음의 평안을 빼앗으려고 하였습니다.

그 아이가 평생을 속으면서 살았습니다. 그런데 그 아이 안에 귀신이 나가면서 그가 온전한 사람이 되었습니다. 예수님께 나온 아이를 예수님이 온전하게 해서 돌려주십니다. "사람들이 다 하나님의 위엄을 놀라니라 저희가 다 그 행하시는 모든 일을 기이히 여길새 예수께서 제자들에게 이르시되"(눅9:43).

아이가 나은 것을 보면서 모든 사람들이 예수님은 모든 것을 하십니다. 그래서 그 하나님의 위엄에 놀랍니다. 사람들이 하나님의 엄청난 능력에 아무 말도 못합니다. 저 분이 하나님의 아들이십니다. 살아계신 하나님이 증명된 것입니다.

그 아버지가 아이의 문제를 자기가 끌어안고 해결 하려고 했으면 평생을 못고칩니다. 그런데 아버지는 자기가 할 수 없는 것을 깨달았습니다. 예수님 나는 방법이 없습니다. 나는 할 수 없습니다. 하나님만이 내 문제를 해결 합니다. 하면서 그 문제를 예수님께 들고 나왔습니다. 그러니까 예수님이 그 문제를 해결 하는데 하나님이 그 아들을 온전한 깨끗한 상태로 돌려주십니다. "올 때에 귀신이 거꾸러뜨리고 심한 경련을 일으키게 하는지라 예수께서 더러운 귀신을 꾸짖으시고 아이를 낫게 하사 그 아비에게 도로 주시니"(눅9:42).

하나님이 온전한 상태로 돌려주십니다. 이것이 하나님의 은혜 복음입니다. 율법은 자신이 모든 것을 하려고 하는 것이고, 복음은 하나님께서 친히 하시는 것입니다. 아들은 아버지와 함께 기쁨으로 인생을 삽니다. 사람들이 아들을 멸시하고 조롱하는 인생을 살았는데 지금 그 아이는 멸시를 안 받습니다. 왜냐하면 온전한 사람이 되었기 때문입니다. 그래서 "저가 한 제물로 거룩하게 된 자들을 영원히 온전케 하셨느니라"(히10:14).

예수님의 피로 영원히 우리를 온전케 하셨습니다. 온전하다는 것은 흠이 없고 깨끗하고 다시는 사단이 들어가지 못한다는 뜻입니다. 하나님은 우리를 부족하다고 보는 것이 아니라 온전하다 흠이 없다 깨끗하다 하십니다. 왜냐하면 하나님 당신이 피를 흘려 그렇게 했습니다. 영원히 온전케 했습니다. 영원히 흠이 없습니다. 영원히 티가 없습니다. 영원히 깨끗합니다. 예수님의 피로 단번에 우리를 영원히 온전케 했습니다. 그것이 성령께서 깨닫게 하시는 하나님의 말씀입니다

마가복음 9장의 귀신들린 아들의 모습이 하나님을 믿는다면서 죄 아래 율법아래 있는 사람의 모습입니다. 하나님과 그들과의 막힌 죄의 담이 있으므로 그들이 하나님의 말씀을 들을 수 없고 부르짖어도 하나님이 응답 하실 수 없습니다. 종교 목사들, 랍비들은 이 죄사함을 얻지 못했으므로 그들이 귀먹고 벙어리입니다. 그래서 그들이 종교인들에게 무엇을 해라 만 합니다. 하나님은 너희가 죄와 허물로 죽었다. 그래서 지옥에 간다고 하시는데 그들은 죄 때문에 지옥에 가는 사람들에게 사랑하라. 봉사하라. 헌금하라 합니다.

마가복음 9장의 이야기도 종교 목사들은 결론이 우리는 할 수 있다 합니다. 마가복음 9장 23절의 말씀을 벽에 걸어 놓고 우리는 할 수 있다 하면서 사람들이 하나님 없이 자기들이 혼자 무엇을 할 수 있는 것처럼 가르칩니다. 그런데 하나님은 인간이 죄와 허물로 죽었기에 거듭나야 한다고 말씀 하십니다. 거듭나는 것은 예수님이 피 흘려 나의 모든 죄를 영원히 씻어 죄 없다는 복음을 믿음으로 성령으로 되는 것입니다.

예수 그리스도의 피로 내 모든 죄가 영원히 씻어져 죄 없어 성령을 받았습니다. 그래서 내 안에 주인으로 계신 예수 그리스도가 하십니다. 나는 죄 때문에 지옥에 갈 자인데 예수님이 피 흘

려 나를 영원히 거룩하게 했습니다. 죄사함 받기 전에 나의 인생이 죄로 말미암아 내 뜻대로 산 것 같은데 내 뜻대로가 아니라, 사단이 끄는 대로 인생을 살았습니다.

그래서 내 마음에 평안 기쁨 소망이 없었습니다. 그래서 불속에도 들어가고 물속에도 들어가고 거품을 흘리며 바둥거리며 인생을 살았습니다. 사람들이 돈 권력 화려함에 취해 인생을 살아갑니다. 그 미친 마음을 사단이 주었습니다. 그래서 행복하지 않았습니다.

행복은 죄가 내 안에서 떠난 사람입니다. 예수를 주인으로 보시고 성령으로 세례를 받고 주인으로 오신 예수님이 성령과 불로 세례를 지속적으로 주시어 성령으로 충만 받아 성령의 지배와 장악이 되어 성령의 인도를 받으니 귀신이 떠난 사람입니다. 제자들이 예수님 앞에 나와서 왜 우리는 기도 했는데 귀신이 안 나가요 하니 예수님이 말씀 하십니다. "이르시되 기도 외에 다른 것으로는 이런 유가 나갈 수 없느니라 하시니라"(막9:29).

기도는 어떤 기도냐 믿음의 기도입니다. 내 안에 계신 성령님으로 되어지는 기도입니다. "이러므로 너희 죄를 서로 고하며 병 낫기를 위하여 서로 기도하라 의인의 간구는 역사하는 힘이 많으니라"(약5:16). 의인은 죄가 하나도 없는 사람입니다. 의인은 예수님의 피로 깨끗함을 받은 사람입니다. 의인 안에 성령님이 주인으로 계십니다. 그래서 의인의 기도는 역사하는 힘이 많습니다. 엘리야가 기도하니 3년 6개월 비가 안 오고, 다시 기도한

즉 비가 왔습니다. 성경에 의인이 있고 죄인이 있습니다.

의인은 전에는 죄인이었는데 예수님의 피로 죄가 영원히 씻어져 죄 없게 된 사람입니다. 의인은 예수님의 피로 죄가 깨끗이 씻기어 영원히 온전함을 얻은 죄 없는 자입니다. 그런데 사람들이 로마서 3장 10절의 말씀 기록한바 의인은 없나니 하나도 없으며(롬3:10) 의 말씀만을 보고 죄인임을 자랑스러워하는 것입니다. 하나님은 모든 인간이 죄인으로 태어났음을 말씀 하십니다. 죄인은 죄 때문에 이미 죽은 자이며 지옥에 가야 합니다.

하나님께서 죄인의 상태를 로마서 3장 10절-18절까지 말씀 하십니다. "의인은 없나니 하나도 없으며 깨닫는 자도 없고 하나님을 찾는 자도 없고 다 치우쳐 한 가지로 무익하게 되고 선을 행하는 자는 없나니 하나도 없도다 저희 목구멍은 열린 무덤이요 그 혀로는 속임을 베풀며 그 입술에는 독사의 독이 있고 그 입에는 저주와 악독이 가득하고 그 발은 피 흘리는데 빠른지라 파멸과 고생이 그 길에 있어 평강의 길을 알지 못하였고 저희 눈 앞에 하나님을 두려워함이 없느니라 함과 같으니라"(롬3:10-18)

죄 아래 있는 삶이 그렇습니다. 그래서 그 사람들이 자기 뜻대로 사는 것이 아니라 사단에 이끌려 인생을 살아갑니다. "그리스도 예수 안에 있는 구속으로 말미암아 하나님의 은혜로 값없이 의롭다 하심을 얻은 자 되었느니라"(롬3:24).

내가 전에는 죄인이었는데 예수 그리스도의 피로 내 모든 죄가 영원히 씻겨져 의롭게 되었습니다. 내가 무엇을 잘해서 얻은 것이 아니라, 값없이 주신 하나님의 선물입니다. 내 이름이 하나님의 생명책에 기록이 되었습니다.

내가 죽어봐야 천국을 가는지 지옥을 가는지 안다고 하는 사람은 예수 그리스도의 보혈의 공로와 아무 상관이 없는 사람입니다. 그는 하나님이 값없이 주신 선물을 받지 않았습니다. 성령으로 기도하지 않아 진리를 바르게 깨닫지 못하는 사람입니다. 그는 자기의 공로를 믿었습니다. 그는 예수 그리스도의 보혈이 그 안에 없으므로 지옥에 갑니다. 하나님이 귀신을 반만 내쫓은 것이 아니고 완전히 내 쫓았습니다. 그리고 다시는 들어가지 말라 하셨습니다. 그 아들이 사단의 종, 죄의 종이었는데 예수 그리스도의 보혈의 공로로 하나님의 자녀 의의 종이 되었습니다. 다시는 사단이 그 안에 들어 갈 수 없습니다. 예수님이 나의 모든 죄를 영원히 씻어 죄없어 성령을 내 안에 주셨기 때문입니다.

"누가 능히 하나님의 택하신 자들을 송사하리요 의롭다 하신 이는 하나님이시니 누가 정죄하리요 죽으실 뿐 아니라 다시 살아나신 이는 그리스도 예수시니 그는 하나님 우편에 계신 자요 우리를 위하여 간구하시는 자시니라 누가 우리를 그리스도의 사랑에서 끊으리요 환난이나 곤고나 핍박이나 기근이나 적신이나 위험이나 칼이라"(롬8:33-35).

내 모든 죄를 영원히 씻은 예수 그리스도가 내 안에 계시므로 나는 영원한 하나님의 자녀입니다. 하나님이 믿는 우리를 예수님의 피로 영원히 온전케 하셨습니다. 아이 안에 벙어리 되고 귀먹은 귀신이 거하여 지금까지 아이가 고통을 당하며 살아 왔는 데 예수 그리스도께서 귀신을 완전히 내쫓으시고 예수님이 들어 가셨습니다. 그래서 그 인생이 예수님이 책임지는 인생이 되었습니다. "예수께서 이르시되 할 수 있거든이 무슨 말이냐 믿는 자에게는 능치 못할 일이 없느니라 하시니"(막9:23).

그래서 하나님께서 너희가 입을 넓게 열라 내가 채우리라 말씀 하십니다. 죄사함 받은 의인된 우리가 하나님 앞에 기도 하는 데 하나님은 네가 믿고 구한 것은 다 받은 줄로 믿으라 고 말씀 하십니다. 믿는 자에게는 능치 못할 일이 없습니다. 나를 보는 것이 아니라 내 안에 예수 그리스도의 의를 보십니다. 하나님은 예수 그리스도의 피로 내 모든 죄를 영원히 씻어 나를 의롭고 거룩하고 영원히 온전케 하셨습니다.

종교 안에 율법 안에 회개하고 자백하면 죄가 씻어 진다는 거짓 복음에 속은 종교인들이 사단이 끄는 그대로 끌려 다녔습니다. 분명하게 죄는 영의 차원에 문제가 발생한 것입니다. 율법 안에서 아무리 자백하고 회개해도 죄 문제는 해결이 되지 않습니다. 반드시 성령으로 회개해야 영의 차원의 죄가 사해지는 것입니다. 하나님께서 예수님이 피 흘려 나의 모든 죄를 영원히 씻은 복음 앞에 그들을 이끌어 내서 그들에게 이 복음의 물을 마시워서 그들 속에 있는 귀신을 쫓아내고 예수님이 들어가시겠다는 놀라운 약속의 말씀을 하십니다.

12장 세상 샤머니즘 신앙의 잔재이다.

(사 19:3)"애굽인의 정신이 그 속에서 쇠약할 것이요,
그의 계획을 내가 깨뜨리리니 그들이 우상과 마술사와
신접한 자와 요술객에게 물으리로다."

필자가 영적인 일들을 성령으로 깨닫고 보니 샤머니즘의 신앙의 잔재가 예수를 믿고 교회에 출석하는 성도들의 신앙 발전에 지대한 영향을 미치고 있다는 것입니다. 말씀과 성령으로 깨닫고 보면 샤머니즘의 영향을 받지 않는 분야가 없을 정도로 심각합니다. 교회가 부흥하고 성장하는 일에도 샤머니즘의 영향을 받고 있습니다. 예배에도 샤머니즘의 영향을 받고 있습니다. 기도에도 샤머니즘의 영향을 받고 있습니다. 영육의 문제를 해결받는 대도 샤머니즘의 영향을 받고 있습니다. 목회자나 선도들의 영성에도 샤머니즘의 영향을 받고 있습니다. 찾으면 찾을수록 샤머니즘의 영향을 받지 않는 분야가 없을 지경입니다.

이 샤머니즘의 신앙의 잔재를 찾아서 성령으로 떨쳐내 버리는 것이 가장 큰 영적전투입니다. 그런데 샤머니즘의 신앙의 잔재를 말씀과 성령으로 찾아서 제거해 버리지 않으면 성도들에게서 귀신들이 떠나가지 않는 다는 것입니다. 왜 30년 믿음생활을 했는데 영육이 평안하지 못하고 영안이 열리지 않고 말씀에 비밀을 깨닫지 못하는 어린 아이 신앙으로 살아갑니까? 샤머니즘의

신앙의 잔재를 찾아서 정화시키지 못하기 때문입니다.

첫째, 무엇이 샤머니즘(Shamanism)인가? 샤머니즘은 신(神)을 불러들이는 무당(巫堂), 곧 샤먼(shaman)을 중심으로 한 신앙 체계입니다. "샤머니즘이라는 것은 이상 심리상태에서 초자연적 존재(신령, 정령, 사령 등)와 직접 접촉-교류하고, 이 사이에 예언, 탁선, 복점, 치병, 제의 등을 행하는 인물(샤먼)을 중심으로 하는 주술, 종교적 형태로 나타난다."(《종교학대사전》, 샤머니즘, 한국사전연구사(1998년판))라고 인터넷 위키 백과에 나와 있습니다. 많은 기독교인들이 교회에 다니지 않는 사람들의 미신적 활동, 예를 들면 굿을 한다거나 부적을 붙이거나 가지고 다니는 등의 행동을 샤머니즘이라고 지탄합니다. 그러니까 그런 행동들은 하나님을 진노케 해서 하나님께 벌을 받고 구원을 받을 수 없는 것이라고 말하면서 구원을 받으려면 하나님을 믿고 교회에 나와야 한다고 말을 합니다.

그런데 위에서 말하고 있는 샤머니즘의 사전적 의미에 보면 예언, 탁선(신이 내리거나 꿈에서 신이 나타나서 말을 했다고 하는 것), 복점, 치병, 제의(제사 의복?)와 같은 형태로 나타난다고 말하고 있습니다. 신과 접촉해서…. 그래서 기독교인들은 그렇게 하나님이 아닌 다른 신과 사람이 접촉하는 것을 신접했다고, 귀신 들렸다고 하며 터부시 합니다.

그렇다면 샤머니즘의 세계는 왜 그렇게 신과 접촉하려 했을까요? 그러니까 신과 접촉하는 목적과 의도가 무엇인가 하는 것입니다. 그것은 다름이 아니라, 자기 삶의 생사화복에 관하여 안정과 번영을 담보하기 위한 마음에서 비롯된 것입니다. 정통 그리스도인들과 같이 하나님의 영광을 위해서 예수님을 나타내기 위해서 하나님의 살아계심을 증명하기 위해서 믿음 생활하고 세상을 살아가는 것이 아니라, 자기 삶의 생사화복에 관하여 안정과 번영을 담보하기 위한 마음에서 비롯된 것이라면 교회에 와서 신앙 생활하는 것도 엄연하게 샤머니즘입니다.

다시 말해서 세상에서 살 동안 건강하고 부유하며 걱정거리 없는 삶을 바라는 마음을 가진 인간이 육신으로는 그 소망에 자기가 바라는 수준까지 이를 수 없다는 것을 알고 육신의 능력 이상을 빌어 자기 소망을 이루려는 마음에서 신을 찾게 되는 것입니다. 그것이 바로 샤머니즘의 본질이라는 것입니다. 그러니까 사람이 자기 육신이 도모하는 일, 그것이 좋은 것을 기대하는 것이나 불행한 일이 일어나지 않기를 바라는 것 어느 것이라도 그것을 바라는 바를 어디엔가 기대하려 하려는 마음이 있는데, 그 마음을 정립된 신론(神論)에 의하여 인정된 신에게 의지하면 종교가 되고, 그렇지 않고 무당과 같이 정통적이지 않지만 세습되어 온 민간의 방식에 의존하면 샤머니즘이라고 한다는 것입니다.

이것은 참 명확한 것 같지만, 합리적인 것 같지만 엄청난 오류가 있습니다. 같은 문제를 어디에 의지하느냐에 따라 종교가 되거나 샤머니즘이 된다는 것입니다. 그렇다면 종교라는 범주를 보겠습니다. 앞에서 말한 것과 같이 사람들이 문명적으로 발전하면서 종교학, 기독교 신학과 같이 신에 대하여 학문적인 정의를 내리고 연구하기 시작하면서 사람이 가진 문제를 그것에 의지하면 종교가 된다고 주장하고 있는 것입니다.

그렇다는 것은 그 뿌리도 결국 샤머니즘 라는 것입니다. 종교가 정립되기 이전부터 사람들은 육신의 능력으로 해결하기 힘든 삶의 문제를 지속적으로 인간 이상의 존재에게 의탁해 왔습니다. 그 체계를 인간 단체가 세우고, 인간 단체가 세운 체계 안에서 육신의 문제를 해결하기 위하여 의탁하면 선한 것이고, 그렇지 않고 사람들이 세운 종교적 논리 세계에 따르지 않고 종교적 논리가 수립되기 전의 방식으로 문제를 해결하려 하면 샤머니즘이라고 규정한다는 것입니다.

그러므로 샤머니즘이나 사람들이 스스로 세운 종교나 다 같은 조상이고 뿌리가 같고 같은 궤를 가지고 있는 것입니다. 따라서 종교가 되었던 샤머니즘이 되었던 사람이 그것에 바라는 것은 모두 육신으로 사는 인생, 한 세상 자기가 바라는 일이들이 육신에게 늘 있기를 바라는 마음을 비는 것은 같다는 것입니다. 그 마음을 그럴싸하게 포장한 종교 안에 있으면 좀 고상하게 보이고, 좀 더 확률이 높다고 여길 뿐인 것입니다. 그래서 자기가 믿는 신이 더 우월하다고 주장하고 증명하려는 것입니다. 그러니까 이것은 확률 문제인 것입니다.

그런데 세상은 이런 종교적 개념만 발전한 것이 아니라, 과학이라는 것도 함께 발전했습니다. 그 과학이라는 관점에서 보면 종교나 샤머니즘이나 다 터무니없기는 마찬가지입니다. 교회에 가서 일정한 헌금을 했더니, 아니면 무당에게 복채를 주었더니 부자가 되었다거나 병이 나았다는 것은 과학적으로 볼 때 다 미신입니다. 세상에서 성공하려면 사회과학적으로 공부나 일을 열심히 해야 하는 것이고, 병이 나으려면 의학적으로 병원에 가야 하는데 그렇지 않고 기도나 헌금이나 수행을 하는 것은 과학 입장에서 보면 '도긴-개긴'인 것입니다. '도긴-개긴'이란 윷놀이에서 도로 남의 말을 잡을 수 있는 거리나 개로 남의 말을 잡을 수 있는 거리는 별반 차이가 없다는 뜻으로, 조금 낫고 못한 정도의 차이는 있으나 본질적으로는 비슷비슷하여 견주어 볼 필요가 없음을 이르는 말을 말하는 것입니다.

그러자 일부 종교, 특히 기독교는 발 빠른 움직임을 보였습니다. 창조과학회와 같이 신앙과 과학을 결합하기도 하는 것입니다. 과학적으로 성경의 일을 증명해 보겠다고 나선 것입니다. 그렇게 해서 자신들의 종교가 더 우월하고 세상 친화적(세상이 인정할 수 있는 여지가 높은)인 종교라는 것을 증명하려 노력하기도 하는 것입니다. 한 마디로 확률을 높이려 하는 것입니다.

그러므로 샤머니즘은 어떤 신께 어떤 방식으로 인생의 문제를 의지하느냐의 문제가 아닙니다. 즉 사람들이 스스로 정립한 종교학이나 신학이라는 세계가 인정하는 방식으로 기도하고 예배 드리고 예불하고 미사를 드리면 괜찮고, 그 범주가 성립되기 전

인생들이 의지하던 고전적 방식을 고수하고 있으면 샤머니즘이 되는 것이 아니라는 것입니다.

샤머니즘은 방식의 문제가 아닙니다. 무엇을 신이나 무당에게 의탁하느냐의 문제입니다. 그러니까 사람이 교회나 절이나 성당에 다니면서 하나님, 부처님, 천주님께 기도하면 종교가 되는 것이 아니라, 하나님이든 부처님이든 천주님이든 간에 가서 인생이 가진 문제, 이 육신의 문제를 해결하고자 하는 모든 신앙은 다 샤머니즘이라는 것입니다.

특히나 여호와 하나님을 신앙하는 것이라면 더 그렇습니다. 하나님은 자신의 정체성에 대하여 분명하게 말씀하시기를 "나는 스스로 존재한다."고 하셨습니다. 그리고 하나님은 사람에게 물으시는 것이 언제나 동일하게 "너는 누구냐?", "너는 나를 누구라 하느냐?"와 같이 관계에 관한 질문을 하시는 분이십니다. 하나님께서 자신에게 "너는 누구냐?" 질문하시면 "나는 하나님의 자녀입니다." 대답을 해야 합니다. 그리고 "너는 나를 누구라 하느냐?"라고 질문하신다면 "하나님은 저의 주신이십니다." 이렇게 대답을 한다면 바르게 복음을 믿는 것입니다. 이렇게 대답하는 사람은 바른 신앙을 따라가는 성도입니다.

그러니까 '너의 문제가 무엇이냐?', '네가 너의 문제를 해결하기 위하여 나에게 제시할 공로와 소유가 무엇이냐?'와 같은 것을 물으시는 분이 아니십니다. 그것은 하나님의 관심은 우리 육신이 살아가는 문제에 있는 것이 아니라, 하나님께서 사람을 만드신 목적 안에 사람이 거하느냐 아니냐를 보시는 분이라는 것입니다. 즉 정체성과 관계를 보시는 분이시지 육신의 문제가 무엇이지, 그것을 해결하기 위하여 신인 나에게 무엇을 가져오는지를 보는 분이 아니라는 것입니다.

반면에 무당으로 대표되는 샤머니즘을 보겠습니다. 병을 고치려면 복채를 내라는 것, 산신령이 노하시니 무엇이든 드리라고 하는 것이 샤머니즘의 골격이 아닙니까? 이것의 출발은 육신의 문제를 해결하는 것에서 시작하고, 그 답을 위해 육신의 무엇을 드리는 것으로 구성된 퍼포먼스인 것입니다. 존재가 아니라 공로와 소유를 드림으로 육신의 문제를 해결하는 것이 샤머니즘인 것입니다.

그러면 종교들은 어떤가? 안타깝게도 샤머니즘과 다른 것이 없습니다. 동일하게 육신의 문제를 사삼들이 스스로 정립한 종교 안에 가지고 가서 종교가 정한대로 소유와 공로를 드리는 것이 그것입니다. 십일조를 내면 부자가 된다는 것이나, 공양미를 내면 아비의 눈이 보게 될 것이라는 것이나, 가서 주기도문을 백 번 외우면 죄가 사해질 것이라는 것이나, 그 어느 것 하나 없이 모두 자기가 믿는 신이나 신앙을 위해 육신이 가진 무엇을 드리면 육신의 문제 무엇이 해결된다는 것입니다. 이것은 단지 고상한 샤머니즘일 뿐입니다.

하지만 하나님을 믿는 신앙은 그것이 아닙니다. 하나님께서는 무엇을 먹을까 무엇을 마실까 무엇을 입을까 염려하지 말라고 하셨습니다. 그것은 육신의 문제가 하나님 앞에서 근심할 문제가 아니라는 것입니다. 또한 하나님은 육신의 행함을 보시는 분이 아니라고 하셨고, 제사로 드리는 제물 태우는 냄새도 싫다고 하셨습니다. 한 마디로 사람이 자기 육신의 삶의 문제를 해결하기 위해 하나님께 잘 보이려고, 또 의롭다함을 얻으려고 행함이나 소유를 드림을 원치 않으신다는 것입니다. 그것은 오히려 하나님을 산신령 같은 잡신 취급하는 것이지 신앙이 아닌 것입니다.

그러므로 샤머니즘은 누구께 비느냐의 문제가 아니라, 무엇을 비느냐의 문제입니다. 인생이 존재하는 의미와 하나님께서 자신을 창조하신 목적을 알고자 하나님을 만나려면 하나님을 온전히 믿는 것이지만, 그것이 아니라 하나님께 가서 취업이나, 사업이나, 결혼이나, 건강과 같은 것을 기도하고, 들으시는 하나님이라고 인식하고 그런 하나님의 마음을 사려고 헌금하고 교회에서 봉사하고, 마음에는 분이 가득하지만, 말을 곱게 하려고 애쓰는 것을 깨어 있는 것이라고 하는 것이라면 미안하지만 그것이 바로 샤머니즘입니다.

반대로 복음은 예수를 믿을 때 죽고 예수님으로 다시 살아 예수님을 자신의 주인으로 모시 사는 것입니다. 모든 것이 자신의 유익이 아니라, 성령하나님의 유익을 위하여 신앙생활을 하는 것입니다. 예수님을 닮이 세상에 예수님의 살아계심을 증명하는 신앙입니다.

둘째, 샤머니즘의 본성적 생리는 무엇인가? 우리나라의 전통 종교가 무엇이냐고 말할 때 그것은 두말 할 것도 없이 샤머니즘입니다. 샤머니즘은 이 땅에 외래 종교인 불교나 유교가 들어오기 훨씬 전부터 존재했었습니다. 일반적으로 역사학자들은 한국의 샤머니즘의 기원을 문헌 사료 이전의 시대인 선사시대부터 존재했었다고 봅니다. 그만큼 한국의 샤머니즘은 뿌리가 깊은 것입니다. 이 땅에는 아직도 수십만 명의 무당이 존재하며, 최근에는 길거리에 타로점이라는 신종 점집들이 유행할 정도로 이 땅의 백성들은 샤머니즘에 깊이 물들어 있습니다.

기독교는 처음에 온갖 미신과 우상 숭배에 빠진 우리 민족을 구원하고, 이 땅에서 샤머니즘을 몰아낼 수 있는 가장 강력한 세력처럼 보였습니다. 기독교의 전파와 더불어 서구의 학문과 과학 문명이 유입되면서 사람들 사이에서는 합리적 사고가 보편화되었고 그 결과 무당의 수는 급속히 줄어들었으며, 사람들은 미신을 믿는 것을 어리석은 행동이라고 생각하게 되었습니다. 그러나 샤머니즘은 교묘하게도 자신의 요란한 겉모습을 숨긴 채 사람들의 마음속으로 내면화하면서 오히려 기독교를 정교하게 무너뜨리고 있습니다.

과거에도 샤머니즘은 외래 종교인 불교를 변질시키고, 유교마저도 자신의 체질로 변질시켰습니다. 신라와 고려 시대 때 행해지던 국가적 행사였던 팔관회도 겉으로는 불교 행사였으나 실제적으로는 토속신에게 제사하는 샤머니즘이었습니다.

왜 우리나라는 유교의 발상지인 중국에서조차도 그렇게 하지 않는데 유독 한국에서만이 조상 제사를 그렇게 유별나게 강조하고 받드는 것일까요? 이는 샤머니즘의 조상 숭배 사상이 유교의 탈을 쓰고 유교 속으로 내재하여 들어왔기 때문입니다.

샤머니즘은 외래 종교와 충돌할 때는 과감하게 자신의 겉모습을 버리는 대신 타 종교 속으로 내재하여 들어가 그 종교의 탈을 쓰고 생존하는 것입니다. 이는 마치 빙의 현상과도 비슷하다. 이것이 샤머니즘의 본성적 생리입니다. 우리는 말씀과 성령으로 자신의 신앙에 샤머니즘의 잔재를 찾아서 정화해야 합니다. 그래야 이성과 육체에 역사하던 귀신들이 떠나갈 것입니다.

셋째, 기독교 안에 들어 온 샤머니즘의 체험주의가 있다. 한국 교회의 현실을 보겠습니다. 많은 목사들에게서 나타나는 권위주의적 태도나 행동들은 기독교적이라기보다는 오히려 재앙을 운운하며 신도들을 겁주는 무당에 가깝습니다. 말씀에 순종하면 복 받고, 하나님께서 우리의 현실 문제들을 해결해 주신다고 열변을 토하는 목사들의 설교는 결코 기독교적인 설교가 아닙니다.

필자가 체험을 강조하는 경우가 많이 있습니다. 이는 성령의 인도로 말씀을 삶에 적용하여 체험하여 하나님을 바르게 깨달으라는 뜻입니다. 예수님을 닮아 가라는 것입니다. 기도할 때 진동을 하고, 벌벌 떨면서 기도하고, 입신에 들어가 신비한 것을 보고, 누구의 음성인지도 구분하지 못하면서 음성을 들으려고 하고, 무당이 점치는 것과 같은 예언을 하라는 것이 절대로 아닙니다. 이런 체험을 하려면 예시당초 시작을 말아야 합니다.

성경에 어떤 사도가 현세적 복을 힘주어 강조하였던가요? 또 어떤 사도가 오늘날 한국의 목사들처럼 복을 그렇게 남발하였던가요? 사도 바울인가요? 아니면 사도 베드로인가요? "아닙니다!" 그들은 성도들에게 그리스도의 고난에 동참할 것을 가르치며, 예수님의 인격으로 변화되며, 오히려 핍박과 고난의 현실 앞에서 천국의 소망을 가질 것을 강조하였습니다(롬 8:18). 예수님의 영성으로 바뀌어 살아계신 하나님을 증명하기를 원했습니다.

그들의 최후는 한 결 같이 인간적으로는 비참하다고 밖에 표현할 수 없는 모습으로 비극적 생을 마쳤습니다. 바울 사도는 참수형을 당했으며, 베드로 사도는 십자가형을 당하였습니다. 사도 중 누구도 이 땅에서 부귀영화를 누릴 것을 기대하지 않았습니다. 오히려 사도 바울은 육신의 것을 추구하는 자들을 향하여 배를 섬기는 자들이요(롬 16:18), 땅의 일을 생각하는 자들이요(빌 3:19), 경건을 이익의 수단으로 삼는 자들이라고 신랄하게 비판하였습니다(딤전 6:5).

우리가 분명히 알아야 할 것은 현세적 복 강조는 기독교적인 것이 아니라 샤머니즘의 가장 두드러진 특징이요 본질이라는 점입니다. 요즘 들어 부쩍 극성인 은사 집회도 마찬가지입니다. 샤머니즘은 교리나 경전도 없을 뿐더러 이런 것을 중요하게 생각지도 않습니다. 샤머니즘에서 중요한 것은 신적 체험입니다. 신이 자신의 몸속에 들어오고, 그 증거로 시퍼렇게 날 선 작두를 맨발로 타고, 감춰진 무구를 신통하게 찾아내고, 말문이 터져 신의 말을 전하는 체험을 해야 진짜 무당입니다.

이런 샤머니즘의 체험주의는 오늘날 기독교 속으로 교묘히 들어와 바른 성경적 교리는 외면한 채 이상한 방언, 입신, 진동 등 신비한 영적 체험을 강조하며, 이것을 성령의 역사라고 호도하거나 무당이 점치는 식의 예언기도, 성령으로 정화나 치유와 상관없는 심령기도 등 다양한 형태의 기독교 모습으로 자신을 위장한 채 기독교를 근원적으로 무너뜨리고 있습니다. 우리는 이를 찾아서 성령으로 정화시키는 것이 영적전투를 승리하는 초석이 됩니다.

넷째, 샤머니즘 신앙의 잔재를 정화해야 한다. 일부 성도들과 목회자들이 세상 샤머니즘 신앙의 영향으로 열심히 신앙생활을 하는데도 경제적 어려움, 육신의 질병, 마음의 갈등 등으로 수많은 성도들이 고통 받고 있습니다. 일부 성도들이 열심히 믿음 생활하면서도 당하고 살아가는 고통은 이런 것입니다.

①욱하고 갑자기 튀어나오는 혈기, 분노, 화(火)… 가슴에 맺힌 울화병. ②대(代)를 이은 가난, 될 듯 돌듯하다가 결정적인 순간에 좌절하는 실패. ③알코올 중독, 약물, 마약중독, 일중독, 쇼핑중독, 종교중독. ④잘될 것 같으면서도 안 풀리는 목회. ⑤각

종 정신질환(우울증, 조울증, 조현병(정신분열증), 강박증, 공황장애, 대인공포증 등). ⑥병원에서도 병명이 나타나지 않는 질병. ⑦끊이지 않는 음란한 생각과 외도, 음란. ⑧순간 어쩔 수 없는 폭력. ⑨평생 해결 안 될 것 같은 고부간의 갈등. ⑩주기적 나타나는 우환질고와 환경적인 고통 등을 당하면서 살아갑니다.

일부 목회자들이 성도들이 위와 같은 문제가 있어서 성도들이 찾아오면 조언하고 처방하는 것이 '20일 금식기도해라.' 100일 작정 철야 기도하라, 1년간 새벽기도 빠지지 말고 드려라. 서원예물을 드리고 기도하라. 100일 산 기도하라. 작정 헌금하라. 은사와 능력의 종의 안수기도를 지속적으로 받아라. 예언기도 내용대로 순종하라. 등의 처방을 하여 열심히 순종하면서 백방으로 노력을 해도 해결이 안 됩니다. 나는 왜 그럴까요? 무슨 잘못된 역사가 있어서 그럴까요? 우리 집안은 무슨 좋지 못한 역사가 있어서 그럴까요? 왜 그런지, 그 역사적인 뿌리 근원적인 뿌리를 진리의 말씀과 성령으로 찾아서 뽑아내야 합니다.

하나님은 행위로 무엇을 열심히 한다고 영육의 문제를 해결하여 주시는 분이 아닙니다. 이는 전적으로 샤머니즘의 신앙의 잔재입니다. 성령하나님께 성령으로 기도하여 영육의 문제의 원인을 알아 원인대로 회개하며 해결하면서 주신 해결방법(지혜)대로 순종하면 성령님이 해결하시는 것입니다. 그렇기 때문에 위에서 말한대로 무엇을 하면 문제가 해결이 되는 것이 절대로 아닙니다. 하나님께서 하라는 대로 순종해야 해결이 되는 것입니다.

하나님은 성도들이 영적 정신적인 문제 해결해 달라고 애걸복 걸한다고 해결하여 주시지 않습니다. 그런데 바르게 깨닫지 못 하고 하나님께 위와 같은 문제를 해결하여 달라고 저녁마다 철 야를 하면서 기도하는 목회자와 성도들이 있습니다. 바르게 알 고 하시라고 여기에 거론을 합니다. 뿌리를 찾아서 해결하도록 하는 것이 아니라, 그저 하나님께서 해주시도록 바라기만 한다 는 것입니다. 여기에 샤머니즘의 잔재가 섞여 있다는 것입니다.

쉽게 말해서 하나님께 해결하여 달라고 무조건 애걸복걸하지 말라는 것입니다. 이렇게 애걸복걸하는 것은 소위 무당들이 말 하는 치성이라는 것입니다. 이렇게 철야를 하면서 치성을 다하 면 상대의 신이 해결하여 준다는 것입니다. 알아야 할 것은 예수 를 믿는 성도가 이렇게 철야하면서 치성을 하면 귀신이 박수를 치면서 환영을 하면서 활개를 치면서 방해합니다.

필자가 이 책 여러 곳에서 문제를 일으키는 배후에는 귀신이 있다는 것을 설명했습니다. 문제 뒤에서 역사하는 귀신들은 성 령의 역사가 일어나야 떠나가는데 치성 만 드리게 되면 성령의 역사가 일어나지 않음으로 귀신들이 더 활개를 친다는 것입니 다. 필자가 이렇게 치성을 다하던 성도들을 대상으로 사역할 때 귀신들이 말로 표현할 수 없도록 떠나갔습니다. 성령의 역사가 일어나야 귀신이 떠나가는데 샤머니즘의 신앙과 같이 치성만 들 이고 있으니 귀신들이 박수를 치면서 활개를 하면서 치유 되지 않도록 방해를 합니다.

바르게 알고 구하고 기도해야 합니다. 이스라엘 사람들이 광야 길을 가다가 마라의 쓴 물을 만나 배를 움켜쥐고 고통 할 때 하나님께서 직접 물을 달게 하신 것이 아닙니다. 기도하던 모세에게 호수가 한 나무를 지시하시고 꺾어서 던져서 물을 달게 하셨습니다. 그러므로 하나님께 영적이고 정신적인 문제를 해결하여 달라고 1,000일을 애걸복걸하며 기도해도 해결하여주시지 못합니다. 성령의 감동을 받고 성령의 감동에 따라 순종해야 순종하는 믿음을 보시고 해결하여 주시는 것입니다.

성도들이 당하는 문제를 해결하려면 먼저 성령으로 세례를 받아야 합니다. 왜 성령으로 세례를 받아야 하는 지는 이 책 바로 뒤 15장 "배후에 역사하는 영적세계이다."를 읽어 보시면 이해가 갈 것입니다. 필자가 문제나 정신적이고 영적이고 육체적인 질병이 있어서 찾아와 상담을 원할 때 먼저 질문하는 것이 있습니다. 집사님은 예수를 믿을 때 어떻게 되었습니까? 하고 질문을 합니다. 그러면 70% 정도가 대답을 하지 못하면서 머뭇거립니다. 필자가 답변해 줍니다. 당신은 예수를 믿으면서 죽었고 다시 사신 예수님으로 태어난 것입니다. 지금은 예수님의 인생을 사시는 것입니다(고후5:14-6).

예수님의 인생을 사시기 때문에 당신은 하나님의 자녀가 된 것입니다. 이제 귀신들이 공격할 수가 없는 초자연적인 성령의 사람입니다. 이제 귀신이 당신을 무서워하는 성령의 사람이 된 것입니다. 새사람답게 귀신 무서워하지 말고 성령의 권위를 가지고 대적하며 귀신과 싸워서 이겨야 합니다. 그렇게 되기 위하여 성령으로 기도하면서 성령으로 충만을 받아야 합니다. 그러면 당신의 영육의 질병이나 문제는 성령의 역사로 해결 되는 것입니다.

그런데 이렇게 믿음 생활을 하지 않고 다른 능력 있고 신령하다는 사람을 의지하여 문제를 해결하려고 하면 귀신이 얕잡아 보고 더 문제를 일으키면서 물러가지를 않습니다. 이런 저런 소문을 듣고 성령의 역사를 일으키는 목회자를 찾아갑니다.

그러면 귀신이 귀신 같이 알아서 성령의 역사에 의하여 정체를 폭로하지 않으려고 올빼미와 같이 숨어서 꼼작하지 않으면서 교회에 다니지 않는 식구들을 동원하여 믿음생활을 방해하면서 악랄하게 공격을 할 수도 있습니다. 그러나 성령의 능력 때문에 계속하지 못합니다. 잠시 동안 일어나는 현상입니다. 인내하면서 기도하면 성령의 역사로 지배되고 장악되어 떠나갑니다.

절대로 굴복하면 안 됩니다. 그렇기 때문에 영육의 문재로 고통당하는 분들은 샤머니즘의 신앙의 잔재인 치성을 드리는 것을 금해야 합니다. 먼저 성령으로 세례를 받아야 합니다. 성령으로 세례를 받은 다음에 성령으로 기도하여 자신이 성령 충만해야 합니다. 자신 안에서 성령의 역사가 흘러 나와야 합니다. 그러면 성령의 역사에 의하여 귀신들이 서서히 떠나가기 시작을 합니다. 그러면서 문제가 서서히 해결이 됩니다. 그래서 성령의 역사가 일어나는 믿음생활이 중요합니다.

13장 자기 나름의 신앙의 잔재이다.

(롬 14:17-21)"(17)하나님의 나라는 먹는 것과 마시는 것이 아니요 오직 성령 안에 있는 의와 평강과 희락이라."

오늘날 사회에서 '나름'이란 말이 많이 유행합니다. "자기식"과도 같은 말이라고 할 수 있겠지요. '나름'이란 낱말은 본래 한글문법 상 의존명사인데, 요즘 구어에선 거의 부사처럼 자유롭게 쓰입니다. "내 나름으로는 그렇게 생각해"란 말이 이젠 줄어서 "나름 그렇게 생각해"로 대체돼 갑니다.

나름은 긍정적-부정적, 양쪽으로 다 쓰이는 말입니다. 긍정적으로는 주로 개인의 고유한 자유와 개성, 창의적 노력 등을 뜻하는 데 쓰입니다. 부정적으로는 척도나 표준이 없는 성향, 상대를 무시한 자기중심적, 안하무인 격 방향 또는 행동을 가리킵니다.

'나름'은 어쩌다 부사화 되면서 유행어가 되기도 했지만, 사실 포스트모던사회에 매우 걸맞은 말입니다. 대부분의 세상 사람들이 나름으로 살아가기 때문입니다. 나름은 말 뿐 아닌 현상으로도 나타납니다. 특히 2000년대 들어 부쩍 그렇습니다.

그래서 인지는 모르나 교계에도 개인-집합적 '나름' 현상이 잦습니다. 그런데 '나름'은 성경 진리에 있어선 해당 사항이 없습니다. 바꿔 말하면, 성경 진리에 있어선 '나름 현상'이나 '나름 태도'가 있을 수 없다는 말입니다. 성경 말씀은 절대 진리이기 때문입니다. 만약 절대성을 빼 버린다면, 성경은 아무 것도 아니며 기독교도 별 볼 일 없어지고 맙니다.

물론 성경 말씀으로부터 개인마다 나름의 감동은 받을 수 있습니다. 그러나 그런 감동은 주로 주관적이며, 최대한 보편적인 선상에서 일부 객관화 할 수는 있어도 절대화 할 수는 없습니다. 계시가 아닌 탓입니다.

그런데 교인들, 신자들이 나름을 강조하다 보니 성경 자체가 아닌 자기 나름을 은연 중 절대화 하는 경우가 잦습니다. 그래서 분명히 성경과는 다른 비 진리인데도 자기 기분 내키는 대로, 떠오르는 대로 성경을 해석하고선, "성령님의 감동"이라고 '나름' 주장하곤 합니다.

이런 '나름 현상'은 유서가 깊습니다. 일찍이 그런 나름 현상이 성경 역사 속에서도 자주 발견됩니다. 대표적인 예라면, 바로 이스라엘 사사시대였습니다. "그 시대엔 이스라엘에 왕이 없었다. 그래서 사람마다 자기 뜻대로 했다."(사사기 21:25). 사사기 기자는 두 번 같은 진술을 되풀이합니다. "그 때에는 이스라엘에 왕이 없었으므로 사람마다 자기 소견에 옳은 대로 행하였더라."(삿 17:6).

그런데 이 나름 현상은 자연스런 것이 아니라 잘못된 것이었습니다. 일찍이 출애굽 후 광야시대 때 모세는 그런 성향을 경고

한 바 있었습니다. "우리가 오늘 여기에서는 각기 소견대로 하였거니와 너희가 거기에서는 그렇게 하지 말지니라."(신 12:8). 당시는 주 하나님이 큰 이적으로 직접 백성과 함께 하심을 여실히 보여 주셨어도, 백성은 강퍅하기 이를 데 없어 광야에서 제멋대로 반항하거나 우상을 섬기거나 음란해지거나 다른 향불을 드리거나 했습니다. 특히 경배나 예배 이슈에서 그러했습니다.

그러나 모세의 이 경고엔 아랑 곳 없이, 이스라엘 백성은 모세의 후계자인 지도자 여호수아마저 죽고 나자, '나름'을 되풀이합니다. 사람마다 제 소견과 판단대로, 자기가 옳다고 생각하는 대로 행동합니다. 그러다 보면 아무래도 무질서가 판을 치기 마련입니다. 무정부국가의 특징이 여실히 나타납니다. 일종의 과도현상이라고도 할 수 있습니다. 그나마 하나님이 때마다 판관과 대언자들을 선임하시고 보내셔서 백성을 지도하게 하시지만, 한 때 얼마일 뿐, '나름' 현상은 왕정 시대가 자리 잡히기 전까지 좀체 사라지질 않습니다.

당시는 기록 성경이자 성문법인 율법보다 구전(口傳)을 주된 지침으로 삼았고, 집안에 신앙은 어른이 없을 때 신앙생활이 피폐했고, 당시 실로에 있던 하나님의 집인 성막(聖幕/Tabernacle)보다는 편리하고 가까운 지족(支族)-가문의 터전에서, 심지어 개인 집안에서 '경배'하곤 했습니다. 말하자면, 지족과 가문마다 '나름 표준'으로 '나름 신앙생활'을 한 것입니다.

대표적인 예를 봅시다. 에프라임 산지의 미가 가문은 은(銀)

신상을 만들어 신당 안에다 두고 떠돌이 레비 지족 청년을 아들 겸 집안 사제로 삼아, 주 여호와님께 '복' 받으려고 우상을 '경배'하곤 했습니다. 훗날 마땅한 주거지를 찾아 떠돌던 단(Dan) 지족은 그 신상과 청년 사제를 빼앗아 역시 주 여호와님을 섬긴다면서 우상을 섬겼습니다(삿 17-18장).

미가는 평소 은상 앞에서 이렇게 말합니다. "이에 미가가 이르되 레위인이 내 제사장이 되었으니 이제 여호와께서 내게 복 주실 줄을 아노라 하니라"(삿 17:13). 우상을 섬기면서도 주 여호와께 복 받을 것으로 '나름' 굳게 믿은 것입니다. 미가에게서 우상과 사제를 앗아간 단 지족 역시 그렇게 나름으로 믿었습니다. 실제적으로 성막과 율법이 엄연히 따로 있는데도 말입니다. 그런데 이 같은 시대가 지난 역사로 끝난 게 아니라 오늘날도 재현되고 있습니다.

작금의 시대에도 일부 성도들이 자기 나름의 신앙을 가지고 신앙 생활하는 경우가 많습니다. 예배당에 나가지 않고 집안에서 인터넷을 통하여 예배를 드리는 분들이 있습니다. 가정에서 나름의 방식으로 예배를 드리는 분들이 있습니다. 주일 예배를 이번 주는 이교회 다음 주는 저 교회 돌아다니면서 나름의 방식으로 예배를 드리면서 신앙생활을 합니다. 헌물과 십일조를 생활을 하는데 성경대로 하는 것이 아니고 자기 나름대로 정한 방식을 가지고 드립니다. 기도를 하는데 성령으로 기도하지 않고 자기 나름대로 터득한 방식을 고집합니다. 성령말씀을 읽고 깨닫는데 성령을 통하지 않고 자기 지식으로 자기 나름으로 성경 말씀을 이해하며 믿음생활을 합니다. 우리들도 이번 기회에 자기 나름의 신앙의 잔재가 무엇이 있는지 구별하여 청산해야 할 것입니다. 그래야 영적전투에서 승리할 수가 있습니다.

사람들은 성경 말씀을 있는 그대로 표준과 척도, 잣대로 삼는 것이 아니라, 자기 소견이나 생각, 교회의 전통과 사상, 성경에 대한 특정 해석 등을 진리의 대안으로 삼아 자기 나름으로 하나님을 섬깁니다. 성경 말씀 대신 다른 것들을 절대 진리로 내세우기도 합니다.

일부 신학 사상이 신앙을 대신하고 잘못된 비성경적 교리가 성경 교훈을 대체하고 타 종교의 요소를 끌어들여 기독교 진리와 희석시키고 성경적인 경건을 이상한 외래 영성으로 바꾸며 방종과 무질서가 참 자유인 양 탈바꿈 해 가는 그런 현상들입니다. 요즘은 또, 웹 사회가 발달하다 보니 저마다 아이디어와 생각들을 짜내어 자기 생각들을 '복음화'시켜 내세우는 예가 많습니다. 현 교회의 법과 교리, 전통들을 가리지 않고 무조건 몽땅 싸잡아 '율법'으로 매도하고 '복음'이라는 미명 아래 그것들로부터의 완전 자유를 선언하는 현상이 일어나고 있습니다.

또한 기성교회를 모조리 율법주의자로 몰아대는 것입니다. 그러면서 상대적으로 자신들은 가장 의롭고 가장 복음적인 존재로 포장하는 것입니다. 얼핏 그럴 싸 해 보이나 실은 비 복음 또는 반 복음, 이를 테면 '안티 즘'에 가깝습니다.

첫째, 말씀 중심의 참 신앙을 가집시다. 한 양치기가 있었습니다. 그는 마술사이기도 합니다. 그는 지독한 욕심쟁이라 양을 누구에게도 뺏기기를 싫어했습니다. 오쇼 라즈니쉬의 이 우화는 그릇된 신앙이 얼마나 무서운 결과를 초래하는가를 보여줍니다. 그러나 양들은 자신들을 도살하여 이익을 취하는 그를 피했고, 기회만 오면 도망치고자 했습니다. 이 사실을 눈치 챈 마술사는 양들에게 마술을 걸었습니다.

모든 양들로 하여금 '너는 양이 아니다. 두려워 말라'고 최면을 걸었습니다. 어떤 양에게는 사자라 했고 어떤 양에게는 호랑이, 심지어는 사람이라고도 했습니다. 최면에 걸린 양들은 진짜 자신이 양이 아닌 양 착각했습니다. 그들은 양치기의 말을 믿고 '나는 양이 아니다'는 확신을 가졌습니다.

이렇게 최면이 성공하자 양치기는 마음 놓고 양들을 도살할 수 있었습니다. 양들은 동료 양들이 죽어가는 현장에서조차 달아날 생각을 하지 않았기 때문입니다. 그 이유는 자신만은 양이 아니므로 결코 죽지 아니할 것이고 지금 죽는 양들은 양들이라 당연히 죽는다고 판단했기에 달아날 필요를 느끼지 않았던 것입니다.

저는 모든 인간은 나름의 '신앙'을 갖고 있다고 봅니다. 나름의 신앙이란 자신이 이렇게 믿음 생활을 열심히 하니 자신이 가장 믿음이 좋다고 자찬하는 것입니다. 하나님은 인정해 주시지도 않는 데, 자신만이 인정해주는 신앙이 나름의 신앙입니다.

신앙은 자신의 주인이신 하나님께서 인정하는 신앙이 되어야 합니다. 무신론자라 할지라도 신의 존재는 부정할지언정 자신이 궁극적으로 가치를 부여하는 그 무엇인가는 있기 마련이기 때문입니다. 그것이 '자기 자신'이 될 수도 있고 '돈'이나 '어떤 이념' 혹은 '특정한 사람'이 될 수도 있습니다. 그릇된 가치관이나 신앙은 '행복한 약속'의 최면에 걸려 패망의 현장에 서 있게 하는 것입니다. 이는 마치 아편과 같습니다. 그러므로 모든 사람들은 자기만의 신앙이 있습니다. 자신의 삶의 궁극적 가치를 가져다주는 신앙(신념)이 옳은 것인가를 냉철하게 비판해 보아야 합니다. 자신이 어떤 형태의 양치기 마술의 피해자가 아닌가를 진지하게 돌아보아야 하는 것입니다.

세계적으로 유명한 한 성경주석가는 신약성경을 강해하면서 세 가지 종류의 신앙을 말합니다. 첫째는 맹신(dead faith)요, 둘째는 광신(demonic faith)이요, 그리고 셋째는 참 믿음(dynamic faith)입니다.

1) 맹신은 자기에 갇힌 신앙입니다. 믿기는 믿되 자기를 넘어서지 못합니다. 자기이념, 자기감정, 자기주관, 자기철학, 자기가치관 등 자신을 넘어 타자로 위임하지 않은 제한된 믿음입니다. 말하자면 형태가 어찌되었던 자기 자신이 신앙의 중심에 서있는 자기애(自己愛)의 또 다른 표현입니다.

2) 광신은 자기를 넘어 타자로 향하는 것처럼 보인다는 점에서 맹신과 다릅니다. 이는 기독교 이단이나 타종교에서 흔히 나

타나는 현상입니다. 엄청난 능력이 동반되고 심지어는 기상천외한 기적이 나타나기도 하지만 자기 혹은 자신의 그룹을 넘어가는 사랑으로 승화되지 않습니다. 세상과는 달리 자기 혹은 자신들의 공동체만의 구원을 추구하는 또 다른 형태인 확장된 자기사랑인 것입니다(이단의 특징).

3) 제3의 신앙, 곧 진정한 참 믿음의 신앙에 대해 말합니다. 이 신앙은 존재하시는 절대자, 즉 살아계신 하나님과 끊임없는 교류가 이루어지는 신앙입니다. 진리의 말씀과 성령으로 변화되는 신앙입니다. 이 신앙은 '진리'와 사실에 근거한 신앙이기에 사람을 '자기 최면'으로 유도하지 않습니다. 참된 신앙은 오히려 자기애를 향한 욕망을 철저하게 부수고 참다운 자기 부정(否定)으로 인도하며, 생명이신 분을 붙잡게 합니다. 궁극적으로는 자신을 향한 집착으로부터 '자유'하게 합니다. 즉, '진리가 너희를 자유케 한다'는 성경의 가르침 그대로입니다.

이런 참다운 신앙은 반드시 자기 자신을 냉철하게 바라보게 하며 자신의 허물을 직시하게 합니다. 자신을 둘러싼 온갖 거짓된 최면을 넘어 참다운 자기를 돌아보게 합니다. 그리고 마침내 우리를 참다운 진리를 의지하게 하며, 완전한 자유를 누리게 합니다. 이 신앙은 자기애의 다른 표현인 맹신과 포장된 자기사랑의 또 다른 확장인 광신과는 근본적으로 다릅니다. 이것은 '자기애'나 '집단(개 교회)이기주의'를 고집하지 않습니다. 자기를 진정으로 부인했기에 '자기'가 없기 때문입니다.

맹신, 광신이 우리 주변에 득세하는 시대입니다. 거짓된 양치기가 최면을 걸어 자신의 영혼을 도적질하는데도 그것이 자연스럽게 여겨지는 두려운 시대입니다. 정신 차려야 할 것 같습니다. 깨어야 할 것 같습니다. 맹신 광신을 넘어 참된 믿음으로 우리 영혼을 지켜야 할 때입니다.

둘째, 자신의 신앙은 누구를 위한 것인가를 명확하게 하라. 호주에 사는 81세의 나이를 드신 한 할아버지는 14세부터 81세가 될 때까지 일주일에 두 번씩 헌혈을 해왔다고 합니다. 그의 헌혈로 인해 생명을 건진 신생아가 240명이라고 합니다. 호주에는 산모의 바리어스가 아이의 유전자를 공격하여 죽게 만드는 질환이 있는데 이 할아버지의 피에 그에 대한 항체가 있어 240만 명의 신생아들이 목숨을 건진 것입니다. 그가 이렇게 일주일에 두 번을 헌혈한 이유는 14세 때 심장질환으로 수술을 받았는데 그때 13L의 수혈을 받아 다시 살아날 수가 있었습니다.

그 이후로 63년 동안 일주일에 두 번씩 무려 1173번의 헌혈을 해서 사람들은 그를 "황금팔 할아버지"라고 부른다고 합니다. 이번 81세로 헌혈을 더 이상 할 수 없는 이유는 호주의 법이 81세 이후는 헌혈을 하지 못하게 하는 법안이 있기 때문입니다. 그렇지만 이 할아버지는 할 수 있다면 죽는 날까지 계속하고 싶다고 말하고 있다고 합니다.

성도님들 가운데는 교회에 몇 십 년을 다니신 분도 계시고,

또 몇 년을 다니신 분들도 계실 것입니다. 그리고 교회의 직분도 장로님이나 집사님으로 불리실 정도로 중요한 비중을 가지고 계실 것입니다. 예수님의 보혈의 피로 죄 사함 받고 새롭게 된 이후로 사랑으로 섬기는 삶을 살고 계신 줄 믿습니다.

신앙생활에서 우리가 교회의 연조와 직분보다 더 힘써 생각해야할 본질적인 질문이 있습니다. 그것은 '나는 거듭났는가?', '과연 내 신앙생활은 하나님께 기쁨이 되고 있는가?'하는 것과 '내 신앙생활을 누구 앞에서도 떳떳하고 당당한가?' 아니면 '다른 성도들이 알면 안 되는 것을 숨기면서 교회생활을 하고 있는가?', '하나님의 말씀 진리에서 벗어나지 않는 신앙생활 교회생활을 하고 있는가?'하는 것입니다.

우리들이 예수님을 믿기 전에는 전혀 관계가 없다가 예수님을 믿으면 속하게 되는 세 가지 소속이 있습니다. 첫째는 예수님을 믿음으로 예수님께 속하게 됩니다. 둘째는 교회를 다니게 되어 교회에 속하게 됩니다. 셋째는 하나님의 자녀로 거듭나서 하나님 나라 하나님의 자녀에 속하게 됩니다.

예수님이 "너희가 내 안에 거하라"고 말씀하실 때 이 세 가지를 모두 포함하시는 것입니다. 이것은 우리들의 삶에 매우 중요한 사실을 말씀해주고 계시는 것입니다. 이 세 가지에 소속되어 있다는 자체가 우리들의 삶의 중심이 예수 그리스도 중심이 된다는 것을 의미하는 것입니다. 자신이 스스로 예수님을 믿는다고 고백한다면 이 세상 그 무엇보다도 더 예수님이 소중하며 그분의 뜻대로 살기를 소원한다고 고백하는 것입니다.

그러니까 이 세 가지에 속한 사람을 그리스도인이라고 하는데 이런 그리스도인은 마음의 변화로 인하여 예수님을 위하여, 교회를 위하여, 하나님 나라를 위하여 살게 됩니다. 그러니까 삶의 모든 것이 자기나 자기의 가족을 위해서 살던 사람이 예수님을 믿으면서 우리 주 예수 그리스도께서 고백하신 것처럼 "누가 내 형제며 내 모친이냐 내 형제와 모친은 나의 말을 듣고 순종하는 이 사람들이니라"고 고백하게 되는 것입니다.

그러니까 자기 자신이나 육신의 가족보다 하나님이 맺어주신 영혼의 가족이 더 소중하다고 고백을 합니다. 귀하도 그렇게 고백하고 계십니까? 이것이 고백되지 않으면 반드시 마귀가 자신에게 타협안을 제시해옵니다. 그리고 대부분의 교인들이 이에 넘어가서 적당히 교회생활을 합니다. "적당히"는 무서운 함정이 도사리고 있습니다. 마귀는 적당히 하려는 사람을 신앙인이 아니라 종교인으로 전락시킵니다.

교회에서 무슨 직분을 받으셨습니까? 그 직분이 주는 의미는 "나는 이 직분을 받는 이 순간부터 나 개인과 가정을 위한 신앙뿐만 아니라, 예수님과 예수님의 몸인 교회와 하나님 나라를 위한 삶을 살겠습니다." 하고 고백을 하는 것입니다. 예수님의 제자들이 예수님께 부르심을 받았을 때 모든 것을 버리고 예수님을 따랐던 것을 생각해보십시오. 만일 이 각오가 되어 있지 않다면, 그래서 자기가 먹고 살고 즐기기 위해, 다른 사람에게 자기를 드러내고 인정받기 위해, 또는 자기의 외로움을 해결하기 위한 방편이나 자기의 장사와 사업을 위한 방편으로 교회에 다니는 것이라면, 그래서 하나님의 뜻을 이루는 것보다 먹고 사는 것이 우선이라면 그는 교회를 위하여 자기 직분을 내려놓아야 합니다. 그리고 자신이 그런 삶을 살기 위한 준비가 되었을 때 그 직분을 다시 받아야 합니다.

그러나 그런 용기를 가진 사람이 어디 있으며 그런 하늘에 소망을 둔 믿음의 사람이 어디에 있을까요? 자신들의 교회에서 그런 사람을 찾을 수 있습니까? 자신이 다니는 교회에서 전적으로 예수님께 헌신되어 수고하는 사람으로 기억나는 사람이 있습니까? 그 사람은 복이 있는 사람입니다. 그리고 만일 자신의 교회에서 이 질문을 한다면 모든 성도들이 하나같이 귀하를 떠올리면서 "우리 장로님이, 우리 집사님이 바로 그런 분입니다"라고 대답할까요? 아니면 "목사님은 왜 저런 사람에게 장로직분을 주고 집사직분을 주셨는지 모르겠어" 하고 대답을 할까요?

오늘날 교회가 교회답지 못한 이유는 진리가 실제화 되지 못하기 때문입니다. 말씀 따로 생활 따로, 말씀 따로 직분 따로, 말씀 따로 교회행정 따로 입니다. 교회의 교인들에게 "삶의 현장 속에서 하나님의 말씀대로 살라고 한다면 그렇게 살 수 있다고 믿으십니까?"라는 질문에 거의 대부분 그렇게 살 수 없다고 말하며 고개를 숙일 것입니다. 물론 그것도 그 순간일 뿐입니다. 회개하고 돌이키지는 않습니다. 어쩔 수 없이 그렇게 살아야 한다고 생각하기 때문입니다. 그리고 그렇게 산다면 신앙생활도 할 수 없다고 말합니다.

많은 교인들이 삶속에서 내가 아쉽거나 무엇인가 안 풀리거나 얻어낼 것이 하나님께 있다는 그런 필요에 의해 하나님을 찾는 경우 외에는 이 땅위에서 하나님의 뜻을 행하고 하나님 나라가 이루어지기를 구하며, 또 하나님 나라를 확장시키기 위해서 하나님을 생각하고 구하는 일이 일어나지 않습니다. 왜 그리스도인이라는 이름을 가지고 살면서 그런 일이 일어납니까? 그들이 자기를 위해 신앙생활을 하고 있기 때문입니다. 자기가 잘 먹고, 잘 살고, 잘되기 위해 교회 생활을 하기 때문에 자기의 수입과 연결된 일이 생기면 교회 일은 뒷전으로 밀리게 되는 것입니다. 먹고 사는 것, 돈을 많이 벌고 매상을 많이 올리는 것이 우선이 되는 것입니다. 예수님은 몇 번째 뒤로 물러나셨는지 기억도 없습니다.

이것이 한국교회의 실상입니다. 그런데 하나님은 이것을 바로 잡고 싶어 하십니다. 이것은 온 교회의 성도가 진리의 말씀으로 돌아와 예수 그리스도의 십자가 앞에 서야하고 자신들을 하나님보다 또 예수님보다 더 세상을 사랑한 죄를 회개해야 하며, 이제는 그리스도의 뜻을 행하기 위하여 성령을 충만하게 받아야만 가능합니다. 그 외에는 방법이 없습니다. 자신의 노력으로는 몇 번하다 말고, 또 몇 개월이면 바닥이 드러납니다. 영적인 기근이 찾아오는 것입니다.

이렇게 하나님의 은혜를 잊어버리고 성령을 떠나보낸 교회에 일어나는 현상중 하나가 판단과 비판입니다. 자기 눈의 들보를 보고 비판하는 게 아닙니다. 목회자를 비판하고 다른 성도를 비판하고 다른 교회를 비판하고 다른 교회 성도를 비판합니다. 그 이유는 은혜를 잊어 버려서 자기 속에 들보를 보지 못하고 있기 때문이고, 또 하나의 이유는 자기도 모르는 사이에 그들을 경쟁대상으로 보기 때문입니다.

교회는 경쟁체제가 아닙니다. 교회는 상호협력제체입니다. 도움을 주고받으며 섬기며 섬김을 받으며 서로 사랑하는 살아 있는 그리스도의 몸입니다. 그런데 이런 교회에서 사랑이 아니라 자기 과시를 하고자 하는 사람들이 가득차 있습니다. 겸손을 가장하지만 겸손하지는 않습니다. 사랑하는 모습은 있지만 진정 자신의 목숨을 내어줄 정도로 사랑하지는 않습니다. 그러면서 어떻게 그리스도의 몸이라고 말할 수 있을까요? 그렇기 때문에 자기의 예수 그리스도가 계시지 않은 빈 가슴을 채우기 위해 그나마 내세울 수 있는 교회에서 행한 조그마한 일을 가지고 내세우면서 남을 비판하는 것입니다.

기억하십시오. 자신의 직분은 남을 비판하거나 자기를 내세우기 위해 주신 것이 아닙니다. 예수님과 예수님의 몸인 교회와 하나님 나라를 위해 죽으라고 주신 것입니다. 만일 그럴 마음이 없다면 이 사람은 직분을 받으면 안 됩니다. 교회 사람들이 알아주고 세상 사람들이 알아주는 것은 아무것도 아닙니다. 정말로 그것은 아무 의미도 없고, 열매도 없는 것입니다.

그러나 자신은 자격이 안 되지만 하나님이 주실 것을 믿고 하나님의 임재와 능력과 성령 충만함을 구하면서 자신의 몸을 산제사로 드리는 충성스러운 직분자는 비록 능력이 모자라고 부족한 것이 많아도 하나님은 그를 귀하게 여기시고 크게 여기실 것입니다. 그가 하나님께서 맡겨주신 자기 자리를 철저하게 인내로써 지키면서 교회를 위해 수고할 것이기 때문입니다.

여기 로마서 14장 18절을 보면 "이로써 그리스도를 섬기는 자는 하나님을 기쁘시게 하며 사람에게도 칭찬을 받느니라"고 말씀하고 있습니다. "이로써"가 가리키고 있는 것은 바로 앞의 17절 말씀인 "하나님 나라는 먹는 것과 마시는 것이 아니요 오직 성령 안에 있는 의와 평강과 희락이라"에서 "오직 성령 안에 있는 의와 평강과 희락이라"으로 섬기는 자를 가리키는 것입니다.

그러니까 교회에서 성도들이 교회에서 헌금하고 봉사하며 목회자와 다른 성도들을 섬기는 이유는 자신의 의를 드러내기 위해서가 아니라, 오직 성령 안에 있는 의와 평강과 희락으로써 그리스도를 섬기기 위해서 수고하는 것입니다. 이것이 바로 그리스도를 섬기는 사람의 참된 모습니다. 이렇게 그리스도를 섬기는 사람은 하나님을 기쁘시게 하며 사람들에게도 칭찬을 받게 되는 것입니다. 책을 읽는 여러분들이 바로 그 사람이 되시기를 축복합니다. 그럴 때 나타나는 일은 바로 로마서 14장 19절의 말씀에 나와 있습니다. 함께 읽어보겠습니다. "그러므로 우리가 화평의 일과 서로 덕을 세우는 일을 힘쓰나니" 이렇게 예수님과 예수님의 몸인 교회와 하나님의 나라에 속한 사람 속에는 먹든지 마시든지 무엇을 하든지 거리낌이 없습니다. 왜냐하면 자기를 위해 먹지 않고 예수님과 교회와 하나님의 영광을 위해 먹고 마시기 때문입니다.

이런 직분자는 교회를 든든히 세워갑니다. 하나님의 사업이 무너지지 않습니다. 이것이 바로 참된 신앙입니다. 참된 신앙은 자기를 향하지 않습니다. 반드시 하나님 아버지와 예수님과 예수님의 몸인 교회를 향합니다. 그리고 하나님 나라를 향합니다. 그래서 교회가 잘되는 것이 자기의 기쁨이 되고 즐거움이 됩니다. 그것은 단순히 자기가 먹고 살자고 돈을 버는 기쁨과는 차원이 다른 기쁨입니다.

이것은 성령 안에서 갖게 되는 예수님의 영원한 기쁨과 즐거움에 참여하는 것이며, 천국의 기쁨과 즐거움에 참여하는 것입니다. 귀하의 삶이 이렇게 예수님의 십자가 앞에 서서 하나님 중심적으로 바뀌는 복된 삶이 되시고 그 안에서 예수님과 함께 기뻐하고 즐거워하시는 분이 될 수 있기를 예수 그리스도 우리 주님의 이름으로 축원합니다.

14장 예배당 밖 세상에서의 신앙이다.

(마 5:16)"이같이 너희 빛이 사람 앞에 비치게 하여 그들로 너희 착한 행실을 보고 하늘에 계신 너희 아버지께 영광을 돌리게 하라"

영적전투를 예배당 안에서만 해야 하는 것으로 알고 있는 성도들이 있습니다. 절대로 그렇지 않습니다. 예배당 안에서 뿐만 아니라 예배당 밖에서 영적전투를 해야 합니다. 성도들이 예배와 교회 예배당에서 활동이 전부가 아니기 때문입니다. 그럼 대체 무엇이 우리 신앙행위의 중심이 되어야 하는가? 변화된 모습을 세상에 보여주는 것입니다. 성경 전체를 거시적 시야로 보거나 좁혀서 예수님의 말씀을 중심으로 보거나 사실 그 답은 너무도 선명합니다. 한마디로 하면 그것은 '거룩'입니다. 산상수훈을 근거로 좀 더 구체적으로 표현하자면, 세상에 '빛과 소금'이 되는 것입니다.

첫째, 자신이 사는 집주변에 불교신자나 무당이 사는 경우 이렇게 하라. 종교는 헬라말로 "데이쉬 다이모니아"라는 뜻인데, '데이시'라는 것은 두렵다, '다이모니아'는 귀신이라는 뜻입니다. 그래서 종교란 헬라말로 해석하면 귀신을 두려워한다는 뜻입니다. 종교는 귀신이 무서워서 귀신을 섬기는 것이라고 해도 과언이 아닙니다. 종교를 귀신을 섬기는 것이라는 것을 이해하려면 다음을 생각하면 쉽게 이해할 수가 있습니다. 어떠한 종교가 성립하려면 첫째 그 종교의 교주(창시자)가 있어야 하고, 둘째 그 종교의 가르침이 있어야 하고, 셋째 그 종교의 신도가 있어야 합니다.

불교의 교주(창시자)는 석가모니 부처이며, 유교의 교주는 공자, 회교의 교주는 메호메트 입니다. 그리고 부처의 가르침을 집대성한 것을 경전(불경), 공자의 가르침을 논어, 마호메트의 가르침을 코란이라고 합니다. 교주와 교리만 있어서는 종교가 성립되지 않습니다. 그 종교를 믿는 신도가 있어야 합니다. 교주, 교리, 신도를 종교의 3요소라고 합니다. 교주들은 모두 사람으로 태어나 죽은 자들로서 하나님의 입장에서 보면 모두 사탄이라고 말할 수가 있습니다. 더 심하게 말한다면 귀신이라고 할 수도 있겠습니다. 그래서 종교는 귀신이 무서워서 만든 것이라고 하는 것입니다.

서양의 종교는 반드시 신을 전제로 합니다. 서양에 있어서 종교의 개념은 어디까지나 신을 전제로 하며 '신과 인간의 관계'가 종교라고 봅니다. 그리고 그 신은 전지전능한 능력을 가지고 있기 때문에, 신을 찬양하고 기쁘게 하면 구원이 있다고 가르칩니다. 서양의 종교 계념으로 하면 명확하게 종교는 귀신을 섬기는 것이라고 답이 나올 수가 있습니다.

그래서 종교생활을 하는 사람은 귀신을 두려워합니다. 부적을 붙이고 굿하고 절하는 것은 귀신을 두려워하기 때문입니다. 동지 팥죽을 끓여서 문 앞에 뿌리는 것도 귀신이 무서워서 빨간 죽을 뿌려서 귀신이 들어오지 못하게 하는 웃기는 일입니다. 이사를 가면 집 앞에 소금과 팥을 그릇에 담아 문 앞에 두는 것도 마찬가지입니다. 예수를 믿는 성도가 자신이 사는 집 주변에 절에 다니는 사람이 있는데 집 대문에다가 절에서 가지고 온 부적이나 다른 것들을 붙여 놓았다고 무서워하는 성도들이 있습니다. 그리고 무당이 살고 있다고 두려워하는 분들이 있습니다. 절대로 두려워할 필요가 없습니다. 오히려 절에 다니는 사람과 무당에게 역사하는 귀신이 예수 믿는 성도들을 무서워하는 것입니다.

귀신을 무서워하는 것은 샤머니즘의 신앙의 잔재가 교회에 들어와 있기 때문입니다. 샤머니즘의 신앙이 귀신을 무서워하는 것입니다. 그런데 성경은 이렇게 말합니다. "네가 하나님은 한 분이신 줄을 믿느냐 잘하는 도다. 귀신들도 믿고 떠느니라"(약 2:19). 예수를 믿고 성령으로 세례를 받고 성령의 불로 충만을 받아 거듭난 사람은 하나님께서 주인 된 사람들입니다. 하나님께서 성도들의 영 안에 주인으로 계시는 것입니다. 귀신들이 성도들을 보면 두려워서 한 길로 왔다가 일 곱길로 도망치는 것입니다. 귀신이 하나님의 형상으로 다시 태어난 성도들을 두려워하는 것입니다. 하나님께서 함께 하시기 때문입니다.

그런데도 예수를 믿고 교회에 다녀도 귀신을 무서워하기 때문에 귀신에게 당하면서 살기 때문에 하나님의 복을 받지 못하는 것입니다. 어떤 성도는 예수님을 믿고 신앙생활을 성령으로 하지 않고 종교행위로 하기 때문에 귀신의 노리개를 벗어나지 못하는 것입니다. 예수를 믿는 성도를 귀신이 가지고 논다는 말입니다. 당연하게 하나님께서 주시고자 하는 축복을 누리지 못하는 것입니다.

성도들은 성령께서 지배하고 호위하며 인도하는 사람들입니다. 미가엘 천사가 호위하는 사람들입니다. 이유는 예수님을 믿을 때 죽고 다시 사신 예수님으로 태어난 사람들입니다. "삼가 이 작은 자 중의 하나도 업신여기지 말라 너희에게 말하노니 그들의 천사들이 하늘에서 하늘에 계신 내 아버지의 얼굴을 항상 뵈옵느니라."(마 18:10).

성경은 이렇게 말하고 있습니다. "그가 모든 사람을 대신하여 죽으심은 살아 있는 자들로 하여금 다시는 그들 자신을 위하여 살지 않고 오직 그들을 대신하여 죽었다가 다시 살아나신 이를 위하여 살게 하려 함이라"(고후 5:15). 분명하게 "대신하여 죽었다가 다시 살아나신 이를 위하여 살게 하려 함이라" 말씀하시는 것입니다. 귀신을 두려워하지 말기를 바랍니다. 귀신은 예수 이름 앞에 힘을 쓰지 못하고 도망하는 것입니다. "이같이 여러 날을 하는지라 바울이 심히 괴로워하여 돌이켜 그 귀신에게 이르되 예수 그리스도의 이름으로 내가 네게 명하노니 그에게서 나오라 하니 귀신이 즉시 나오니라"(행 16:18). 귀신이 성도들을 두려워하는 이유는 걸어 다니는 성전이기 때문입니다. 성전은 하나님께서 주인으로 계시는 곳입니다. 성도들이 바로 성전입니다. "너희는 너희가 하나님의 성전인 것과 하나님의 성령이 너희 안에 계시는 것을 알지 못하느냐"(고전 3:16).

예수를 믿었는데 귀신을 무서워하는 사람들은 아직 성령으로 세례를 받지 못한 유대인과 같은 존재들입니다. 성령으로 세례를 받고 성령의 불로 충만 받는 성도들은 귀신을 두려워하지 않고 귀신들을 대적하여 이기는 자들입니다. 자신이 귀신을 무서워하는지 아니면 밥으로 생각하고 살아가고 있는지 분별하여 자신의 신앙의 수준을 높여야 할 것입니다. 절대로 성령으로 세례 받고 성령의 불로 충만 받아 성령의 지배와 장악이 되어 성령의 인도를 받는 성도는 귀신을 이기는 성도들입니다.

기독교는 종교가 아닙니다. 하나님께서 믿는 자들을 통하여 일을 하시는 것입니다. 믿는자들이 하나님의 형상으로 바뀌어 하나님을 나타내며 하나님의 일을 하는 것입니다. 기독교는 믿는자가 하나님의 형상으로 바뀌는 것이기 때문에 귀신이 성도들을 보면 무서워서 떠는 것입니다. "네가 하나님은 한 분이신 줄을 믿느냐 잘하는 도다. 귀신들도 믿고 떠느니라"(약 2:19).

알아야 할 것은 기독교는 '유일신론'이 아닙니다. '삼위일체론'이라 말해야 올바르게 말하는 것입니다. 기독교는 예수님을 하나님으로, 성령을 하나님으로 믿습니다. 하나님의 하나님, 그리스도의 하나님, 성령의 하나님입니다. 또한 세 분은 세 신이 아닌, 세 위의 하나님입니다. 합하면 삼위일체의 하나님입니다. 이것이 정확한 설명입니다. 기독교는 '삼위일체론'을 믿는 신앙이라고 말해야 옳습니다.

종합적으로 자신이 사는 집주변에 절에 다니는 사람이나 무당이 사는 경우 절대로 두려워할 필요성이 하나도 없습니다. 자신은 예수를 믿을 때 죽었고, 다시 예수님으로 부활한 것입니다. 그래서 지금의 삶은 예수님의 인생을 사는 것입니다. 오히려 절에 다니는 사람이나 무당에게 붙어있는 귀신이 성도인 자신을 무서워하는 것입니다. 성령 충만하게 신앙생활하면서 지내면 아무런 문제가 없는 것입니다. 걸어 다니는 성전으로 살아가면 오히려 귀신들이 무서워하는 것입니다. 그리고 절에 다니는 사람이나 무당이 자신의 문 앞에 무엇을 붙여 놓았다고 신경 쓸 필요가 없습니다. 귀신이 무서워서 붙여놓은 것입니다. 어떤 성도는 절에 다니는 사람이 대문 앞에 무엇을 붙여 놓았는데, 자신도 주기도문이라도 코팅하여 붙여놓아야 하지 않느냐고 질문하는데 불필요한 행동입니다. 오히려 귀신을 불러들이는 행동입니다. 성령으로 충만하여 걸어 다니는 성전으로 살면 귀신이 무서워서 얼씬도 못합니다.

둘째, 변화된 삶으로 세상을 변화시키는 성도가 되어라. 미국에 예수 잘 믿는 아내를 둔 술주정뱅이가 있었는데 어느 날 친구들과 술을 많이 마시고 나서 취중에 하는 말이, "내 아내는 아무리 술 취해서 오밤중에 들어가도 친절하게 맞아주고 술상도 차려달라면 차려주고 발도 씻어 주고 아주 친절하게 서비스를 잘 해준다"고 자랑을 하니까 정말 그렇다면 우리 모두 술 마시고 밤 늦게 쳐들어 가보자고 하고는 여러 사람들이 술이 잔뜩 취해서 들어가서 술상을 봐 와라, 음식을 차려라, 별별 요구를 다 해도 웃으면서 친절하게 다 해주더랍니다.

거짓말이 아닌 것을 알고 다음 날 친구 중에 하나가 찾아 물었습니다. 어떻게 그 귀찮은 일을 얼굴 한 번 안 찡그리고 친절하게 다 해 줄 수가 있느냐고 물었더니, "저와 제 남편이 예수 믿기 전에 결혼했는데 후에 저는 예수 믿고 구원받았는데, 제 남편은 저렇게 예수 안 믿고 방탕한 생활을 합니다. 저대로 살면 내 남편은 영원히 고통을 받는 지옥의 형벌을 받을 터인데 이 세상 사는 동안에라도 즐겁게 해 드려야 할 것이 아니겠습니까?"하는 내용으로 설명했더니, 그 친구가 크게 감동을 받고 예수를 믿었고 결국 그 남편도 예수 믿고 술 끊고 좋은 신자가 되었다고 합니다.

이와 같이 우리 성도들의 삶이 변화되면 우리 가정도 변화되고 우리가 사는 세상도 변화시킬 수가 있습니다. 우리가 구원받고 천국 가는 것은 선한 행실로 되는 것이 아니라 오직 십자가의 공로로 믿음으로 값없이 구원받는 것이 사실이지만, 우리가 십자가를 지고 착한 행실을 나타낼 때 세상을 변화시킬 수 있고 하나님께 영광을 돌리고 더 많은 불신자를 그리스도께로 인도할 수가 있습니다.

　본문 마태복음 5장 16절에 "저희로 너희 착한 행실을 보고 하늘에 계신 너희 아버지께 영광을 돌리게 하라"고 말씀하셨습니다. 그래서 필자는 항상 믿음의 신조를 "변화된 삶으로 세상을 변화시키는 목사"라고 정했습니다.

　우리가 변화되지 않고는 남을 변화시킬 수 없고 나아가서 우리가 세상을 변화시키지 않으면 세상이 교회를 파괴하고 우리를 변화시키려고 합니다. 이조 말엽에 조선 땅에 유행병이 많이 돌아 많은 시체가 뒹구는데도 모두들 전염될까 무서워서 시체를 치우지 않았다고 합니다. 그 때 예수 믿는 사람들이 팔 걷고 나서서 시체를 치우는 것을 보고 누구도 할 수 없는 일을 교회가 한다고 고종 황제의 마음이 녹아져서 기독교를 받아들이도록 허락했다고 합니다.

　다시 말씀드리거니와 우리가 구원받는 것은 오직 믿음으로, 예수님의 십자가의 보혈의 은총으로 구원받는다는 것은 전 복음서가 말씀하고 있습니다(요한복음 3장 16절, 로마서 3장 22, 23, 24, 25절 갈라디아서 2장 16절). 로마서 3장 23-24절에 "모든 사람이 죄를 범하였으매 하나님의 영광에 이르지 못하더니 그리스도 예수 안에 있는 구속으로 말미암아 하나님의 은혜로 값없이 의롭다 하심을 얻은 자 되었느니라"

　또 25절에 "이 예수를 하나님이 그의 피로 인하여 믿음으로 말미암는 화목 제물로 세우셨기 때문에" 믿음으로 구원받는다고 하셨습니다. 요한복음 3장 16절에 "하나님이 세상을 이처럼 사랑하사 독생자를 주셨으니 이는 저를 믿는 자 마다 멸망치 않고 영생을 얻게 하려 함이라"고 하셨습니다.

예수님이 십자가에 달리실 때 강도 한 사람은 죽기 전에 회개하고 믿어 구원받았습니다. 저는 시화에서 개척하여 목회 하는 동안 병원에 능력전도 다닐 때에 교회 안 다니던 사람도 죽기 전에 예수를 믿고 구원받는 것을 여러 번 보았습니다. 얼굴빛이 달라지고 천사가 데리러 온다고 하고 천국이 보인다고 하면서 구원받는 모습을 보았습니다.

이렇게 구원은 오직 믿음으로 받지만 그 사람들이 죽지 않고 계속 살았다면 행실이 바뀌고 삶이 변화되는 모습을 볼 수 있었을 것입니다. 예수 믿고 거듭난 후에도 전혀 달라지지 않았다면 구원받았다고 할 수 없을 것입니다. 이렇게 행위로 구원받는 것은 아니지만, 착한 행실로 하나님께 영광을 돌리고 다른 사람을 그리스도께 인도하는데 도움을 주어 간접 전도가 되기 때문에 우리의 생활이 더 변화되어야 합니다.

1) 가정에서의 변화된 삶을 보여주어야 합니다.

① 부모에게 효도함으로 변화된 모습을 보여 주어야 합니다. 인륜에 관한 계명 중에 첫째 계명이기 때문에 안 믿는 사람과는 좀 달리 부모에게 효도해야 될 것입니다. 또한 예수님 때문에 모든 것을 참고 희생하면서 부모님께 효도해야 될 것입니다. 전에

누구의 부모인지 모르지만, 부모를 공경하라고 좀 가르쳐 달라고 전화를 받은 일이 있습니다.

눈에 보이는 부모님을 못 섬기면서 어떻게 보이지 않는 하나님을 섬긴다고 할 수 있겠습니까? 이것이 복 받는 길이요, 또 하나님께 영광 돌리는 길이 됩니다. 어렵지만 용돈도 좀 드리도록 힘써야 될 것입니다.

② 자녀들에 대한 태도도 달라져야 합니다. 내가 낳은 자식이라고 학대하고 욕하고 함부로 구타하면서 주일 날 교회에 가자고 하면 "엄마나 예수 믿고 천국가세요. 난 교회 안 가요"합니다. 어떤 아이들은 "우리 부모는 맨날 교회 다니면서 닦달만 하지 웃는 걸 못 보겠어요."하고 비판을 한답니다. 무조건 용돈을 많이 주라는 것도 아닙니다. 권위 있게 엄한 모습도 보여줘야 합니다. 대학 떨어질 것만 걱정하지 말고 지옥에 떨어질 것을 더 염려하고 신앙으로 바르게 지도해야 합니다.

③ 부부간에도 생활 자세가 달라져야 합니다. 얼마전에 장애인과 애원하여 결혼한 목사님의 끔찍한 사랑의 이야기를 들었습니다. 그 사모님은 누가 가까이만 있으면 어깨도 팔다리도 주물러 달라고 해서 교인들도 목사님도 늘 마사지를 해 주는데, 하루는 어느 여 집사님이 사모님이 주물러달라고 하니까 농담 삼아, "에이 귀찮아! 목사님, 쓰레기통에나 갖다 버리지, 뭘 데리고 사세요"고 할 때, 목사님이 웃으면서 "황금반지가 찌그러졌다고 쓰레기통에 버리나요. 찌그러져도 보물은 보물이지요." 했답니

다. 그 후부터 사모님은 자기 같은 장애인 못난이를 보배와 같다고 해서 그렇게 행복해 하더랍니다.

어느 부부가 늘 다투다가 마침내 파국에까지 이르렀는데, 대화하는 중에 "그럼에도 불구하고"라는 말 때문에 이혼하지 않고 행복하게 살게 되었다고 합니다. 서로가 단점과 약점을 들추어 내면서 불평하기 시작하면 끝이 없는데, "약점이 있음에도 불구하고, 단점과 결점이 있음에도 불구하고 사랑하기로 했다"는 것입니다. 결점과 단점이 있음에도 불구하고 있는 그대로 사랑하는 것이 참 사랑이라고 봅니다.

어느 변호사의 부인이 예수 믿은 다음에 얼마나 착해지고 달라지는지 그 변호사가 지금은 내가 안 믿지만 내 아내가 변한 모습을 보면서 교회에 대해서 대단한 관심과 호감을 가지게 되었다고 합니다.

2) 이웃에 대하여 변화된 삶을 보여주어야 합니다. 아프리카 케냐에 영국 기독교 귀족이 살고 있는데 케냐의 한 소년이 그 집에 하우스 보이(house boy)로 일을 하다가, 석 달 후에 다른 데로 일자리를 옮긴다고 하더랍니다. 더 있으라고 하면서 봉급을 올려준다고 해도 간다고 하더랍니다. 그래서 이유를 물었더니 여기서 석 달 있었으니 모슬렘회회교를 믿는 집에 가서 석 달을 일해 보고 기독교를 믿을지, 회회교를 믿을지 결정하겠다고 하더랍니다. 그제야 영국 귀족이 후회하면서 "그러면 진작 그 애길

해주지 왜 가만있었느냐"고 하더랍니다. 바울은 우리를 "그리스도의 편지"라고 했습니다. 성경은 안 읽어도 우리의 행실은 잘 읽습니다.

인도의 마하트마 간디는 그 나라 국민이, 전 인도와도 바꾸지 않는다고 할 정도로 영웅으로 대접받는 분인데 그 분도 역시 힌두교인 입니다. 그는 영국 옥스퍼드에서 공부를 하고 변호사가 된 분입니다. 그런데 간디가 고학하면서 어느 기독교 가정에서 일을 하다가 그 주인 집 사람한테 실망을 해서 거의 기독교인이 될 뻔했다가 힌두교로 돌아섰다고 합니다. 그가 기독교인이 되었다면 인도의 수 억만 인구를 그리스도께로 인도할 뻔했는데, 기독교 한 가정이 빛이 되지 못해서 기독교로 전향시키지 못했습니다. 그러나 간디는 늘 성경의 산상수훈을 최고의 교훈이라고 하면서 늘 허리춤에 넣고 다니면서 읽었다고 합니다.

어느 아파트에 경비가 두 사람이 있는데, 어느 날 교회 다니는 성도에게 엄지손가락을 위로 쳐들면서 "목사님 가정이 최고"라고 하면서 "자기는 힘들고 삭막해서 그만 두려고 했는데, 218동 408호 목사님 집 때문에 계속 근무한다."라고 하더랍니다. 목사님 사모님이 항상 먹을 것이 있어도 내려다 주고 가끔 적지만 봉투도 주면서 웃음으로 대해주었더니 그런 말을 듣게 된 것입니다.

한경직 목사님이 젊어서 어느 권사님 댁에 심방을 갔는데 안 계시더랍니다. 그래서 기다리는 동안 그 집에 세 들어 사는 아줌마한테 교회 나오라고 전도를 했더니, 대답하기를 "저도요 예수 믿어볼까 생각도 해보았는데요, 우리 주인아줌마 보고 실망해서 안 믿기로 했어요. 그런 구두쇠가 없고 그런 깍쟁이가 없어요"하 더랍니다. 우리가 변화된 삶을 보여주지 못하기 때문에 더 많은 영혼을 구원하지 못하고 세상을 변화시키지 못하는 경우가 많습 니다. 우리가 세상에서 변화된 모습을 보여주는 것이 세상 밖에 서의 영적인 전투에서 승리하는 것입니다.

여러 해 전에 중국에 큰 가뭄이 든 때가 있었습니다. 농부들이 서로 물을 끌어가려고 싸움을 하는 때에 한 기독교 농부가 밤을 세워가며 자기 논에 물을 대고 새벽녘에 집에 들어가 잠을 좀 자고 나서 나와보니까 이웃 집 논 임자가 논둑을 터서 물을 다 빼앗아 갔더랍니다. 당장 싸우러 가고 싶었는데 예수 믿는 사람이 니까 참자하고 그날 밤 다시 물을 대어 놓았는데 다음 날 물을 또 훔쳐갔더랍니다.

당장 달려가 쳐서죽이고 싶었지만 참고 자기 목사님을 찾아가 통사정을 했더니 목사님이 "기왕 두 번이나 도둑맞은 물, 한 번 더 빼앗긴 셈치고 이번에는 그 사람 논에다 물을 먼저 대주고 당신 논에 물을 대십시오."라고 말씀하셔서 꾹 참고 그대로 했더니 그 이튿날 물을 훔쳐간 농부가 찾아와 울면서 잘못했다고 빌면서 예수 믿으면 그렇게 착한 사람이 되느냐, 나도 이제부터 교회에 다니겠다고 하더랍니다. 소금과 빛이 되는 생활로 또 하나의 영혼을 구원하고 변화시켰습니다.

불신자는 믿음의 눈으로 볼 수 없기 때문에 교회가 아무리 중요한 일을 한 대도 알지 못합니다. 보이는 것만 가지고 평가합니다. 그러므로 변화된 모습으로 저들을 감동시키고 변화시켜야 할 것입니다.

3) 사회에서의 변화된 삶을 보여주어야 합니다. 지금까지 가정에서의 변화된 삶, 그리고 이웃 사람들과의 관계에서 변화된 삶을 말씀드렸는데, 주로 사랑의 실천으로 변화된 삶을 보여주는 수밖에 없습니다. 그러나 우리가 사회생활에서 변화된 삶은 사랑의 실천은 물론이지만, 정직하고 진실하고 공의를 실현하는 생활을 해야 한다고 봅니다.

선민 이스라엘이 죄악이 관영하여 하나님의 큰 심판을 받아 크게 슬퍼하고 그 고통이 해산의 소리 같고 초산하는 자의 소리, 헐떡이는 소리가 가득하게 되고 큰 살육을 당하게 되었을 때, 하나님이 이렇게 말씀하셨습니다. 예레미야 5장 1절에 "너희는 예루살렘 거리로 빨리 왕래하며 그 넓은 거리에서 찾아보고 알라 너희가 만일 공의를 행하며 진리를 구하는 자를 한 사람이라도 찾으면 내가 이 성을 사하리라"고 말씀하셨습니다.

그 많은 사람들이 왕래하고 있지만 정직하고 진실한 사람이 하나도 없고, 공의를 행하며 의롭게 사는 사람이 하나도 없기 때문에 부정과 부패가 극심하여 하나님의 심판을 받아 황폐하게 되고 살육을 당하며 고통당하는 소리가 초산하는 자의 소리 같이 사방에서 들려왔지만 구해줄 자가 없었습니다.

미가서 6장 8절에 "사람아 주께서 선한 것이 무엇임을 네게 보이셨나니 여호와께서 네게 구하시는 것이 오직 공의를 행하며 인자를 사랑하며 겸손히 네 하나님과 함께 행하는 것이 아니냐"고 말씀하셨습니다. 공의를 행하며 인자를 사랑하는 것을 하나님이 기뻐하시고 선하게 보신다는 것입니다.

샤머니즘이나 잘못된 종교에서는 공의나 진실의 개념은 없이 무조건 복 받고 성공하고 나만 잘 살면 된다는 기복신앙을 가지고 있지만, 기독교는 그게 아닙니다. 성공이나 번영이나 명예나 이익보다 정직과 진실과 합법을 먼저 구해야 합니다. 성공이나 번영이나 명예를 얻지 못해도 정직하고 진실하고 합법적인 것을 먼저 찾는 생활을 해야 합니다.

가난하게 살고 못 먹고 못 입는 것은 부끄러운 것이 아닙니다. 성공하고 잘 살아도 거짓되고 불의하게 성공하고 돈 벌어서 잘 사는 것이 더 부끄러운 것입니다. 한 40년 목회 하면서 보니까 거짓된 방법과 불의한 방법으로 검찰과 공무원에게 뇌물을 써가며 불의하게 돈을 번 사람은 "주여! 주여!"도 하고 일시적으로 헌금도 많이 하는 것 같아도 오래 가지도 못하고 교회에서도 결국은 그런 방법을 쓰며 교회를 어지럽게 하다가 망하는 경우를 볼 수가 있습니다.

"너희는 먼저 그의 나라와 그의 의를 구하라"고 주님 말씀하셨습니다. 먼저 성공이나 번영이 아닙니다. 먼저 하나님의 뜻대로 사는 것이고 합법적으로 사는 것이고 정직하고 의롭게 사는 것입니다. "의에 주리고 목마른 자는 복이 있나니 저희가 배부를 것임이요" 하나님 앞에 의롭게 살고 정직하게 살기를 간절히 원하는 자에게 예수님의 구속의 은총으로 의롭다 하심을 얻게 되고 진정한 만족과 평안을 얻게 해 주신다는 것입니다. 믿음으로 의롭다 함을 얻고 구원을 받은 자일수록 의롭게 진실하게 살기를 간절히 사모해야 합니다. 며칠 굶은 사람이 밥 먹고 싶듯이, 사막에서 목이 말라 죽게 된 사람이 냉수 한 컵 먹고 싶듯이 그렇게 갈구해야 된다는 말씀입니다.

피난민 생활을 할 때 해방촌에서 어느 권사님이 새벽 기도 나가다가 연탄불 아궁이를 보니까 연탄불이 죽었더랍니다. 그러니까 옆방에 잘 핀 연탄불과 바꿔치기를 하고 새벽 기도를 갔다 오더랍니다. 그런 불의한 마음으로 새벽 기도를 가면 뭘 하고, 간들 기도가 제대로 되겠습니까? 미국에서 목사님이 어느 집사님 가정에 심방을 가서 화장실에 들어갔더니 수건이 산더미처럼 쌓였더랍니다. 자세히 보니까, 여행하다가 호텔에서 숙박하고 나올 때마다 훔쳐 가지고 온 것들이었습니다. 그러니 그 믿음이 참된 믿음일까요? 그런 사람이 누가 안 볼 때 교회 헌금인들 안 훔치겠습니까?

디모데전서 1장 19절에 "믿음과 착한 양심을 가지라 어떤 이들이 이 양심을 버렸고 그 믿음에 관하여는 파선하였느니라."고 했습니다. 기독교인들은 교통 법규 하나라도 제대로 지켜야 합니다. 예배 시간에 차량 안내하는 분이 수 십 명이나 됩니다. 추우나 더우나 수고하는데 사실 지시하는 대로 교인들이 따르면 차량 안내원이 필요 없습니다. 그런데 칭찬은 못 해주나마나 자기 맘대로 못 대게 한다고 언성을 높이고 싸우자고 하는 사람도 있으니 이 사회가 언제 바로 되겠습니까? 기독교인들은 세상 생활에서 의롭고 공평하게 행동하고, 정직하고 진실하게 살아야 세상을 변화시킬 수 있습니다.

결론적으로 이렇게 변화된 모습을 세상에 보여주는 것이 영적전투에 승리하는 길입니다. 우리 성도들은 앞에 불교신자가 살고 있으면 적으로 간주하고 대화도 하지 않고 지내는 것이 영적전투에 승리하는 길로 알고 있는 분들이 있습니다. 잘못알고 있는 것입니다. 성령으로 충만하여 옆 집 불교신자는 대하는 것이 영적전투입니다. 대신 성령으로 충만하여 변화된 모습으로 불교신자를 대하는 것입니다. 그리하여 예수를 믿는 사람은 무엇이 달라도 다르다는 것을 몸으로 마음으로 느끼도록 하는 것입니다.

15장 배후에 역사하는 영적세계이다.

(요일5:19)"또 아는 것은 우리는 하나님께 속하고 온 세상은 악한 자 안에 처한 것이며."

하나님은 크리스천들이 눈을 열어 영적인 세계를 밝히 보고 영적전투하기를 원하십니다. 영적인 세계가 보이는 인간 세계를 지배하기 때문입니다. 인간세계를 지배하는 배후의 세계가 있기 때문입니다. 크리스천이 영적인 세계에 대하여 관심이 없고 모른다면 안대를 하고 서울 시내를 걷는 격입니다. 영의 눈을 열어 영적인 세계를 밝히 보고 대처하며 살아야 지금 천국을 누리고 아브라함의 복을 받으면 하나님의 군사로서 세상을 살아갈 수가 있는 것입니다. 크리스천은 육체를 가진 영적인 존재입니다. 영적인 존재가 영적인 세계를 알지 못한다면 눈은 열려있으나 보지 못하는 격입니다. 영적세계를 모르니 예수를 믿으면서도 날마다 이유를 모르고 고통을 당하면서 살아갈 수밖에 없는 것입니다. 분명하게 보이지 않는 영적인 세계가 보이는 세계를 지배하는 것입니다.

첫째, 보이지 않는 영의 세계가 보이는 인간세계를 지배. 영적인 세계를 바르게 알아야 세상의 삶에서 성공할 수가 있습니다. 제가 그동안 성령치유 사역을 하다가 체험한 사실로는 영적인 세계를 모르면 아무것도 안 된다는 것입니다. 왜 그렇습니까? 세상이 악한 자 안에 처해 있기 때문입니다. "또 아는 것은 우리는 하나님께 속하고 온 세상은 악한 자 안에 처한 것이며(요일 5:19)" 그래서 필자가 영적인 세계에 대하여 관심을 갖다가 그동안 체험한 바를 책으로 발간하게 된 것입니다.

성령께서 이렇게 말씀하십니다. 2차원인 짐승이 1차원의 식물을 지배하고, 3차원의 인간은 2차원의 짐승을 지배하고, 4차원의 마귀의 세계는 3차원의 인간을 지배하고, 5차원인 성령은 4차원인 마귀의 세계를 지배하면서 여러 가지 눈에 보이는 기적을 행하는 것이라고 말씀하십니다. 그래서 인간은 3차원에 속합니다. 마귀는 4차원의 초인적인 세계에 속합니다. 성령은 5차원의 초자연적인 세계에 속합니다. 모든 인간은 육체적인 동시에 영적인 존재입니다. 예수를 영접하지 않은 채, 그리스도 밖에 있는 모든 남녀는 어느 누구든지, 그들의 죄로 인해 영적으로 죽은 상태이기 때문에 5차원의 성령의 세계를 체험할 수 없습니다. 그들이 그리스도를 영접하여 성령으로 거듭나지 않고서는 성령께서 역사하시는 5차원의 초자연적인 세계에 거할 수 없습니다.

사람은 영적 존재이므로 구원받지 못한 사람이나, 구원받고 거듭 난 사람이나 할 것 없이 모두가 자신이 속한 영적 세계의 지배를 받습니다. 사람의 영은 악령의 세계에 속하든지, 아니면 예수 그리스도를 영접하여 예수 안에서 삶을 안내하고 도와주는 성령의 세계에 속해 있습니다. 절대로 아무런 영적인 세력의 지배 없이는 살아갈 수가 없습니다. 아무리 자신이 무신론을 주장해도 그의 영은 마귀의 지배하에 있는 것입니다. 왜냐하면 사람은 영적인 동시에 육적인 존재이기 때문입니다. 그래서 우리는 영적인 세계를 잘 알고 대처해야 하는 것입니다.

그리고 예수를 주인으로 영접하지 않아 구원받지 못한 사람들의 영은 하나님의 복과 능력이 아닌, 사탄이 주는 허구적인 능력과 평안을 갖게 하는 어떤 환영과 그런 류의 잡신인 영적 세계를 경험함으로써 신적인 세계와 가까워지려고 노력합니다. 왜냐하면 사람은 육적인 존재인 동시에 영적인 존재이기 때문입니다. 자신이 추구하는 영적세계에 따라서 마귀에게 속할 수도 있고 성령에 속할 수도 있는 것이 사람입니다. 그러나 마귀는 성령으로 거듭난 사람은 지배할 수가 없습니다. 성령은 초자연적으로 역사하는 하나님의 영이시고, 마귀는 초인적인 힘을 가진 존재이기 때문입니다.

그래서 우리가 정확하게 알아야 할 것은 3차원의 인간의 힘과 능력으로는 4차원의 마귀를 이길 수가 없습니다. 3차원의 인간의 힘만으로는 4차원인 마귀를 이길 수가 없어 마귀의 지배하에 종노릇하면서 살아가는 것입니다. 왜 그렇게 되었습니까? 아담이 하나님의 말씀에 순종하지 못하고 마귀의 미혹에 속아서 선악과를 먹으므로 사람의 권위가 마귀의 아래로 내려간 것입니다.

그래서 성경 누가복음 11장에 보면 예수님께서 말을 못하게 하는 귀신에게 눌려서 말을 못하며 고생하는 사람에게서 5차원의 성령의 권능으로 귀신을 쫓아내시니 귀신이 나갔습니다. 그러니까 말을 못하던 사람이 말을 하기 시작했습니다. 이는 말을 못하게 하는 배후에는 귀신이 있었다는 것입니다. 4차원인 말을 못하게 하는 귀신이 3차원의 사람의 언어를 지배하니까 말을 하지 못한 것입니다. "예수께서 한 말 못하게 하는 귀신을 쫓아내시니 귀신이 나가매 말 못하는 사람이 말하는지라 무리들이 놀랍게 여겼으나(눅11:14)" 이 소문이 퍼지자 바리새인들이 예수님을 비방합니다. 예수님이 귀신의 왕 바알세불을 힘입고 귀신을 쫓아낸다는 것입니다. 이는 바리세인들이 알고 있는 인간적인 지식으로는 사람의 능력으로는 귀신을 쫓아내지 못한다는 것입니다. 귀신을 쫓아내려면 다른 영적인 세력의 힘을 빌려야 되는데 예수님은 귀신의 왕 바알세불의 힘을 입고 귀신을 쫓아낸다고 말하는 것입니다.

이 바리새인들이 말한 대로 사람의 힘만으로는 귀신을 쫓아내지 못하는 것이 맞습니다. 왜냐하면 3차원의 인간이 4차원의 귀신을 지배할 수가 없기 때문입니다. "바리새인들은 듣고 이르되 이가 귀신의 왕 바알세불을 힘입지 않고는 귀신을 쫓아내지 못하느니라 하거늘(마12:24)" 이와 같이 3차원인 사람이 4차원에 속한 귀신을 쫓아내지 못하는 것입니다. 4차원에 속한 귀신보다 강한 5차원의 능력을 가져야만 귀신을 쫓아낼 수가 있는 것입니다. 그러므로 3차원의 사람이 4차원에 속한 귀신을 쫓아내려면 5차원인 성령의 능력을 힘입어야 가능한 것입니다. 3차원의 인간은 4차원인 마귀의 지배를 당하고 살아가기 때문입니다. 그래서 성도는 영적인 세계를 알아야 하는 것입니다. 그런데 바리새인들이 예수님을 비방하는 말을 주님이 아시고 예수님은 이렇게 반박을 하십니다.

"예수께서 그들의 생각을 아시고 이르시되 스스로 분쟁하는 나라마다 황폐하여지며 스스로 분쟁하는 집은 무너지느니라. 너희 말이 내가 바알세불을 힘입어 귀신을 쫓아낸다 하니 만일 사탄이 스스로 분쟁하면 그의 나라가 어떻게 서겠느냐(눅11:17-18)" 이 말씀은 예수님이 귀신의 왕 바알세불을 힘입고 귀신을 쫓아낸다면 사탄이 스스로 분쟁하는 것이니 어떻게 사단의 나라가 서겠느냐고 반박을 하십니다. 이는 예수님이 귀신의 왕 바알세불을 힘입고 귀신을 쫓아내는 것이 아니라는 것입니다. 그러면서 예수님은 제자들에게 이렇게 말씀을 하십니다.

"그러나 내가 하나님의 성령을 힘입어 귀신을 쫓아내는 것이면 하나님의 나라가 이미 너희에게 임하였느니라(마12:28)" 예수님이 성령님의 능력을 힘입어 귀신을 쫓아낸다는 것입니다. 그러므로 하나님의 나라가 이미 제자들에게 임했다는 것입니다. 예수님은 당시 성령의 인도를 받으면서 사역을 하셨습니다. 그러므로 예수님이 5차원인 성령님의 권능을 힘입어 귀신을 쫓아내는 것입니다.

그래서 3차원인 사람이 4차원인 귀신을 제압할 수가 없고, 5차원인 성령의 능력을 힘입어야 귀신을 쫓아낼 수가 있는 것입니다. 그러므로 마귀는 어떻게 하든지 성도가 성령으로 충만하지 못하도록 기를 쓰고 방해하는 것입니다.

그러니까 사람이 5차원의 성령의 능력으로 귀신을 쫓아낸다면 이미 그 심령에 하나님의 나라가 임했다는 것입니다. 성령은 하나님의 영이시기 때문입니다. 성령은 예수를 영접한 사람의 영 안에 거하시는 것입니다. 그래서 여기서 말씀하시는 하나님의 나라는 사람의 영 안(심령성전)을 말하는 것입니다. 성령의 능력으로 귀신을 쫓아내는 사람의 영 안(심령성전)에는 하나님의 나라가 임한 것입니다. 왜냐하면 성령의 능력은 사람의 영 안(심령성전)에서 올라오기 때문입니다. 그러면서 예수님은 이렇게 알려주십니다. "강한 자가 무장을 하고 자기 집을 지킬 때에는 그 소유가 안전하되 더 강한 자가 와서 그를 굴복시킬 때에는 그가 믿던 무장을 빼앗고 그의 재물을 나누느니라(눅11:21-22)" 이 말씀은 귀신을 쫓아내려면 귀신보다 더 강한 자가 와야만이 가능하다는 말씀입니다. 귀신보다 강한자가 자신을 지배하면 귀신은 얼씬도 못한다는 것입니다.

그러므로 4차원인 귀신을 쫓아내려면 5차원인 성령의 능력을 힘입어야 가능한 것입니다. 고로 3차원인 인간이 4차원에 속한 귀신을 쫓아내지 못합니다. 반드시 5차원인 성령의 능력을 힘입어야 가능한 것입니다. 그래서 3차원에 속한 인간은 4차원에 속한 마귀의 지배를 받고 살아가는 것입니다.

그리고 예수를 주인으로 영접하지 않아 구원받지 못한 사람들의 영은 하나님의 복과 능력이 아닌, 사탄이 주는 허구적인 능력과 평안을 갖게 하는 어떤 환영과 그런 류의 잡신인 영적 세계를 경험함으로써 영적인 세계와 가까워지려고 노력합니다. 이런 무리의 최고 경지에 이른 사람들은 악마의 지배권에 속한 동양의 신비주의 같은 데서 자주 그러한 경험을 하게 됩니다. 그들은 사탄이 주는 허구적인 환영과 정신적 영상으로 3차원에 속한 자신의 육체를 지배합니다. 그러나 이들은 5차원인 성령에 의하여 능력이 제한 받고, 예수를 영접한 5차원의 성령의 사람에게는 제한된 능력을 행사할 수밖에 없습니다.

왜냐하면 성령의 사람이라도 육체를 가지고 있기 때문입니다. 사람은 육체를 가지고 있기 때문에 5차원의 성령으로 충만하지 않으면 성령으로 장악되지 않은 성도의 육체에 마귀가 역사할 수가 있다는 것입니다. 그러나 성도가 성령으로 충만하면 마귀가 성도를 지배할 수가 없습니다. 그래서 이들은 성도가 성령으로 충만해지는 것을 방해하는 것입니다. 그리고 성령의 역사에 대하여 두려움을 갖습니다. 성도에게서 성령의 역사가 일어나면 떠나가야 하기 때문입니다.

일본에서 온 일련종정(일명 '남묘호랭객교'라고도 함)은 사탄의 지배에 속한 더러운 미신인 것입니다. 이것은 필자가 시화에서 목회할 때 우리 교회에 등록하여 다니는 성도의 간증을 듣고 알게 된 사실입니다. 이 성도가 하는 말이 자신이 예수를 믿게 된 동기는 몸이 하도 많이 아프고 가정의 여러 가지 환란과 풍파가 있어 고통을 당하는 데, 옆집에 살던 예수 믿는 성도가 와서 예수를 믿으면 모든 문제가 예수 이름으로 해결된다고 하여 예수를 믿었습니다. 그런데 예수를 믿고 교회를 열심히 다녀도 아픈 몸을 치유되지 않았답니다. 그러는 즈음에 '남묘호랭객교'를 믿는 사람이 자신의 처지를 알고 찾아와서 자꾸 자기가 다니는 곳에 한번만 갔다오면 병이 낫는다고 자꾸 설득을 하는 바람에 그 사람을 따라서 '남묘호랭객교'를 믿는 사람들이 모여 있는 신전에 갔답니다.

두 번에 걸쳐서 가서 기도를 받았는데 병이 나아버린 것입니다. 그래서 계속 다니다가 예수님 외에는 구원이 없다는 것을 깨닫게 되어, 내가 여기 계속 다니다가는 지옥에 간다는 생각이 들어서 다시 교회에 와서 예수를 믿기 시작했다는 것입니다. 그래서 제가 단단하게 주의를 시키고 회개를 하게하고 다시는 그런 일이 없게 하라고 하고 남묘호랭객교의 귀신을 축사하고 이 말씀을 가슴에 새기라고 알려주었습니다. "한 번 빛을 받고 하늘의 은사를 맛보고 성령에 참여한 바 되고 하나님의 선한 말씀과 내세의 능력을 맛보고도 타락한 자들은 다시 새롭게 하여 회개하게 할 수 없나니 이는 그들이 하나님의 아들을 다시 십자가에 못 박아 드러내 놓고 욕되게 함이라(히6:4-6)" 이렇게 이방신들도 신유의 역사를 일으킵니다. 병 고치려고 아무 곳에나 가면 절대로 안 됩니다. 특히 기 치료는 위험한 사탄의 역사입니다. 그래서 우리는 영적인 세계를 바로 알고 대처해야 하는 것입니다.

그러나 이들은 육신에 속한 3차원의 사람에게만 능력을 행사할 수 있습니다. 그러니까 우리 성도들도 성령으로 충만하지 못하고 하나님을 멀리하고 세상을 사모하고 세상을 향하여 있게 되면 이들에게 침입을 당할 수가 있습니다. 그래서 마귀의 능력 수준을 보면 사람보다 약간 강한 4차원인 초인적인 수준 밖에 되지 못하는 것입니다. 성령께서 우리에게 저들이 사악한 영에 의해 여러 가지 이적을 행하는 것은 출애굽기에 나오는 애굽의 마술사들이 모세의 이적을 흉내 낸 것과 같은 방식임을 알려 주셨습니다.

　"모세와 아론이 바로에게 가서 여호와께서 명령하신 대로 행하여 아론이 바로와 그의 신하 앞에 지팡이를 던지니 뱀이 된지라. 바로도 현인들과 마술사들을 부르매 그 애굽 요술사들도 그들의 요술로 그와 같이 행하되 각 사람이 지팡이를 던지매 뱀이 되었으나 아론의 지팡이가 그들의 지팡이를 삼키니라(출7:10-12)" 애굽의 바로왕의 수하에 있던 현인들과 마술사들이 요술로 뱀을 만들었으나 아론의 지팡이로 만든 뱀이 그들의 지팡이로 만든 뱀을 삼켜 버렸습니다. 이렇게 사탄의 역사는 5차원인 하나님의 초자연적인 역사에는 힘을 발휘하지 못합니다. 고로 성령은 마귀에게 능력을 행사할 수 있지만, 마귀는 성령에 역사에 아무런 능력도 행사할 수 없습니다. 또 사람이 성령으로 거듭나지 아니하면 마귀를 대적할 수도 마귀 세계를 지배할 수도 없습니다. 마귀를 대적할 힘도 능력도 없어서 마귀에게 매일 지배를 당하면서 종으로 살아가게 됩니다. 하나님께서는 예수 그리스도를 믿음으로 거듭난 사람들에게는 하나님의 자녀가 되는 권세를 주셨습니다. "영접하는 자 곧 그 이름을 믿는 자들에게는 하나님의 자녀가 되는 권세를 주셨으니(요 1:12)"

창조주 하나님의 자녀는 5차원인 성령의 세계에 속하므로 불신자들보다 더 위대한 권세가 있는 것입니다. 불신자는 최고의 경지에 이르러도 사탄의 능력을 초과할 수 없습니다. 모세의 지팡이로 만든 뱀이 바로 왕 술객들이 만든 뱀을 삼킨 것을 보면 압니다. 하나님을 찬양합시다! 우리는 하나님의 자녀들이기 때문에 성령 안에서 창조적인 삶을 살 수 있습니다. 예수를 믿고 5차원의 성령으로 충만한 우리는 4차원의 마귀의 세계와 3차원의 환경을 다스리며 큰 권능을 행사할 수 있습니다. 이 모든 일은 우리 안에 계신 성령의 능력에 의해서 되는 것입니다. 우리가 악한 영에게 속지 않고, 지배당하지 않고, 대적하여 승리하기 위해서는 영적 세계를 잘 알고 대처해야 합니다.

고로 우리가 살고 있는 세계는 보이는 3차원의 인간세계와 물질세계와, 보이지 않는 영적인 세계로 구분 됩니다. 4차원 이상의 영적인 세계는 인간의 감각, 이성으로 접촉할 수 없는 세계를 말합니다. 반면 3차원인 물질세계와 인간세계는 인간의 감각과 이성으로 접촉할 수 있는 눈에 보이며 만져지는 현존 세계를 말합니다.

이 두 구분된 세계는 분리되어 있지만 서로 밀접하게 연관되어 있습니다. 사람들은 대부분 물질세계와 인간세계에 많은 관심을 가지고 있습니다. 세대에 따라 약간의 차이는 있으나, 특히 현대인은 물질계에 더 많은 관심을 가지고 있습니다. 믿음에 따라 물질계→인간계→영계→하나님 나라로 관심이 부여됩니다. 옛 사람인 육의 사람은 돈이 제일이다 하고 돈에만 관심을 쓰다가 어느 정도 나이가 들면 사람과의 관계에 관심을 가집니다. 그러다 문제가 생기면 영적인 것에 신경을 쓰게 됩니다.

예수를 믿는 사람은 처음에는 돈에 관심을 갖다가 사람에 관심을 갖습니다. 그러다가 영적인 세계에 관심을 갖다가 하나님 나라(천국)에 관심을 갖게 됩니다. 구분된 세계는 공통적인 질서가 형성되어 있으며 상호 작용의 법칙과 원리가 있습니다. 인류는 인간세계와 물질(자연)계의 원리와, 이에 따른 상호 관계 작용의 법칙(과학, 물리학, 의학 등의 현대과학)을 발견하는데 모든 시간을 바쳤으며, 그로 인하여 물질계를 어느 정도 다스리는데 성공하였고, 인류는 그 혜택을 누리고 있습니다.

그러나 아무리 인간이 연구 발전시킨 것으로 그 혜택을 누려도 예수를 영접하지 않아 성령으로 장악당하지 않은 사람들은 모두 사탄의 지배하에 있다는 것을 명심해야 합니다. 그래서 사탄에게 메여서 종으로 살아가는 것입니다. 필자의 체험으로 말한다면 영적인 세계를 모르면 박사도 어찌할 수 없이 사탄에게 당한다는 것을 그동안 성령 사역을 통하여 알게 하셨습니다. 박사도 귀신에게 눌려서 고통을 당하다가 필자에게 와서 귀신을 축사하고 치유받고 간 성도가 여러 명이 됩니다.

둘째, 영적 세계와 인간 세계와의 관계성. 인간이 행할 수 있는 범위와 한계를 넘어 초자연적이면서 초인간적인 능력을 베풀 수 있는 두 권위를 가진 세력이 있습니다. 그들은 하나님과 사탄입니다. 두 존재는 초자연적이며 초인간적인 능력을 베풀 수 있는 존재이나 서로 동일하지 않습니다. 인간의 눈으로 볼 때, 사단은 굉장한 능력을 소유하였지만, 그들은 인간처럼 하나님으로부터 창조된 피조물이며 제한된 존재입니다. 사단은 현재 세력을 행사하지만 이미 십자가에서 패배한 존재이며 멸망당할 존재들입니다. "통치자들과 권세들을 무력화하여 드러내어 구경거리로 삼으시고 십자가로 그들을 이기셨느니라(골 2:15)"

사단은 하나님의 일을 방해 할 수 있습니다. 사단은 하나님이 다니엘에게 보낸 천사를 막아 하나님의 일을 방해하려 했으나 천사장 미가엘의 도움으로 다니엘에게 하나님의 응답을 21일이 지난 후에 전달했습니다.

"그가 내게 이르되 다니엘아 두려워하지 말라 네가 깨달으려 하여 네 하나님 앞에 스스로 겸비하게 하기로 결심하던 첫날부터 네 말이 응답 받았으므로 내가 네 말로 말미암아 왔느니라. 그런데 바사 왕국의 군주가 이십일 일 동안 나를 막았으므로 내가 거기 바사 왕국의 왕들과 함께 머물러 있더니 가장 높은 군주 중 하나인 미가엘이 와서 나를 도와주므로 이제 내가 마지막 날에 네 백성이 당할 일을 네게 깨닫게 하려 왔노라 이는 이 환상이 오랜 후의 일임이라 하더라(다니엘 10:12-14)” 이로보아 기도는 응답을 받을 때까지 하는 것이 정상입니다. 사단을 포함하여 천사들은 하나님의 창조 질서에 있어서 인간보다 하위에 있었습니다. 하나님은 인간을 천사보다 뛰어나게 지으셨으며, 모든 피조물 중에 유일하게 인간만을 하나님의 형상을 따라 만드셨습니다. “하나님이 이르시되 우리의 형상을 따라 우리의 모양대로 우리가 사람을 만들고 그들로 바다의 물고기와 하늘의 새와 가축과 온 땅과 땅에 기는 모든 것을 다스리게 하자 하시고 하나님이 자기 형상 곧 하나님의 형상대로 사람을 창조하시되 남자와 여자를 창조하시고 하나님이 그들에게 복을 주시며 하나님이 그들에게 이르시되 생육하고 번성하여 땅에 충만하라, 땅을 정복하라, 바다의 물고기와 하늘의 새와 땅에 움직이는 모든 생물을 다스리라 하시니라(창1:26-28)”

하나님이 에덴을 창설하시고 거기 살도록 하면서 인간이 지켜야할 법을 주셨습니다. “여호와 하나님이 그 사람을 이끌어 에덴동산에 두어 그것을 경작하며 지키게 하시고 여호와 하나님이 그 사람에게 명하여 이르시되 동산 각종 나무의 열매는 네가 임의로 먹되 선악을 알게 하는 나무의 열매는 먹지 말라 네가 먹는 날에는 반드시 죽으리라 하시니라(창2:15-17)”

그러나 하와가 하나님의 말씀을 믿지 못하고 마귀의 꾀임에 속아 이 법을 지키지 못하고 타락하고 말았습니다. “그런데 뱀은 여호와 하나님이 지으신 들짐승 중에 가장 간교하니라 뱀이 여자에게 물어 이르되 하나님이 참으로 너희에게 동산 모든 나무의 열매를 먹지 말라 하시더냐? 여자가 뱀에게 말하되 동산 나무의 열매를 우리가 먹을 수 있으나 동산 중앙에 있는 나무의 열매는 하나님의 말씀에 너희는 먹지도 말고 만지지도 말라 너희가 죽을까 하노라 하셨느니라. 뱀이 여자에게 이르되 너희가 결코 죽지 아니하리라. 너희가 그것을 먹는 날에는 너희 눈이 밝아져 하나님과 같이 되어 선악을 알 줄 하나님이 아심이니라. 여자가 그 나무를 본즉 먹음직도 하고 보암직도 하고 지혜롭게 할 만큼 탐스럽기도 한 나무인지라 여자가 그 열매를 따먹고 자기와 함께 있는 남편에게도 주매 그도 먹은지라(창3:1-6)"

이렇게 인간이 사단의 말을 믿고 선악과를 먹으므로 타락한 후, 사단에게 인간의 권위를 빼앗겼기에 능력 면에 있어서 하위로 내려왔으나, 예수 그리스도의 십자가 보혈의 공로로 예수를 믿고 하나님의 자녀가 되면서 우리는 타락 이전의 지위를 되찾게 되었습니다. 따라서 영적인 권위의 서열 이동이 있어 예수를 믿은 우리의 권위가 올라가게 됩니다. 우리가 예수를 믿기 전에는 하나님→ 천사(사단) →인간의 순위에 있었습니다. 그러나 예수를 믿은 후 하나님→인간→천사(사단의 세력)순으로 원래의 지위가 회복되고 있습니다. 그래서 인간이 본래의 권위를 회복하려하니 마귀가 가만두지를 안는 것입니다. 성도가 성령으로 세례를 받으면 영적인 전쟁은 필연코 일어나는 것입니다.

우리가 예수를 믿고 불같은 성령세례를 체험하면 그때부터 마귀와의 일전이 시작이 됩니다. 이는 피할 수 없는 일전입니다. 예수님도 성령으로 세례를 받고 40일 동안 주리시면서 마귀와 일전을 치루셨습니다. 그러나 예수님은 말씀과 성령이 충만함으로 세 번의 마귀의 시험을 이기셨습니다. 그러므로 예수를 믿고 성령으로 세례를 받은 우리도 마귀와의 일전을 치러야 하는 것입니다. 이는 우리의 권위가 회복되어 본래의 지위가 회복되면 성령의 권능에 의하여 마귀가 사람에게 지배를 당해야하니 결사적으로 막고 방해하는 것입니다. 그것도 가장 가까운 사람을 통해서 방해하는 것입니다. 그러므로 우리는 영적인 세계를 알고 대처 할 줄 알아야 하는 것입니다.

그러나 우리가 성령의 인도를 받으며 마귀와 일전을 치루기 때문에 종국에는 우리가 마귀를 이기게 되는 것입니다. 그러므로 우리는 마귀의 시험이 아무리 강해도 굴복하지 말고 끝까지 싸워야 하는 것입니다. 그런데 필자가 지금까지 성령사역을 하면서 임상적으로 경험한 바로는 끝까지 인내하면서 싸워서 승리하는 성도가 그렇게 많지 않다는 것입니다. 참으로 안타까운 일입니다. 그래서 우리는 마귀를 이기기 위하여 항상 성령님을 찾고 구하고 성령님을 나의 주인으로 모시고 성령의 인도에 순종해야 하는 것입니다. 그래야 하나님의 권세(카리스마)로 마귀를 밟으며 하나님의 일을 할 수가 있는 것입니다.

4부 수준별 실제적인 귀신 쫓는 기술

16장 어린아이들의 귀신 쫓는 기술

　(막9:25-27)"예수께서 무리가 달려와 모이는 것을 보시고 그 더러운 귀신을 꾸짖어 이르시되 말 못하고 못 듣는 귀신아 내가 네게 명하노니 그 아이에게서 나오고 다시 들어가지 말라 하시매, 귀신이 소리 지르며 아이로 심히 경련을 일으키게 하고 나가니 그 아이가 죽은 것 같이 되어 많은 사람이 말하기를 죽었다 하나 예수께서 그 손을 잡아 일으키시니 이에 일어서니라."

　필자가 그동안 축귀사역을 한 결과 아이에게 귀신이 들어가 잠복하고 있는 경우가 많았습니다. 아이 때부터 축귀를 해야 합니다. 그래야 성인이 되어 나타나는 영적인 질병을 예방할 수가 있습니다. 제가 시화에서 목회할 때의 일입니다. 저는 주일날 점심식사를 하고 나면 아이들을 하나하나 안수를 합니다. 그때마다 악한 영들이 떠나갑니다. 어떤 아이는 배가 불룩불룩하다가 떠나가기도 합니다. 많은 분들이 아이들에게는 귀신이 없는 것으로 생각을 합니다. 이는 잘못알고 있는 것입니다. 아이들에게도 귀신이 역사하고 있습니다.

첫째, 어떻게 악한 영이 들어오는가? 사람에게 악한 영이 침입하는 원인은 첫째, 고의적인 범죄와 둘째, 혼의 상처입니다. 그러나 아이들이 고의적인 죄를 짓는 연령대는 다양하나 예를 들어 타인의 죄나 행위, 부주의 사고나 두려움을 준 사건, 학대하는 부모와 유전적 질병등과 같은 이유에서 악한 영들의 침입을 받게 됩니다.

1) 감각의 문을 통해서 귀신들이 침입을 합니다. 눈의 문(보아서는 안 될 것들을 봄), 귀의 문(스산한 소리, 싸우는 소리, 무서운 소리, 저속한 언어), 신체 접촉의 문(신체 부위중 만지지 말아야 할 것을 알아야 함), 입의 문(먹지 말아야 할 것, 과도한 양, 나쁜 말), 코의 문(흡입하지 말아야 할 것을 흡입-중독에 쉽게 걸림), 정신의 문(정욕적 생각, 그릇된 생각, 훈련되지 않은 생각-동양적 종교관행을 받아들이지 말아야 하는 이유)등으로 여섯 가지의 문이 있습니다.

2) 유전의 문을 통해 귀신들이 아이들에게 들어갑니다.

① 주술: 조종과 주술은 태아 유아시절에서부터 시작 될 수 있습니다. 부모의 영향으로 자연스럽게 발생합니다.

② 부모의 짜증냄 원인은 완고함이며, 상황은 실망감을 잘못 처리, 상처를 받은 후 감정을 떨쳐내지 못합니다. 무언가를 내 맘대로 하지 못한 경우입니다. 완고함의 영은 거절, 경멸과 같은 상처로 인한 고통과 괴로움을 잘 떨쳐내지 못하게 합니다.

③ 신체장애 자폐 등: 축귀를 통해 치유가 이루어지는 양상은,

유전이나 가계의 영, 저주의 영역입니다. 활동과잉의 어린이들, 지진아들도 축귀와 치유를 통해 호전될 수 있습니다. 지진아는 저능아를 말하는 것입니다.

3) 형제간의 경쟁심의 문을 통해서 귀신들이 아이들에게 들어갑니다. 불안, 거절, 버림받음에 대한 두려움, 질투를 갖게 됩니다. 자녀 간에 가능한 공평하게 대우하며, 있는 모습 그대로를 사랑하며, 소중한 존재임을 일깨워 줍니다. 이혼 가정, 홀 부모 가정, 재혼한 가정, 복합적인 가정에서는 더 특징적으로 발생합니다.

4) 아동기 외상의 문을 통해서 귀신들이 아이들에게 들어갑니다. 밖에서 일어나는 상처나 수술 실수로 귀신이 침입합니다.

① 출생 시: 출산과정에서 빚어지는 다양한 사고들이 아이에게 상처를 주는 환경이 되기도 합니다. 악한 영은 아주 이른 시기에 침입하며, 죄 없는 신생아가 희생물이 될 수 있으며, 영향력은 상당히 오래도록 지속됩니다. 사람에게는 출생의 순간에도 악한 영이 들어올 수 있습니다. 아동기나 유아기에 들어온 악한 영은 성령세례를 받은 신자의 삶에도 심각한 영향을 미칠 수 있습니다. 사람의 성격이나 생활양식을 통해서 현재 그 사람 안에서 역사하고 있는 악한 영을 분별 하는 단서가 되기도 합니다.

② 어린 아이들은 자연방어가 정상적으로 작동할 만큼 충분한 이성의 발달이 이루어지지 못했기 때문에 여러 가지 두려움에 쉽게 빠집니다. 또 현실과 비현실, 진리와 허구를 제대로 분간할 줄 모르기 때문에 악의 없는 농담으로도 문제의 원인이 될 수 있

습니다. 그래서 부모들은 아이들을 놀리거나 농담하는 일에 신중을 기해야 합니다. 예를 든다면 아이에게 우스개 소리로 어디에서 주워왔다. 이렇게 말하면 아이는 이 말을 정말로 받아들인다는 것입니다.

③ 죽음 관련 경험들을 할 때 죽음이라는 현실을 어떻게 받아들여야 할지 난감해 하며, 특히 사랑하는 사람이 죽은 경우에는 더욱 그렇습니다. 사랑하는 사람이 비탄(grief), 두려움, 상처를 받을 때, 이를 지켜보는 아이 안에도 동일한 영이 들어갈 수 있습니다. 아동기에 거절, 버림받음을 경험한 사람은 첫째, 계속해서 거절하는 식의 반응 '도대체 내가 뭘 잘못했다고 그들이 나를 버리고 거절했을까?' 둘째, 반항이나 외향적 행위로 표출된 반응을 보입니다. '그들은 자신들을 누구라고 생각하기에 나를 거절하는 거지? 저들은 도대체 왜 그러는 거야?' 하고 의아해 합니다.

④ 청소년 여자 아이에게 월경은 매우 충격적인 외상이 되기도 합니다. 이때 느낀 두려움은 악한 영의 침입통로가 될 수 있습니다. 과실, 죄책 없이 발생한 퇴행적인 악한 영의 침입과 사고의 결과, 타인의 죄 때문에 침입하며, 일차적으로 이 시기에는 자신의 죄와 고의적인 불순종 때문이기도 합니다.

⑤ 학교에서 침입을 하기도 합니다. 학령기 아동은 무수히 많은 불안감의 요소들이 있기 때문에 아이에게 두려움이 있다고 판별 되면 이를 직면하게 하며, 정상적인 일임을 설명하고 이야기와 기도, 축귀를 통해서 단계적으로 해결해 주어야 합니다. 선

생님의 체벌을 통해서도 귀신이 침입합니다. 우리 교회에 다니는 요셉이가 초등학교 이학년으로 올라갔습니다. 요셉이는 밤 예배에도 어머니를 따라서 교회에 나와서 예배를 드립니다. 나는 밤 예배가 끝나고 나면 아이들은 모두 안수기도를 해줍니다. 그런데 하루는 요셉이가 나에게 이러는 것입니다. "목사님! 제가 변을 보지를 못합니다. 기도해 주세요." 그래서 누우라고 하고 배에다가 손을 얹으니까, 성령께서 감동하시기를 학교에서 두려움이 틈타 마음이 위축이 되어서 변을 보지 못한다는 것입니다.

그래서 내가 "학교에서 두려워함으로 심장이 놀라고 장이 위축되어 변을 보지 못하게 하는 질병은 떠나가라. 예수 이름으로 명하노니 변비는 치유될지어다. 변은 시원하게 나올지어다. 심장은 강심장이 될 지어다. 하고 기도를 해주었다." 그랬더니 당장 화장실에 가서 변을 보고 나오는 것입니다. 자초지종을 물어보니 학교 선생님이 무섭게 아이들을 다룬다는 것입니다.

그래서 두려움과 스트레스로 아이에게 변비가 생긴 것입니다. 원래 변비는 심장이 약한 사람들이 많이 생깁니다. 이렇게 아이들이 학교에서 선생님으로부터 체벌을 받을 때 두려움의 영이 침입하여 고생을 하기도 합니다. 우리 학교 선생님들은 전인적으로 인격을 갖춘 분들이 해야 한다고 생각합니다.

⑥ 꿈을 통한 계시 "악몽을 꾸는 이유는 그 형상을 이미 그림, 영화, 소설들을 통해서 접했기 때문이기도 합니다. 악한 영들의 침입의 예시일 수 있습니다." 또 이미 악한 영이 있음을 보여주

는 것이기 때문에 부모는 자녀의 꿈과 꿈속에서 경험하는 두려움을 결코 소홀히 여겨서는 안 됩니다. 꿈의 근본요소를 찾고 원인을 분석해야 합니다. 반드시 보호 기도를 해주어야 하며 아이가 두려움에 직면할 수 있도록 도와주어야 합니다. 아이들은 영육으로 약합니다. 특별한 보호와 관심이 있어야 합니다.

5) 학대의 문을 통해서 귀신들이 아이들에게 들어갑니다. 첫째, 신체적 학대, 둘째, 언어적 학대, 셋째, 성적 학대 등등의 잘못된 일이 발생하자마자 사역을 받으면, 악한 영들이 쉽게 쫓겨나갑니다. 자녀에게 해를 끼친 사람을 "용서"하는 것이 기본임을 가르쳐야 합니다.

① 아이들이 습관적으로 서로 놀리고 비웃고 욕하는 것이 악의가 없어 보이는 것 같지만 사실은 극도로 해롭습니다. 사단의 거짓말에 속아 넘어갈 소지가 매우 짙습니다. 또 그대로 믿음으로 상처가 생깁니다.

② 과도한 훈육을 통해서 귀신이 침임 하기도 합니다. "또 아비들아 너희 자녀를 노엽게 하지 말고 오직 주의 교양과 훈계로 양육하라(엡6;4)" 아이들은 쉽게 사랑하고 쉽게 용서하고 훈육이나 징벌에 대해, 상상외로 과도한 반응을 보입니다. 그래서 지나친 징벌은 아이에 따라 과도한 죄책감, 열등감, 증오, 폭력으로 드러냅니다. 중요한 것은 살아가면서 수없이 많은 부당한 상황들을 통과하면서 용서하는 법을 배워야 한다는 것입니다.

6) 대리 고통의 문을 통해서 귀신들이 아이들에게 들어갑니

다. 개인적 경험뿐만 아니라, 아이의 외상과 간접 경험을 통해서도 귀신이 들어옵니다. 예로 다른 사람의 좋지 못한 경험담을 듣거나 목격한 사람 안에, 동일한 두려움이 들어옵니다. 다른 아이가 놀라는 것을 볼 경우 그 아이에게도 동일한 충격을 받는 다는 것입니다. 벌에 쏘임으로 벌에 대한 두려움이 틈탑니다. 고양이에게 놀랄 때 두려움이 틈탑니다. 이를 "대리고통의 영" 이라고 부릅니다.

7) 과잉보호의 문을 통해서 귀신들이 아이들에게 들어갑니다. 과잉보호하는 부모는 자녀의 사랑을 잃을까 봐 두려워하면서 아이들을 조종합니다. 이런 아이들은 고립되며, 두려움, 불안, 분노의 영에 사로잡히게 됩니다. 이러한 패턴은 특히, 장남, 장녀, 외동딸, 외동아들에게서 흔히 나타납니다. 우리는 아이들의 자립심을 어려서부터 길러주는 버릇을 들여야 합니다.

8) 버림받음의 문을 통해서 귀신들이 아이들에게 들어갑니다.

① 무분별한 분노의 뿌리를 통해 귀신이 침입 하기도 합니다. 인생 초기에 경험한 경우 무의식에 심기어 있게 됩니다.

② 거절보다 해로운 버림받음입니다. 버림받음이란 "인간이 겪는 가장 강력한 두려움의 뿌리입니다."거절보다 훨씬 강력하며 더 깊은 뿌리를 가집니다. 실제로 죽음에 대한 두려움 그 자체입니다. 그래서 아이들에게 말을 함부로 하면 안 됩니다. "얘"여기에 버리고 갈거야! 이 때 아이는 강한 두려움을 받게 됩니다.

아이에게 말을 함부로 하면 안 됩니다. 나는 항상 이렇게 말합니다. 아이들의 상처는 부모가 만들어 준다고 말입니다. 부모가 아이들에게 상처를 만들어 줍니다. 이는 내가 십년을 넘도록 치유사역을 하여 체험한 결론입니다.

*어린이 에게 악한 영이 침입하는 상황은 (1) 부모 중 한쪽 혹은 양쪽 모두가 죽은 경우. (2) 부모가 이혼했거나, 한쪽 혹은 양쪽 부모 모두가 가족을 버린 경우. (3) 친구의 부모가 죽거나 이혼한 이야기를 들은 경우. (4) 영화나 텔레비전을 통해 읽거나 본 경우. (5) 가정 안에서 발생한 싸움을 통해 두려움이 들어가는 경우도 있습니다. 임신했을 때 낙태를 생각하는 것은 아이에게 아주 큰 상처를 줍니다. 두려움의 뿌리가 됩니다. 아이들은 버림받음, 살해당함, 자기를 부모가 죽일지도 모른다는 두려움에 사로잡히게 됩니다.

*거절의 영의 통로는 이렇습니다. (1) 증오의 모습을 보지 않고 증오를 드러내는 분위기의 집안 에서 자란 아이. (2) 분노를 표현하지 말라고 억압하는 부모 밑에서 자란 아이. (3) 낙태를 생각하다가 회개하고 낳은 아이(대개 이런 부모들은 자녀들을 지속적으로 증오하고 있는 경우가 많습니다.). (4) 아이들에게 나타나는 버림받음, 버림받음에 대한 두려움의 영의 증상들: 부모의 간단한 외출에도 비정상적 두려움을 느끼고, 붙들고 늘어지며 울어대는 아이, 악몽을 자주 꾸는 경우와 필요한 것을 얻기 위해 몸부림치며, 굶주림, 가난에 대한 두려움 등등 입니다. (5) 거절의 영이 틈탄 성인의 증상: 배우자나 자녀들에게 억압적인 태도, 관

심을 끌고자 수단과 방법을 가리지 않습니다. 여성의 경우 배우자에 대한 신뢰의 어려움이 있습니다.

③ 입양된 아이는 친부모의 혈통과 양부모의 혈통 모두에게서 영들을 물려받습니다. 나는 항상 이렇게 말합니다. 입양된 아이들은 어릴 때 치유하라고 말입니다. 입양된 아이는 정상적이라고 보면 안 됩니다. 전인적인 상처를 가지고 있을 수가 있다는 말입니다. 미리 치유하는 것이 좋습니다. 그래서 입양은 특별한 영육의 돌봄을 필요로 합니다. 버림받음은 절망을 낳습니다. 상처가 버림받음에서 기인한 경우 축귀와 지속적인 돌봄이 더욱 절실히 요구됩니다.

9) 이혼의 문을 통해서 귀신이 침입을 합니다. 부모의 이혼을 지켜본 아이들은 고통과 번민을 겪으며, 주로 과묵하거나, 움츠러들며, 때로는 과도한 행동을 표출합니다.

① 부부 싸움을 경험한 아이: 모든 아이들은 변화에 대해 심란해하고 스트레스를 경험하며 주로 반항적 행동으로 반응합니다. 이혼은 부모의 죽음에 대한 반응 못지않게 심각하며, 가정의 죽음과도 동일합니다.

② 부모의 이혼으로 발육이 정지된 아이: 어떤 아이들은 부모가 이혼하기로 결정하는 순간 정서적 성장을 멈추어 버립니다. 상처받지 않으려는 것이 잠재의식 속에서 아이로 남아 있기로 결심합니다. "꼬마 소년의 영", "꼬마 소녀의 영" 성인 아이의 모습 등.

③ 이혼한 부모를 둔 자녀에게서 일반적으로 나타나는 영들: 거

짓말, 기만, 조종, 무책임, 책임회피, 혼란, 꾸물거림, 게으름, 무질서의 영, 자기만족(대표적으로 음식, 단것), 반사회적 행동 등등.

10) 사교와 신비사술에 노출됨을 통한 문을 통해서 귀신이 침입을 합니다. '신비사술': 인간의 이해를 초월하는 신비를 말합니다. '감추어진, 숨겨진, 비밀의'뜻. 하나님의 능력, 사단의 능력 두 가지 뿐입니다. 복술가, 위자보드, 별점, 점성술, 타로카드, 영매, 주술, 투시, 투청, 초능력, 초월 명상법, 요가, 환생, 부적, 손금, 미신, 뉴에이지에 속한 모든 것들. 이상의 것들 중에 단 한번만 경험해도 자신의 자녀들을 향한 저주의 문이 활짝 열립니다.

둘째, 어린이와 십대를 위한 실제적인 축귀사역.

1) 아합, 이세벨 유형의 부모를 둔 아이들의 경우입니다. 음란. 아이들은 폭력과 죽음에 무방비 상태로 놓여있습니다. 무질서한 가정으로부터 이들은 긴장, 혼란, 상처 등을 받습니다(겔 38:8-9). 혼란, 좌절, 혐오, 증오 등은 아이들을 파멸로 내몹니다. 이러한 상황을 벗어나기 위해서 아이들은 돈과 힘과 명예를 사랑하게 됩니다(왕상 21:20). 아합의 아버지들은 남자 아이들에게 이세벨 어머니들은 여자 아이들에게 저주를 가져다줍니다. 이러한 아이들은 가정생활을 원만하게 하지 못하며 특히 성적으로 문란해져서 불륜에 빠지기 쉬워 자기 부모들처럼 부정한 생활을 하게 됩니다.

2) 자녀에 대한 일반적인 축귀는 권장하고 싶지 않습니다. 부

모가 먼저 축귀를 받아야 합니다. 아내에게 영향을 주는 악한 영이 떠나도록 남편이 명령하는 것이 가장 효과가 큽니다. 축귀의 능력이 없더라도 남편은 가장으로서 권위를 가지고 있으므로 가족 전체를 한자리에 앉도록 하고 축귀를 행합니다. 가계에 눌러 앉아 있는 귀신은 유전, 저주, 습관적인 죄, 합법적인 발판을 통하여 거주권을 가지고 있기 때문에 이 문제가 먼저 처리되어야 합니다. 부모가 자신의 죄를 회개하고 자녀에게 유전된 저주를 풀고 귀신을 쫓아냅니다. 아내로부터 시작하여 자녀들에게 차례로 행합니다.

3) 사역자가 축귀할 경우는 이렇게 하기를 바랍니다. 아이들에 대한 축귀도 어른들에게 하는 방법과 동일하게 실행합니다. 귀신은 입과 코를 통하여 쫓겨나갑니다. 자궁 속에 있는 태아(fetus)에게도 동일한 방법으로 축귀합니다. 일반적으로 아이들은 쉽게 축귀가 이루어집니다. 어른들보다 죄의 깊이가 깊지 않으므로 귀신이 오래 버틸 수 있는 발판이 약합니다. 특히 유전된 죄는 당사자에게 있어서는 그 죄의 발판이 없으므로 더 쉽게 축귀가 이루어집니다. 그러나 심각하게 귀신 들린 경우는 예외입니다. 대부분의 아이들은 5~6세 이상이 되면 사역을 시작하기 전에 무엇을 할지 사전에 간단히 설명해 주어야 합니다. 사역자는 그들에게 말하는 것이 아니라, 아이들 속에 있는 영에게 말하는 것입니다.

그렇지 않으면 아이들은 사역자가 악한 영에게 심하게 명령할 때 놀라는 경우가 있습니다. 항상 아이들은 협조적입니다. 그러므로 아이들은 부모와 함께 있을 때 평안함을 느낍니다. 부모가 곁에서 함께 기도함으로써 사역자를 도울 수 있습니다. 악령이 아이에게 저항하도록 선동할 때 부모는 곁에서 잡아줍니다. 울거나 할퀴거나 극심한 공포의 표정을 지을 수 있습니다. 부모는 아이의 이러한 행위가 가엽게 여겨져서 사역을 중단하게 하는 일이 없어야 합니다. 귀신은 부모의 동정을 사기 위한 갖가지 행동을 다 할 수 있습니다. 아이들에 대한 사역에서 주의할 점은 귀신을 쫓는 것은 예수의 피와 예수 이름의 권세이지 큰 소리로 명령하는 것에 있지 않다는 점입니다. 물론 성령이 충만하여 귀신을 쫓아내는 권세가 강하게 주어지면 강한 명령이 나옵니다.

그렇지 않은 데도 일부러 큰 소리를 내는 것은 올바르지 못합니다. 조용히 그리고 부드러운 말로 해도 귀신은 그 권세에 밀려 쫓겨나갑니다. 귀신을 쫓아낸 뒤에 자녀에 대한 보호는 부모의 책임입니다. 아이들은 스스로 그러한 보호 능력이 없거나 약하기 때문에 부모가 책임을 지고 보호하고 양육해야 합니다.

4) 자녀 또는 어린이에 대한 축귀를 정리하면, 가족이 둘러앉습니다. 축귀 사역자가 없을 경우 가장이 가족에 대한 권위와 능력을 부여받았으므로 가장이 축귀를 시행합니다. 잠언서는 자녀의 지도에 특별한 위로를 얻을 수 있는 말씀이 많습니다. 하나님은 진리이시지 환상(fantasy)이 아닙니다.

아이들은 환상에 사로잡혀 약물, 음주, 성 등의 문제에 빠집니다. 하나님은 우리에게 사랑 안에서 진리를 나타내십니다. 사랑을 실천해야 합니다. 어떠한 장난감 인형을 처리해야 할지를 성령께서 보여주시기를 기도합니다. 장난감 인형에 특히 관심을 가지고 살펴보세요. 아이들에게도 축귀에 대해서 가르쳐야 합니다. 어려서부터 영적 전쟁하는 법을 배우고 체험하게 하는 것이 좋습니다. 마귀가 어떻게 사람에게 영향을 주는지를 어릴 때부터 알아야 합니다. 태아에 대한 축귀도 해야 합니다. 마귀에게 동정심을 보이지 말아야 합니다. 부모가 부정한 직업을 가지지 않아야 합니다. 잘못 된 가르침이나 성경을 무시하는 행위나 축귀를 꺼리는 일이 없어야 합니다. 부모가 참여하지 않은 사역은 피해야 합니다. 가정이나 집에서 자녀에 대한 축귀에 반드시 참여하여야 합니다.

5) 남용하는 어린이에 대한 축귀는 이렇게 합니다. 남용이란 말은 잘못 사용하거나 나쁜 목적으로 쓰거나, 폭언하거나 속이는 것 등을 의미합니다. 거절하는 행위가 남용의 가장 기본적인 특성입니다. 거절 또는 거부하는 행위는 심리적 또는 정서적 건강을 해칩니다. 이러한 어린이는 다중 인격 장애, 편집증(paranoia), 정신병(psychotic) 등으로 발전할 수 있습니다. 더러는 긴장병(catatonia)이 생기기도 하며, 특정한 행위를 강하게 거부하고 행동이 과장되거나 수다스러워집니다. 환각(hallucination)에 빠지기도 합니다. 남용하는 어린이에게는 용서하는 법을 가르쳐 주어야 합니다.

설명할 수 없는 신경질이나 두려움, 거짓말, 불신, 자기변명,

증오, 혐오, 성적으로 강한 유혹, 위선 또는 위장, 허풍, 공상 또는 망상, 사람들과 잘 어울리지 못함, 지기 중심적, 극단적인 감정적, 침체, 혼란, 자기 행동을 통제 하지 못하는 등의 장애가 있다면 축귀가 필요합니다. 대부분의 남용하는 어린이는 다른 사람으로부터 지속적으로 상처를 받아왔기 때문에 감정을 다루는 능력이 결여되어 있습니다.

특히 어린이들은 그 시기가 뇌의 기능이 성장하고 발달하는 시기이기 때문에 이러한 시기에 잘못된 교육(부모의 폭행이나 잘못된 애정 표현)으로 인하여 정상적으로 발달해야 하는 시기를 놓치게 되어, 그 부분의 발달이 이루어지지 않은 채로 뇌가 굳어버렸기 때문에 다시는 되돌릴 수 없는 심각한 결핍을 초래하게 됩니다. 그러므로 예방신앙이 중요합니다.

6) 어린이 축귀할 때 주의사항은 이렇습니다. 아이들은 분별할 수 있는 능력이 없으므로 사역자나 부모가 하는 말에 두려움을 갖게 됩니다. 그러므로 축귀를 할 때는 특별한 주의가 필요합니다. 예를 든다면 귀신이라는 용어 사용을 주의해야 합니다. 아이에게 이 더러운 귀신아! 떠나가라. 했다고 칩시다. 아이가 얼마나 두렵겠습니까? 어른들도 두려워 할 것입니다. 자기에게 귀신이 있다는 말에 얼마나 두려움을 갖겠는가 생각해볼 문제입니다. 그러므로 아이들을 축귀할 때는 용어사용을 잘해야 합니다. "우리 아이를 두렵게 하는 원인은 예수 이름으로 명하노니 떠나가라." "우리 아이의 머리를 아프게 하는 질병은 예수 이름으로

명하노니 떠나가라.""우리 아이를 짜증나게 하는 원인은 예수 이름으로 명하노니 떠나가라.""우리 아이의 배를 아프게 하는 질병은 예수 이름으로 명하노니 떠나가라." 이렇게 간접적으로 명령하여 기도해도 얼마든지 치유되고 떠나갑니다.

제가 영적인 것을 깨닫고 보니 기독교계에 고쳐야 할 것이 너무나 많이 있습니다. 너무 무지하여 치유를 한다는 사람들이 문제를 오히려 만드는 경우도 있습니다. 나는 축귀 사역을 할 때 절대로 귀신아! 이런 용어를 사용하지 않습니다. 한번 잘 생각해 보기를 바랍니다. 자신에게 귀신아! 했다고 하면 기분이 좋을 사람이 있겠습니까? 두려워하거나 거부하거나 마음의 문을 닫아 버립니다. 마음의 문을 닫아 버리면 치유가 되지를 않습니다.

그래서 용어를 잘 사용하라! 무조건 귀신아! 귀신아! 하지 마십시오. 듣는 귀신의 영향을 받는 사람이 기분 나빠합니다. 이렇게 용어를 사용하세요.

우울증을 일으키는 원인제공자야! 심장을 약하게 하는 문제야! 위장병을 일으키는 질병아! 천식을 일으키는 질병아! 머리를 혼미하게 하는 질병아! 필자는 이렇게 명령하며 사역해도 모든 질병이 치유되고, 악한 영들이 모두 떠나갑니다. 문제는 성령의 역사가 일어나느냐, 성령의 역사가 없느냐 이것이 문제입니다. 성령의 역사만 일어나면 모든 문제는 정체를 드러내게 되어 있습니다. 아이들의 축귀 사역을 할 때 정말로 주의하기를 바랍니다.

17장 청년들의 귀신 쫓는 기술

(막16:17-18)"믿는 자들에게는 이런 표적이 따르리니 곧 그들이 내 이름으로 귀신을 쫓아내며 새 방언을 말하며 뱀을 집으며 무슨 독을 마실지라도 해를 받지 아니하며 병든 사람에게 손을 얹은즉 나으리라"

하나님의 자녀가 되면 하나님의 자녀에게 당연히 주어진 권리가 있습니다. 그 권리를 알고 실천하면 굉장한 능력을 가지고 살 수 있습니다. 일부 성도들이나 목회자들이 귀신의 축귀하면 전문적인 사역자만이 할 수 있는 것으로 생각을 합니다. 그래서 귀신축귀를 어려운 사역으로 생각하여 방임을 합니다. 그러나 하나님은 이렇게 말씀하십니다. "믿는 자들에게는 이런 표적이 따르리니 곧 그들이 내 이름으로 귀신을 쫓아내며 새 방언을 말하며"(막16:17). 분명하게 하나님이 말씀을 하셨는데도 불구하고 귀신을 축귀하지 않음으로 인하여 예수를 믿노라고 하면서 불필요한 고난을 당합니다. 그래서 모든 성도가 성령의 임재가운데 하나님이 주신 권세를 활용하여 자기 스스로에 대한 축귀를 해야 합니다. 그러나 알아야 할 것은 최초 한번은 다른 전문사역자의 도움을 받아 축귀를 해야 한다는 것입니다. 최초 한번 축귀를 받은 다음에 자신이 스스로 축귀를 해야 합니다. 다른 전문 사역자에게 도움을 받아 성령으로 충만하고 영의통로가 열린 상태에서 스스로 축귀를 해야 귀신이 떠나갑니다.

첫째, 자기가 자신을 축귀하는 비결

1) 스스로 인정하라. 자신에게 일어나는 현상이 귀신의 역사로 일어나는 것이라는 것을 인정하라는 말입니다. 절대로 본인이 인정하지 않으면 귀신은 떠나가지를 않습니다. 본인이 인정하고 성령의 임재 하에 명령을 하면 시간이 오래 걸려서 문제가 다 떠나갑니다. 그래서 자신에게 일어나는 비정상적인 일들의 배후에 악한 영이 있다는 것을 알고 인정하는 것이 중요합니다. 필자의 그동안 사역경험으로 보아 본인이 인정하고 성령의 임재 하에 본인이 명령할 때 모두 귀신이 떠나갔습니다.

2) 성령의 임재를 요청하라. 하나님도 천지를 창조하실 때 성령으로 장악하고 천지를 창조하셨습니다. "땅이 혼돈하고 공허하며 흑암이 깊음 위에 있고 하나님의 영은 수면 위에 운행하시니라. 하나님이 이르시되 빛이 있으라 하시니 빛이 있었고."(창 1:2-3). 고로 성령이 자신을 장악해야 성령의 권능으로 귀신이 떠나가는 것입니다. 자신 안에 주인으로 계시는 성령하나님으로부터 성령의 불이 나와서 자신을 충만하게 채워야 귀신이 떠나가는 것입니다. 그러므로 성령의 임재시 자신에게 나타나는 현상을 느끼고 알아야 합니다. 그리하여 항상 성령의 임재가 되도록 해야 합니다. 무엇보다도 성령의 임재가 중요합니다. 성령의 임재가 되려면 호흡으로 기도하는 것이 나의 경험으로 보면 아

주 좋습니다. 코로 숨을 아랫배까지 깊숙하게 들이쉬고 내쉬면서 성령의 임재를 요청하는 것입니다. 그러면 성령께서 인격이 되시므로 요청하는 대로 임재 하십니다. 그래서 자신에게 성령이 임재 할 때 나타나는 현상을 알고 느껴야 합니다. 그 상태가 되어야 성령이 자신을 장악한 상태가 되기 때문입니다.

3) 원인에 대한 영적조치를 하라. 자신에게 일어나고 있는 문제의 원인에 따라 회개하고 용서하라는 말입니다. 성령의 깊은 임재 안에서 자신에게 일어나고 있는 영육의 문제들을 찾아내어 회개하고 끊어내고 귀신을 몰아내야 합니다. 머리로 외워서 입으로 하는 기도는 효과가 적습니다. 육적인 상태에서는 우리에게 역사하는 마귀가 떠나가지 않습니다. 영적인 상태, 성령의 임재 하에서 예수 이름으로 명령할 때 저주의 영들이 물러갑니다. 성령의 임재 하에 죄를 짓는 장면을 눈으로 직접 그리면서 깊은 차원의 기도를 해야 합니다. 깊은 차원의 기도를 하면서 회개할 것은 회개하고, 용서할 것은 용서해야 성령의 역사로 귀신이 떠나갈 수 있는 조건이 됩니다. 우리에게 역사하는 마귀는 우리보다 강한 영적인 존재입니다. 고로 성령의 깊은 임재 하에 예수 이름으로 회개도 하고 용서도해야 역사하던 마귀, 귀신이 성령의 권세로 떠나가는 것입니다.

3) 직설화법을 사용하라. 하나님은 마귀에게는 직설화법을 사용하시고 믿는 자에게는 비유를 사용하십니다. 그러므로 직설화법을 사용하여 명령하세요. 성령의 임재 하에 이렇게 명령하세

요. "나사렛 예수 이름으로 명하노니 질병의 귀신은 물러갈지어다. 더러운 귀신아 물러가라. 악한 귀신아 물러가라 거짓된 귀신아 물러가라. 점치는 귀신아 물러가라. 가난의 귀신아 물러가라. 불신의 귀신아 물러가라. 예수의 이름으로 명하노니 원수 귀신아 물러갈지어다." 이때 중요한 것은 직접 나에게 고통을 주는 귀신의 이름을 부르면서 명령해야 합니다. 귀신은 직접 자신의 이름을 부르며 명령을 해야 떠나갑니다. 막연하게 "예수 이름으로 명하노니 귀신아 떠나가라." 하면 어느 귀신이 떠나가야 하는 것인지 귀신이 알지 못하여 떠나가지 않습니다. 그러므로 영분별이나 성령께서 주시는 레마를 가지고 직접 명령을 해야 합니다. 우리가 예수 이름으로 우리의 권세를 사용할 수 있는 것입니다.

4) 끝장 보는 대적기도를 하라. 귀신을 축귀하기 시작을 했다면 귀신이 완전하게 떠나 강건하게 될 때까지 싸우라는 것입니다. 절대로 중간에 포기하지 말아야 합니다. 내가 지금까지 성령치유사역을 하다 보니까, 의지가 약하여 중도에 포기하는 사람이 있다는 것입니다. 이런 사람들은 문제를 완벽하게 해결 받지 못합니다. 그러나 끝장을 보겠다는 의지를 가지고 귀신과 싸우는 목회자나 성도들은 모두 승리하였습니다. 귀신을 쫓아내는 사역은 끝장 보는 기도가 중요합니다.

5) 축귀 후 관리를 잘하라. 쫓겨난 귀신은 자신이 나온 집에 대하여 강한 집착과 미련을 가집니다. 마귀는 영적인 존재이나, 제한적인 존재이기에 자신이 거했던 사람의 성품과 습관에 익숙

하여 자신의 일을 행하기에 매우 쉽고 효과적으로 죄를 짓게 만들 수 있으며, 마귀는 자신의 거할 장소를 찾아야 하기에 다시 거했던 그곳을 찾아옵니다.

단순히 축귀만 한 상태는 병원에서 수술을 받은 것과 같은 상태입니다. 계속 투약과 건강관리를 하지 않으면 병이 재발하는 것처럼 축사후의 삶이 매우 중요합니다. 영적치유도 중요하지만, 치유후의 관리도 매우 중요합니다. 성령으로 충만한 믿음생활을 해야 다시 귀신이 침입하지 않습니다.

둘째, 사례별 자신이 자신을 축귀하는 방법

1) 혼탁한 사람과 대화 후 귀신 쫓는 기도. 세상에 나가 세상 사람들과 대화를 하다가 보면 나도 모르는 사이에 세상 것들이 들어올 수가 있습니다. 이는 우리가 육을 가지고 있기 때문입니다. 성령의 깊은 임재 하에 깊은 호흡이나 명상기도로 영의 활동을 강화하여, 나도 모르게 들어온 세상 것들을 정리하는 것입니다. 우리가 세상 사람들과 대화를 하다가 보면 머리가 무겁고 속이 거북스러울 때가 있습니다. 이는 세상 것이 나에게 들어온 것을 나의 영이 알아차린 것입니다. 이를 그대로 두면 나에게 집을 짓게 되고 나의 영은 무디어지게 됩니다. 성령의 임재 하에 세상 것들을 몰아내고 영을 밝게 해야 합니다. 이는 습관이 되어야 합니다. 악한 영이 침입하여 집을 짓기 전에 풀어내는 것이 중요합니다.

대적 기도는 이렇게 합니다. 성령이여 임하소서. 호흡을 깊게 들이쉬고 내쉬면서 성령의 임재를 요청합니다. 성령의 임재가 충만해지면 아랫배에 손을 얹고 호흡을 깊게 들이쉬고 내쉬면 악한 기운들이 성령의 역사로 하품이나 기침이나 재채기를 통하여 떠나갑니다. 머리가 맑아지고 편안해질 때까지 지속적으로 하여 마음을 정화합니다. 이때 배에서 나오는 소리로 명령을 합니다. "내가 나사렛 예수의 이름으로 명하노니 속을 거북스럽게 하는 것은 떠나가라." 명령을 하는데 너무나 에너지를 소비할 필요는 없습니다. 성령의 역사만 일으키면 자동으로 떠나갑니다.

2) 길을 가다가 놀랐을 경우 귀신 쫓는 기도. 길을 가다가 차 소리나 기타 등등으로 깜작 놀랄 경우가 있습니다. 나의 경험으로 보아 이런 일이 있은 후 며칠이 지나면 가슴이 답답해지고 기도가 잘 되지 않는 경우가 있었습니다. 이는 놀랄 때 악한 영이 침입을 한 것입니다. 이를 예방하기 위하여 이렇게 하세요. 호흡을 깊게 들이쉬고 내쉬면서 성령의 임재를 요청하세요. 성령의 임재가 충만해지면 마음으로 명령을 하세요. "내가 놀랄 때 들어온 악한 영은 예수 이름으로 명하노니 떠나갈지어다.", "내가 놀랄 때 들어온 악한 영은 예수 이름으로 명하노니 떠나갈지어다." 이렇게 기도하여 마음에 평안이 찾아오면 떠나간 것입니다.

무엇보다도 성령의 임재가 중요합니다. 성령의 역사로 악한 영이 떠나가는 것이기 때문입니다. 어찌 하든지 성령의 역사가 자신의 속에서 올라와야 합니다. 이를 위하여 자신의 영성을 깊게 해야 합니다.

3) 불안 두려움이 엄습할 경우 귀신 쫓는 기도. 불안이나 두려움이 자신을 주장한다면 영적으로 문제가 생긴 것입니다. 왜냐하면 성령이 역사하면 평안합니다. 성령이 자신을 장악했기 때문에 육으로 평안을 느끼게 되는 것입니다. 자신이 이유 없이 불안하고 두려움이 엄습할 경우는 악한 기운이 나에게 역사하고 있는 것을 성령께서 자신에게 알려주는 것입니다. 이때에는 호흡을 들이쉬고 내쉬면서 성령의 임재를 요청합니다. 성령의 임재가 충만해지면 마음으로 명령을 하십시오. "나를 불안하게 하는 악한 영은 예수 이름으로 명하노니 떠나갈지어다.", "나를 불안하게 하는 악한 영은 예수 이름으로 명하노니 떠나갈지어다." 자꾸 호흡을 하면서 대적기도를 합니다. 이때 중요한 것은 성령의 임재 하에 부드럽고 가벼운 소리로 명령을 합니다. 악을 쓰면서 떠나라. 떠나라. 하는 기도는 육성이 강하므로 귀신이 떠나가지 않습니다. 소리가 크다고 귀신이 떠나가는 것이 아닙니다. 자신의 속에서 올라오는 성령의 권능으로 귀신이 떠나가는 것입니다. 성령의 임재 하에 부드러운 영의 소리로 가볍게 명령하면 떠나갑니다.

4) 잠이 잘 오지 않을 경우 귀신 쫓는 기도. 밤에 잠이 잘 들지 않는다는 것은 보이지 않은 영육에 장애가 있는 것이 분명합니다. 이때에는 이렇게 하세요. 편안하게 눕거나 소파나 안락의자에 앉아서 기도를 합니다. 양손을 배에 대고 호흡을 들이쉬고 내

쉬면서 성령의 임재를 요청합니다. 잡념에 관심을 두지 말고 자신 안에 계신 하나님에게 집중하는 것입니다. 자꾸 잡념에 관심을 두니까, 잠을 자지 못하는 것입니다. 한마디로 악한 영의 역사에 동조하는 것입니다. 관심을 하나님에게 돌리는 것입니다. 성령의 임재가 충만해지면 지속적으로 마음의 기도를 합니다. "성령님 사랑합니다.", "성령님 도와주세요.", "성령님 사랑합니다.", "성령님 도와주세요." 의식을 아랫배와 마음에 두고 지속적으로 호흡을 들이쉬고 내쉬면서 마음의 기도를 합니다. 그러면 잠을 이루지 못하게 하는 악한 기운이 성령의 권능으로 밀려나갑니다. 그러면서 마음이 평안해집니다. 지속적으로 하다가 보면 잠이 들게 됩니다. 중요한 것은 마음의 기도를 하면서 다른 생각을 하거나 잡념에 빠지면 안 됩니다.

5) 좋지 못한 꿈을 꾼 경우 귀신 쫓는 기도. 많은 분들이 좋지 못한 꿈을 꾸고 영적으로 눌림을 당하는 경우가 있습니다. 꿈에 뱀을 보았다든지, 죽은 사람이 나타나는 꿈을 꿉니다. 이는 성령께서 나에게 좋지 못한 영들이 역사하는 것을 알려주신 것입니다. 이러한 꿈을 꾼 후에 반드시 대적기도하며 축귀를 해야 합니다. 나는 이러한 좋지 못한 꿈을 꾼 후 조치를 하지 않고 방치했다가 큰일을 당한 분들을 다수 치유하여 보았습니다. 좋지 못한 꿈을 꾼 다음에 이렇게 해서 축귀하세요. 제일 좋은 것은 꿈속에서 대적 기도하는 것입니다. 만약 그렇게 하지 못했을 경우는 이렇게 해서 귀신을 축귀하세요. 호흡을 들이쉬고 내쉬면서 성령

의 임재를 요청하세요. 성령의 임재가 충만해지면 영상기도로 꿈속에서 보이던 모습을 그리는 것입니다. 꿈속에서 나타난 영상을 보면서 명령을 합니다.

이때 명령하는 음성은 영에서 나오는 음성으로 명령을 합니다. "꿈속에서 나타났던 조상의 악한 영은 예수 이름으로 명하노니 떠나갈지어다.", "꿈속에서 뱀의 모습으로 나타났던 귀신은 예수 이름으로 명하노니 떠나갈지어다.", "꿈속에서 나타났던 조상의 악한 영은 예수 이름으로 명하노니 떠나갈지어다.", "꿈속에서 뱀의 모습으로 나타났던 귀신은 예수 이름으로 명하노니 떠나갈지어다." 호흡 기도를 지속적으로 하면서 꿈의 모습을 보면서 지속적으로 명령하세요. 그러면 하품이나 기침이나 재채기를 통해서 떠나갑니다. 악귀가 떠나가면 머리가 시원해지고 마음에 평화가 임하기도 합니다. 어느 때는 성령께서 마음에 감동하시기를 악한 영이 떠나갔다. 하면서 알려주시기도 합니다. 꼭 좋지 못한 꿈을 꾼 다음에 대적 기도하여 악한 기운을 몰아내는 것을 습관화하세요. 이렇게 함으로 자신의 영을 지킬 수가 있습니다. 그리고 성령님과 인격적인 관계가 될 수가 있습니다. 더 자세한 것은 "꿈 환상 해석통한 상담과 치유비결"을 읽어서 영적인 수준을 높이시기를 바랍니다.

6) 길을 가다가 아찔한 느낌을 받을 때 귀신 쫓는 기도. 저는 종종 이런 일을 체험합니다. 내가 사는 방배동에는 조그마한 사찰도 있습니다. 무당이 사는 집도 있습니다. 새벽에 기도를 마치

고 운동을 하기 위해서 걸어갈 때 사찰이나 무당집을 지나게 됩니다. 그때 갑자기 무엇이 호흡을 통해서 쑥 들어옵니다. 그러면 영락없이 머리가 띵해집니다. 성령으로 충만하여 민감한 나의 영육이 귀신이 들어온 것을 알아차린 것입니다. 내 안에 귀신이 들어왔다는 것입니다. 그러면 나는 이렇게 합니다. 절대로 당황하지 않고 호흡을 들이쉬고 내쉬면서 "야! 더러운 영아 여기가 어디인 줄 알고 감히 들어왔어 예수이름으로 명하노니 떠나가라." 하면 재채기가 나오면서 떠나갑니다. 방금 들어온 것이므로 쉽게 잘 떠나갑니다.

어느 때는 호흡 기도를 하지 않고 방언기도를 해도 떠나갔습니다. 좌우지간 나에게 귀신이 들어온 것을 아는 것이 중요합니다. 떠나가고 나면 머리가 시원해집니다. 귀신이 떠난 것을 느낌으로 알 수가 있습니다.

7) 깊은 영의기도 중에 성령이 감동하실 때 귀신 쫓는 기도. 자신에게 역사하던 귀신이 떠나갈 때가 되면 성령께서 알려주십니다. 기도를 하는데 성령께서 너를 괴롭히는 질병의 영을 몰아내라. 이렇게 감동하실 수가 있다는 것입니다. 그러면 성령께서 알려주신 것이므로 쉽게 귀신이 잘 떠나갑니다. 호흡을 들이쉬고 내쉬면서 성령의 임재를 요청합니다. 성령의 임재가 충만해지면 마음으로 명령을 하세요. "나에게 와서 질병을 일으키고 있는 악한 영은 예수 이름으로 명하노니 떠나갈지어다.", "나에게 와서 물질을 손해나게 하는 악한 영은 예수 이름으로 명하노니

떠나갈지어다." 자꾸 호흡을 하면서 대적기도를 합니다.

그러면 어느 때는 아랫배가 아프면서 떠나가기도 합니다. 어느 때는 가슴이 답답해지다가 재채기나 하품을 하므로 떠나갑니다. 좌우지간 귀신은 인격적인 존재이므로 떠날 때 조용하게 떠나가지 않습니다. 분명하게 떠나가는 것을 본인이 느끼게 됩니다. 성령께서 감동하시는 대로 영에서 나오는 소리로 명령을 하면 떠나갑니다. 절대로 소리를 지르지 말고 영에서 나오는 소리로 명령하세요.

8) 악령이 역사하는 장소 출입 후 귀신 쫓는 기도. 귀신이 좋아하는 장소나 환경이나 사람을 통하여 영적전이(轉移)가 됩니다(행19:13-20, 마8:28-34). 귀신에 접한 자에게 안수를 받든지, 환자를 안수하다가 사역자에게 전이되기도 합니다. 귀신 섬기는 곳, 절이나 사당, 제사 지내는 곳, 굿하는 현장, 축사(逐邪) 현장, 음침한 물가, 환자 임종 시, 더럽고 음침한 곳, 지하실, 굴속, 포르노 영화관이나 변태적인 성적 유희가 벌어지는 곳과 같은 음란한 곳, 뉴 에이즈들이 광란하는 곳, 무덤이나, 울창한 숲속, 한적한 고가(古家), 굴속, 고목나무… 등 기타 귀신들이 좋아하는 장소가 있습니다.

할 수만 있으면 이런 장소는 피하는 것이 좋습니다. 정 피할 수가 없다면 강하게 내면에서 올라오는 능력기도로 무장하고 출입해야 합니다. 장소에 들어갔다가 나와서 반드시 대적기도로 침입한 귀신을 축귀해야 합니다. 축귀하지 않으면 들어온 귀신이 자신 안에 집을 지을 수도 있습니다. 축사할 때 이런 곳에 있다가 들어갔다는 말을 합니다. 주로 음침하게 느껴지고 소름이 끼치거나 으스스하게 느껴지거나 불쾌하거나 골치가 아파옵니다. 영적으로 민감한 사람은 영감으로 느껴지기도 하고 환상으로 보이기도 합니다. 그러나 이러한 장소나 접촉을 통한 전이가 이루어지더라도 전부가 다 되는 것이 아니라, 귀신이 전이되기 쉬운 상태와 조건에 있는 사람일 경우에 그렇게 됩니다. 상처가 많이 있거나 임산부나 병중에 있는 환자나 체력이 허약한 사람과 자신의 집안에 무당이 있거나 우상을 숭배하여 영이 열린 영매체질인 사람들에게 잘 전이 됩니다.

9) 스스로 기도하며 귀신 쫓는 법. 자신에게 이상증세가 나타나면 지나치지 말고 반드시 자기 축귀를 해야 합니다. 자기 축귀는 이런 방법으로 하세요. 호흡을 들이쉬고 내쉬면서 성령의 임재를 요청하세요. 성령의 임재가 충만해지면 영상기도를 하세요. 자신에게 일어나는 상태를 마음의 그림으로 나타나게 하라는 것입니다. 원인을 성령님에게 물어보세요. 원인을 알아야 처방을 할 수 있기 때문입니다. 원인에 따라 회개하거나 용서를 합니다. 만약에 조상이나 자신이 우상을 숭배하여 귀신이 들어온 것이라면 회개해야 합니다. 성령의 임재 가운데 죄를 짓는 모습을 영상으로 보면서 깊은 회개를 해야 합니다. 깊은 회개를 한 후에 그때 들어온 귀신들에게 명령을 하세요. "조상 대대로 내려와 나에게 고통을 주는 악한 영의 줄은 끊어질지어다." "조상

이 우상숭배 할 때 들어온 귀신은 예수 이름으로 명하노니 떠나 갈지어다.", "떠나간 자리에 말씀과 성령으로 채워질지어다." 이 렇게 지속적으로 대적기도를 합니다. 만약에 다른 사람이 자신 에게 상처를 주어 고통을 당한다면 용서를 해야 합니다. 성령의 깊은 임재 하에 상처받는 모습을 보면서 용서합니다. 그리고 성 령의 임재 하에 영에서 올라오는 영의 소리로 명령하세요. "내가 상처받을 때 들어온 귀신은 예수 이름으로 명하노니 떠나갈지어 다." 지속적으로 평안이 임할 때까지 해야 합니다.

자신이 스스로 축귀하는 것이 제일 좋은 방법입니다. 그러나 자신이 스스로 축귀할 만큼의 영성이 깊어지려면 상당한 기간을 훈련해야 합니다. 영성을 깊게 하려면 일단 성령의 역사가 강하 고 영성이 깊은 사역자가 인도하는 집회에 참석하여 영성을 길 러야 합니다. 사역자의 도움을 받으면서 영성을 깊게 하는 것입 니다. 그것이 제일 빠른 방법입니다. 혼자 책을 읽고 하는 것은 실수가 있을 수가 있고 시간이 많이 걸립니다. 먼저 성령의 역사 가 강하고 영성이 깊은 사역자의 도움을 받아 영의 통로를 연 다 음에 스스로 하면 좀 더 쉽게 할 수가 있습니다.

스스로 자기 축귀를 할 정도로 영성을 길러야 합니다. 성령으 로 충만하고 깊은 영의기도가 되어야 스스로 축귀를 할 수가 있 습니다. 성령으로 깊은 영의기도를 숙달하시기를 바랍니다. 자 신의 심령에서 성령의 불이 나와야 합니다.

18장 장년들의 귀신 쫓는 기술

(행8:4-8)"그 흩어진 사람들이 두루 다니며 복음의 말씀을 전할 새 빌립이 사마리아 성에 내려가 그리스도를 백성에게 전파하니 무리가 빌립의 말도 듣고 행하는 표적도 보고 일심으로 그의 말하는 것을 좇더라. 많은 사람에게 붙었던 더러운 귀신들이 크게 소리를 지르며 나가고 또 많은 중풍병자와 앉은뱅이가 나으니 그 성에 큰 기쁨이 있더라."

하나님은 우리가 성령의 능력을 힘입어 귀신을 쫓아내기를 원하십니다. 성도님들이나 목회자 분 들이나 만찬가지로 자기에게 와있는 은사를 하나님의 나라 확장에 사용하여 은사를 극대화시켜야 합니다. 그러나 와 있는 은사를 가지고 자기와 가정과 교회의 취약한 부분을 찾아 치유해야 합니다. 잘하는 부분만 계속 치우치다가 보면 썩는 것이 있습니다. 그래서 성령 사역자는 전반적인 것을 보는 영안이 열려야 합니다.

영안이 열리지 않음으로 자신이나 가정에 또는 교회에 와 있는 취약점, 즉, 가난의 영이나, 질병의 영이나, 가정 분란의 영이나, 이간질의 영이나, 시기질투 영들을 볼 수가 없어 열심히 신앙생활하면서 하늘의 축복을 받지 못하고 고통을 당하는 수가 있습니다. 고로 주신 은사로 자신과 자신의 가정과 교회를 축복 받게 하는 데 사용하세요. 먼저는 자신이 치유 되어야 합니다. 그리고 다른 사람을 돌보아야 합니다.

첫째, 악한 영의 축사 사역의 원리. 귀신을 축사하는 성경적인 원리는 사람이 하는 것이 아니라, 성령님이 하십니다. 성경적인 방법은 성령을 힘입어 축사해야 하기 때문에 성령을 힘입는 방법을 알아야 합니다. 성령을 힘입으려면 먼저 예수를 영접해야 합니다. 누가 무슨 능력을 행하더라도 예수를 영접하여 예수 십자가를 통과하지 않은 능력은 마귀로부터 말미암은 것입니다. 분별력을 길러야합니다.

성령을 힘입어 귀신을 축사하려면 귀신의 정체만 알아서는 근본적인 축사 방법을 알지 못합니다. 귀신의 실체를 잘 알아야 합니다. 축귀 사역할 때 성령을 힘입어야 하기 때문에 이 역시 성령의 정체만 이론적으로 신학적으로만 알아서는 안 됩니다. 성령의 실체를 알아서 성령을 힘입는 방법을 알아야 하는 것입니다. 성령의 실체 역시, 영의 형태로 우리 안에 성전 삼고, 임하고 있기 때문에 영의 실체를 알아야 하며, 임재 하신 성령님이 나를 통하여 나타나는 상태와 조건을 잘 알아야 하는 것입니다.

1) 영적 원리. 귀신이 떠나 갈 수 있도록 하는 영적 상태가 되어야 하는 것입니다. 그러므로 말씀을 받아드리는 사람이나 전하는 사람이나 충분한 말씀이 있어야 하는 것입니다. 귀신의 종류에 따라서 쉽게 축사되는 귀신과 그렇지 않은 귀신이 있습니

다. 반드시 성령께서 지배하고 장악이 되어야 축귀가 시작됩니다. 쉽게 축사되지 않는 귀신은 우상을 섬긴 집안의 귀신임으로 완전한 번제가 드려져야 하는 것입니다.

예수의 보혈로 드려지는 번제가 완전한 번제이기에 온전한 믿음의 영적 상태를 요구합니다. 말씀으로 양육하여 충분한 영적 상태가 되도록 기다릴 필요가 있는 것입니다. 말씀을 잘 알아듣고 말씀으로 자신을 들여다볼 수 있는 수준이 되어야 합니다. 번제는 무엇인가? 자신을 태워드리는 것입니다. 즉, 나의 이전 것(육적이고 세상적인 것)을 성령으로 죽이는 것입니다. 성령으로 장악 당하여 구습이 없어지고 새로운 영의 사람으로 태어나는 것입니다. 전인격이 하나님에게 완전히 장악당한 것입니다.

2) 혼적 원리. 지-정-의의 방해 요인이 제거되어, 성령이 역사 할 수 있는 상태와 조건이 되어야 합니다. 환자가 성령의 역사가 일어나도록 기도해야 합니다. 성령이 역사 할 수 있는 혼적(마음) 상태와 조건은 오직 마음과 생각이 주님에게로 집중 된 상태가 되어야 합니다. 잡념이 없고 오직 성령의 역사에 집중된 상태가 되어야합니다. 성령의 임재가 깊어져서 성령으로 장악 당해야, 성령의 초자연적인 역사로 질병이 치유됩니다. 잡념이나 산만한 상태에서는 치유가 일어나지 않습니다. 그러므로 환자나 사역자는 무엇보다 치유에 집중할 수 있는 혼(마음)적인 상태가 되어야 합니다. 성령으로 깊은 영적인 상태로 몰입하는 훈련을 많이 하여야 합니다.

환자가 성령으로 기도하지 않으면 성령의 역사가 일어나지 않아 축귀를 할 수가 없습니다. 영적으로 깊은 사람은 영적인 지식을 많이 아는 사람이 아니고, 영적인 원리들을 실제로 자신에게 적용을 잘 시키는 성도입니다. 말씀과 성령의 역사는 살아있는 역사이기 때문입니다.

3) 육신적 원리. 성령이 역사할 수 있는 육신적인 원리를 적용하여 축귀해야 합니다. 성령의 역사가 전인격을 장악한 다음에 축귀가 되는 것입니다. 성령이 육을 장악할 때까지 기다려야 합니다. 절대로 성령으로 장악이 되지 않았는데 축귀하려고 덤비지 마십시오. 축귀는 성령의 일입니다. 환자 안에서 성령의 역사가 일어나야 축귀되기 시작을 합니다. 육신의 체력도 허약하면 안 됩니다. 육신의 기력이 회복되어야할 상태가 되었다면 육신의 체력을 회복시켜주면 축사가 쉬워집니다. 세상에서 나와야 합니다. 마음이 세상의 부귀공명을 가지고 하나님의 역사나 목사를 이용하려는 생각에서 나와야 합니다.

4) 귀신을 축귀하도록 영적 조건을 준비하는 방법

① 귀신은 대개 초기에는 잠복되어 있으므로 귀신에게 침입된 자신의 상태를 환자가 인정하도록 함으로써 귀신의 정체를 노출시킵니다. 그래서 생명의 말씀을 들어야 합니다.

② 귀신의 충동이나 말과 변덕스러운 행동을 거부하세요. 충동적인 성격과 충동적인 말로 남의 심령을 괴롭히고 변덕 적인 행동으로 일들을 망치게 합니다.

③ 귀신을 축사하려는 환자 자신의 의지를 발동시키는 것입니다. 자신의 의지가 발동되지 않으면 성령은 역사하지 않습니다. 영의 생각과 육신의 생각을 분리하고 성령의 소욕과 악령의 소욕을 분리하며 자신의 의지와 귀신의 의지를 분리하세요.

④ 잠재의식에서 표면의식으로 노출시키는 것입니다. 그러므로 귀신의 행동을 억제시키는 약(藥)은 절대 금물입니다. 약을 금지하고 축사할 수 있으면 제일 좋습니다. 이때에는 축사를 위하여 약물의 중독성이 제거되기까지 기다려야 합니다. 물론 약물의 효력이 떨어지면 귀신의 세력이 나타나고 발동되지만 이를 극복하고 이길 수 있어야 합니다. 이를 극복하지 못하고 귀신을 두려워하면 귀신은 이길 수 없으므로 담대한 믿음이 필요합니다.

만약 환자가 약을 먹지 않아 약물의 효력이 떨어지면 악한 영의 역사가 강하여, 발작이나 흥분이 지나쳐서 감당 할 수 없는 상태가 되는 경우가 되어 약을 정 끊기 두려우면, 약을 투약해 가면서 영적, 혼적, 육신 적인 상태를 호전 시켜서 해야 합니다. 믿음이 생기게 해야 합니다. 집중할 수 있도록 소리를 내게 하고, 주여, 주여! 를 크게 하여 기도에 몰입되게 해야 합니다. 의지와 시간을 가지고 계속 하면 말씀에 집중이 됩니다.

⑤ 귀신이 좋아하는 것을 하지 않는다. 반대 행동 만 합니다. 음행과 더러운 것과 호색 우상숭배. 술수, 원수 맺는 것과, 시기와 분 냄과 당 짓는 것과, 분리함과, 이단과 투기와 술취함과 방

탕함과, 그와 같은 것들입니다. "육체의 일은 분명하니 곧 음행과 더러운 것과 호색과 우상 숭배와 주술과 원수 맺는 것과 분쟁과 시기와 분냄과 당 짓는 것과 분열함과 이단과 투기와 술 취함과 방탕함과 또 그와 같은 것들이라 전에 너희에게 경계한 것 같이 경계하노니 이런 일을 하는 자들은 하나님의 나라를 유업으로 받지 못할 것이요."(갈5:19-21).

또 능력을 얻기 위한 욕심으로 하는 기도, 말씀에서 벗어난 신비주의적 신앙관에서 탈피해야합니다. 무조건 기도 많이 하여 귀신을 축사하려는 마음은 버려야합니다. 영의 말씀을 들어서 영을 깨우고 성령의 역사를 받아가면서 축사해야 합니다. 영적인 자립 능력을 개발해야합니다.

⑥ 귀신이 싫어하고 성령이 원하는 것을 합니다. 찬양과 감사는 원망하는 마음, 불평하는 마음, 억압된 심령을 풀어버리고 성령이 역사하기 쉬운 상태와 조건이 됩니다. 사랑은 곧 하나님입니다. 헌금은 세상 욕심으로 인색해진 마음에 붙어있는 귀신들의 세력을 약화시킵니다. 믿음으로 속죄 제물을 드리게 하는 것도 좋습니다. 또 성령 충만한 교회에 상주하며 계속하는 봉사는 신앙의 여러 방면에서 많은 유익을 얻게 됩니다. 악한 영의 역사로 고통당하는 성도의 기도는 묵상 기도는 피하고 배에서 올라오는 부르짖는 기도를 하며, 말씀을 통하여 회개하는 기도를 많이 하세요. 마음의 기도는 속에서 나오는 방언을 많이 하는 것이 좋습니다. 예배는 자주 드리고 되도록이면 작정하여 정한 기간

정한 시각에 드려야 합니다. 세상 적인 욕심을 모두 버려야 합니다(명예욕, 출세욕, 물욕 등등). 전도는 성령이 기뻐하며 심령에 양식을 제공받습니다.

⑦ 귀신이 가져온 병(귀신의 집)을 먼저 치유하는 방법은 약물을 사용하지 않고 실시합니다. 그러나 상태가 중하면 일정기간 겸해도 됩니다.

⑧ 귀신은 성령 충만을 싫어합니다. 성령이 충만하면 순환기 계통이 활성화되어 피를 맑게 하는 역할을 하기 때문입니다. 사람은 피를 맑게 해야 건강합니다. 피를 깨끗하게 하려면 성령으로 충만한 믿음 생활을 해야 합니다. 우리는 항상 피를 깨끗하게 하려고 노력을 해야 합니다. "육체의 생명은 피에 있음이라 내가 이 피를 너희에게 주어 제단에 뿌려 너희의 생명을 위하여 속죄하게 하였나니 생명이 피에 있으므로 피가 죄를 속하느니라."(레17:11).

육체의 생명은 피에 있고 귀신은 피가 탁하고 더러우면 침입합니다. 왜냐하면 피를 더 탁하게 하여 성인병이 들어 죽게 하기 위해서입니다. 그렇기 때문에 마귀는 사람들에게 스트레스를 주어서 혈액을 탁하게 하는 것입니다.

⑨ 몸을 흔들고 손뼉을 치면, 몸의 기력이 순환되고 귀신의 세력은 약화됩니다. 귀신은 혈액이나 체액이나 호르몬이나 기(氣)의 흐름을 막고 있기 때문에 몸을 흔들고 손뼉을 치면 몸의 굳어진 어혈이 풀리고, 혈액 순환이 원활해지며, 굳어진 마음과 육신

이 풀어지면서 몸이 뜨거워지고, 마음에 열정이 생기기 때문에 차가운 신앙이 뜨거워지고, 갈급함을 느끼게 되고, 성령을 적극적으로 구하고 찾고 두드리는 자세로 바꾸어져서 성령이 임하게 됩니다(마7:7-11).

⑩ 기타, 영과 혼과 육신의 여러 가지 원인을 관찰하여, 그 원인을 하나하나 제거하여 그 세력을 약화시킨 후 축사합니다. 영, 혼, 육의 조건이 되어야합니다.

둘째, 귀신을 노출시키는 방법.

① 안수함으로 성령의 불을 환자에게 전이시켜 귀신이 드러나게 합니다(눅13:10-13). 환자에게 호흡을 들이쉬고 내쉬면서 기도하게 합니다. 사역자가 한손은 머리에 얹고, 한손은 등에다 대고, 환자에게 숨을 들이쉬고 내쉬라고 하면 환자의 마음이 열리기 때문에 열린 마음 안으로 성령의 불이 들어가고 나오게 됩니다. 조금 시간이 지나면 환자 안에서 역사하시는 성령의 능력에 의하여 악한 영이 정체를 드러내게 됩니다. 반드시 성령의 임재가 환자를 장악한 다음에 사역해야 합니다.

② 예수님의 이름으로 귀신을 몰아냅니다(행16:18). 예수님의 권세를 의지하여 명령합니다. 환자의 하는 행동이나 성령이 주시는 지식의 말씀을 가지고 권위 있게 명령하세요.

③ 찬송을 통하여 귀신의 정체를 드러냅니다(삼상16:14-23). 찬송 속에 거하시고 임재하시는 하나님의 능력을 귀신은 싫어합

니다. 찬송을 진심으로 부르면 우리의 속박된 심령이 풀리는 것을 경험하게 됩니다. 기도가 막힐 때 진심과 정성으로 찬송을 부르면 마음이 열려서 기도가 열리게 됩니다.

④ 말씀으로 귀신의 정체를 드러냅니다(마8:16). 귀신은 물(말씀) 없는 곳으로 다니며 말씀을 싫어합니다.

⑤ 금식과 깊은 영의기도로 귀신의 정체를 드러냅니다(막9:14-29). 귀신은 인체에 잠복해 있으면서 우리들이 먹는 에너지를 먹고 있으면서 그 세력을 키워 나갑니다. 금식은 귀신의 세력을 약화시키기 때문에 육이 죽고 영이 활동하기 시작하면 견딜 수 없게 되어 떠나게 됩니다. 금식은 먹는 것만이 아니고 귀신이 좋아하는 것을 하지 않는 것입니다. 그리고 마음으로 방언기도를 하므로 귀신을 드러냅니다. 귀신은 마음으로 하는 방언기도를 아주 싫어합니다. 왜냐하면 성령의 이끌림을 받는 영의기도 이므로 정체를 숨길 수가 없으므로 아주 싫어합니다.

⑥ 믿음으로 귀신의 정체를 드러냅니다. 본인이 나에게도 악한 영의 역사가 있다고 인정하고 숨을 들이쉬고 내쉬고 하면서 영의 활동을 강화시키므로 귀신이 정체를 드러내게 됩니다(마17:14-29). 믿음은 영적인 능력이요 에너지입니다. 관념적인 믿음과는 다릅니다.

⑦ 성령을 힘입어서 귀신의 정체를 드러냅니다(마12:22-37). 가장 깊은 영적 상태가 되도록 하여 성령의 도우심을 구해야 합니다. 성령 안에서 기도하면 성령이 임하게 되고 능력이 나타나

게 됩니다. 능력 안에서 조용히 넘어지는 상태가 가장 깊은 영적 상태가 되도록 하는 것입니다.

⑧ 권능으로 귀신의 정체를 드러냅니다(눅9:1). 예수님이 주신 권세와 능력으로 이 권능은 고전 12:10절의 능력 행함의 은사로 나타납니다. 환자가 성령으로 기도하게 한 후에 "예수 이름으로 명하노니 이 사람을 괴롭히는 악한 귀신아 정체를 밝힐 지어다." 성령의 권세가 담겨있는 소리로 명령하세요.

셋째, 귀신을 축사하는 실제적인 방법. 영적인 분위기를 조성하는 것이 무엇보다 중요합니다. 그래야 성령의 역사가 강하게 나타나기 때문입니다. 악한 영을 축사할 때 여러 사람이 함께 예배를 드리고 찬송을 부르며 합심하여 기도하되 축사는 팀의 리더가 혼자서 하는 것이 좋습니다. 무엇보다도 축사가 될 수 있는 영적인 조건이 되는 것이 중요합니다. 환자가 성령으로 장악이 되고 성령의 역사가 강하게 나타나야 축사가 쉽습니다. 사람의 힘이나 은사로 축사를 하려고 하지 말고 성령의 권능으로 하려고 하고 이를 숙달하세요.

힘도 들지 않고 쉽게 축사할 수 있습니다. 만약 사역자가 은사로 축사를 하다가 보면 귀신에게 자신이 접신 되어 고통을 당하거나 탈진에 빠지거나 여러 가지 알지 못하는 환란과 풍파로 고통을 당할 수도 있습니다. 그러므로 사역자는 사역을 할 때에 항상 성령이 앞서가게 해야 합니다.

1)여러 사람을 동시에 축사하는 방법

① 예배나 집회 시작 전: 찬양을 부르고 통성기도 후, 두려움이 오고, 가슴이 두근거리고, 머리가 어지럽고, 가슴이 답답한 분 일어서게 하거나 또는 앞으로 나오게 하여 축사하세요.

② 또는 성령이 충만하게 한 다음에 두려움을 느끼는 사람을 앞으로 나오게 하던지 그 자리에서 일어서게 하던지 하여 숨을 들이쉬고 내쉬고 하여 의지를 꺾은 다음 명령하여 축사합니다.

③ 다른 방법은 강의를 끝 낸 다음 남게 하여 한꺼번에 축사합니다. 요령은 피 사역자들은 가슴에 손을 얹고 눈을 감고 숨을 들이쉬고 내쉬고를 계속합니다. 열려있기 때문에 금방 역사가 일어납니다. 길어지면 종료 후 다음날 축사를 합니다.

2)사단이나 귀신축사의 기본적인 과정

[제 1 단계]: 자기 속에 있는 귀신의 존재를 인식시킵니다. 환자에게 내부에서 괴롭히고 있는 힘은 귀신의 존재임을 인식시킵니다. 귀신은 자기 정체를 노출시키는 자를 미워하고 부인하게 만듭니다. 자신에게 귀신이 역사하고 있다는 것을 인식하게 합니다. 환자가 인정하지 않으면 축귀는 불가능합니다.

[제 2 단계]: 투쟁의 필요성을 인식시키는 단계입니다. 호흡을 깊게 들이쉬고 내 쉬라고 한 후에 귀신이 틈타게 된 자신의 죄를 인식시키고 자신의 의지를 발동하여 사단과의 투쟁을 결심하는 단계입니다. 마술이나 신비술을 단절하는 고백과 회개를 하게하고 예수님께 신앙을 고백하게 하거나 십자가의 보혈의 능력을

고백하게 합니다(약4:7).

[제 3 단계]: 명령이나 성령의 임재, 안수 등으로 사단을 공격하는 단계입니다. 환자에게 호흡을 들이쉬고 내쉬면서 성령의 역사를 돕게 합니다.

[제 4 단계]: 잠복된 상태에서 표면화되어 나타나는 단계입니다. 자신의 정체를 드러내는 여러 가지 현상이 나타나기 시작합니다. 이때 성령이 알려주는 레마의 말씀으로 "네 정체를 밝혀라" "언제 들어왔느냐" 하며 정체를 알아내도 됩니다. 반드시 성령께서 물어보라고 감동할 때만 대화하는 것입니다.

그러나 대화는 신중을 기해야 합니다. 왜냐하면 귀신과 대화를 통해서 시간을 많이 낭비하고 귀신에게 속을 수도 있으니 대화는 하지 않는 편이 좋습니다. 필자는 안합니다. 그냥 "입 다물고 나와라," 하고 예수 이름으로 명령합니다. 거짓말쟁이 귀신과 대화할 시간이 없습니다. 그리고 환자에게 숨을 들이쉬고 내쉬어서 성령의 역사를 돕게 합니다.

[제 5 단계]: 더 크게 발작하며 저항하는 격돌의 단계입니다. 감정을 자극하며 꾸짖기도 하고, 모욕을 주기도 하면 귀신은 증오를 나타내거나 비웃거나 덤비기도 합니다.

[제 6 단계]: 떠나갈 준비를 위한 단계입니다. 발작이 어느 정도 진정 되면서 하소연하기도 하며, 울기도 하며, 한숨을 쉬기도 하며, 토하기도 하며, 저주하기도 하며, 가래와 침을 뱉기도 합니다. 속이는 여러 가지 수법을 사용하기도 합니다.

여러 가지 말을 하기도 합니다. 경련을 강하게 하기도 합니다. 사지가 틀리고 몸을 앞뒤로 흔들기도 합니다. 얼굴이 흉측해지기도 합니다. 팔과 다리를 심하게 떨기도 합니다. 이때는 눈 가장자리를 엄지와 중지의 손가락으로 가볍게 누르고 축사의 여러 가지 수단을 다 동원합니다.

귀신에 따라서 축사하는 방법이 수백 종류가 될 수가 있습니다. 눈 가장 자리를 누르는 것은 다시 속으로 잠복하지 않도록 하는 것입니다. 그때 그때 상황을 잘 보아서 성령의 인도에 따라 이런 방법 저런 방법 다 동원해 보아야 합니다.

이 단계에서 쉽사리 떠나는 귀신이 있는가하면 오랫동안 버티는 귀신이 있습니다. 시간이 많이 걸리는 귀신은 성령님이 지배하고 장악이 되지않아 떠날 때가 되지 않았으며, 이것은 아직 하나님의 때가 덜 되었기에 기도의 때가 차야 되고, 본인이 하나님께 마음을 더 드려야 합니다. 이 때 사역자는 결단을 필요로 합니다. 사역을 계속 할 상황이 되느냐 환자의 준비가 전혀 되지 않았느냐 등을 판단해야 될 중대한 시기입니다. "예수님의 이름으로 내가 네게 명하노니 더러운 귀신은 ○○에게서 나오라" 고 권세 있게 명령합니다(눅4:36). 환자에게는 숨을 들이쉬고 내쉬면서 성령의 역사를 도우라고 합니다.

[제 7 단계]: 치유의 단계입니다. 갑자기 기침이나 토함이나 악을 쓰는 행동 등의 모든 동작이 멈추거나 정신이 돌아옵니다(막5;15). 기쁨이나 평안이 옵니다(행8:9). 초능력이 없어집니다

(행16:18-19). 질병이 고침 받습니다(마17:18).

그러나 축사하다가 모든 동작이 멈추었다고 귀신이 완전히 떠난 것이 아니고 속이는 경우도 있으니 분별해야 합니다. 고로 축사는 한번으로 끝나는 것이 아니고 지속적인 영적인 싸움입니다. 환자가 영적으로 성숙해지는 만큼씩 귀신이 떠나갑니다. 영안이 열리고 하나님의 말씀의 비밀을 많이 깨달으면 깨달을수록 심령은 깨끗해지는 것입니다.

충만한 교회는 지방에 계시는 분들을 위하여 성령치유 집회 CD와 교재를 33종류를 비치하고 있습니다. 과목별 CD는 12시간을 녹음하여 12개입니다. 가격은 전화로 확인 바랍니다. 교재는 과목당 만원입니다. 필요하시면 주문하여 영성을 깊게 하실 수가 있습니다. 교재를 보며 CD를 들으면 현장에서 집회를 참석한 것과 같은 효과가 있습니다. CD를 들으면서 치유를 체험했다고 간증하는 분들이 많습니다.

전화는 02-3474-0675. 신청은 번호를 알려주시면 됩니다. 메일주소는 kangms113@hanmail.net 를 이용하여 신청이 가능합니다(필요CD/교재번호. 주소. 전화전호. 우편번호).

*과목별 상세한 내용은 홈페이지 www. ka0675.com 에 들어 오셔서 확인 바랍니다. 홈피에 보시면 계좌번호와 과목별 상세목록을 확인하실 수 있습니다.

19장 직분자의 귀신 쫓는 기술

(막9:25-27)"예수께서 무리의 달려 모이는 것을 보시고 그 더러운 귀신을 꾸짖어 가라사대 벙어리 되고 귀먹은 귀신아 내가 네게 명하노니 그 아이에게서 나오고 다시 들어가지 말라 하시매 귀신이 소리 지르며 아이로 심히 경련을 일으키게 하고 나가니 그 아이가 죽은 것 같이 되어 많은 사람이 말하기를 죽었다 하나 예수께서 그 손을 잡아 일으키시니 이에 일어서니라."

축귀는 영적인 활동입니다. 인간의 힘으로는 되지 않습니다. 성령의 능력을 덧입어야 할 수 있는 사역입니다. 그래서 축귀를 받는 사람이나, 하는 사역자나 모두 성령으로 장악 당해야 쉽게 성령의 능력으로 가능합니다. 환자 안에서 성령의 역사가 밖으로 나타나야 합니다. 축귀를 받고도 성령의 임재가 있는 곳에서 믿음 생활을 하고, 생활 간에도 임재 가운데 지내는 것이 중요합니다. 그래야 다시 틈타지 않고 영성을 유지할 수 있습니다.

첫째, 귀신의 종류를 분별하여 축귀하는 방법.
1) 붙어있는 장소별 손을 얹고 치유하는 축귀하는 방법은 이렇습니다.
① 눈에 붙어 있는 경우나 소경 귀신은 눈 위에 손을 얹습니

다. 눈을 압박하여 눈을 파열시키는 경우도 있으므로 절대로 주의합니다.

② 혀에 붙어 있는 경우나 벙어리 귀신이나 말더듬이 귀신은 혀를 잡습니다.

③ 귀에 붙어 있는 경우나 귀머거리 귀신은 손가락으로 귓속에 손가락을 넣거나 귀밑을 압박합니다.

④ 무릎 관절에 붙어 있는 관절염 귀신이나, 다리병신 귀신은 눕게 하고, 무릎 관절에 양손을 가만히 올려놓고, 3분 이상 묵상 기도하면서 발작하기를 기다립니다. 발작하면 축귀합니다. 여러 번 해야 합니다.

⑤ 아랫배에 붙어 있는 음란 귀신이나, 방광 귀신 혹은 자궁병 귀신은 아랫배에 손을 얹습니다. 이성간에는 특히 유의하세요. 이성 간에는 본인의 손을 얹게 하고 안수하세요.

⑥ 머리에 붙어 있는 경우나 두통 귀신은 머리나 눈 가장자리 양쪽을 압박합니다.

⑦ 얼굴에 붙어 있어 얼굴을 실룩이는 귀신이나 반쪽 마비를 일으키는 귀신은 양손 바닥으로 얼굴을 감싸 쥡니다.

⑧ 기관지에 붙어 있는 경우나 천식 귀신은 목에 손을 얹고 기도하거나 손가락을 바로 펴고, 기관지를 향하여 능력을 쏘는 것처럼 기도합니다.

⑨ 코에 붙어 있거나 축농증이나 비후성 알레르기와 같은 병을 유발하는 귀신은 엄지손가락과 둘째손가락으로 코를 살짝 잡

고 묵상 기도합니다.

⑩ 가슴이나 유방에 붙어 있는 귀신은 가슴이나 유방 위에 손바닥을 얹고 기도합니다. 이성간에는 상대방의 손을 얹고 기도하세요. 특히 유의하세요.

⑪ 어깨나 등허리에 붙어 있는 귀신은 양손으로 어깨나 등허리에 손을 얹고 기도합니다.

⑫ 목이나 목덜미에 붙어 있는 귀신은 양손으로 목을 감싸 쥡니다.

⑬ 배나 내장기관에 붙어 있는 귀신은 배 위에 손을 가만히 얹어 기도하거나 배를 쓸면서 혹은 배를 주무르면서 기도합니다. 심하게 배를 압박하거나 눌러서 내장의 기관을 손상시키거나 압박하여 장협착이나 질식사 시킬 수 있으므로 절대로 주의하여야 합니다. 이성간에는 주의하세요.

⑭ 허리에 붙어 있는 경우나 디스크를 유발하는 귀신은 허리에 가만히 손을 얹어 기도합니다. 다리를 만져서 기도하는 방법도 있습니다. 귀신이 주는 디스크가 아니고 단순하게 골반이 틀어져서 생긴 디스크는 환자를 눕게 하고 양다리를 돌리면서 가만히 묵상 기도합니다. 이때에 틀어진 한쪽 다리가 순간순간 조금씩 돌아와서 좌우 균형을 이루는 모습을 보게 되면 치료가 다 된 것입니다. 그러나 다시 틀어지는 경우가 많으므로 정상적이된 상태로 굳어 질 때까지 주의해야 합니다.

⑮ 사타구니 사이나 은밀한 곳에도 붙어 있습니다. 이때에는

성령의 지혜를 받으면서 사역하세요.

2) 성령의 역사에 정체를 폭로하는 현상은 이렇습니다.

① 신경계통에 붙어 있는 경우나 불면증 불안 초조 성격이상을 가져오는 귀신은 가슴에 손을 얹고 기도하세요.

② 혈관이나 체액을 타고 다니는 귀신은 머리에 안수하거나 피나 체액을 맑게 하는 조치를 취한 후 기도하면 더욱 효과적입니다. 조치란 의학적이고 식이요법도 포함됩니다. 피를 맑게 하는 여러 가지 방법을 사용해도 됩니다.

③ 내장이나 숙변에 붙어 있는 귀신은 뱃속에 딱딱한 부위가 만져집니다. 주무르거나 숙변을 제거하는 여러 가지 조치를 취한 후 기도 하는 것이 효과적입니다.

④ 육신의 질병이 있는 곳에 붙어 있는 귀신은 질병 귀신을 쫓거나 귀신을 쫓아낸 후 질병을 위한 치유 기도를 다시 하면 치유가 더욱 효과적입니다.

⑤ 귀신이 침입하여 질병을 일으킨 경우는 귀신을 먼저 축출해야 치유가 일어나고, 그 반대로 질병이 있는 곳에 나중에 침입한 귀신의 질병 치유는 귀신이 축출되더라도 치유가 급속히 이루어지지 아니합니다. 이런 경우는 병원치료와 약을 복용하면서 치유하는 것이 효과적입니다.

⑥ 음기나 사기를 타고 다니는 귀신은 쉽게 축출되고 발작합니다.

⑦ 산성 체질에 따라 다니는 귀신은 체질을 개선한 후에 축귀

하면 더욱 쉽고 효과적입니다.

⑧ 근육에 붙어 있는 귀신은 살짝 압박해도 통증을 호소합니다. 어깨, 목덜미, 등허리, 허벅지 등등

3) 인격적으로 분류하면 이렇습니다.

① 지적인 귀신: 생각이나 사상이나 이론에 붙어 있는 귀신은 자신의 고집적인 잘못된 생각이나 사상이나 이론을 바꾸어야 합니다. 부정적, 비관적, 비판적, 이기적, 육신적 생각만을 합니다. 남의 가르침이나 충고를 절대로 믿지도 받아드리지도 않습니다. 본인이 인정해야 축귀가 가능합니다.

② 감정적인 귀신: 감상적인 마음이나 낙심과 좌절, 사악한 마음의 소유자, 충동적인 자를 말합니다.

③ 의지적인 귀신: 무기력한 자, 의지력이 약한 자. 게으른 자, 무위도식하는 자를 말합니다.

4) 영적으로 분류하면 이렇습니다.

① 교만 귀신: 교만은 무지에서 나오고 자신의 무지를 감추려는 본능에서 나옵니다. 무지를 깨닫고 겸손해져야 합니다. 직분자들에게 가장 많습니다. 자신을 알아야 합니다. 잘 알지도 못하면서 아는 척하지 말아야 합니다. 영적인 사역은 그렇게 말로 하는 것이 아니고 성령의 지지가 있어야 하는 것입니다.

② 혈기 귀신: 혈기는 잠재되어 있는 분노에서 습관적이 되어서 나옵니다. 분노와 혈기의 원인이 주위 환경에서 나옵니다. 이 원인이 내적 치유가 되어 제거되어야 합니다.

③ 음란 귀신: 영적 음란, 육적 음란 모두 해당이 됩니다. 영적인 음란은 육적인 음란을 불러옵니다.

④ 시기와 질투: 시기 질투의 귀신을 축귀하면 치유됩니다.

⑤ 더러운 귀신: 지저분하게 해놓고 산다든지 외모를 산만하게 하고 다닙니다.

⑥ 거룩한 영: 거룩을 가장하고 부부 관계를 추한 것으로 생각하고 독수공방을 주장하는 귀신입니다. ⑦ 술 귀신(알코올), ⑧ 담배 귀신, ⑨ 마약 귀신, ⑩ 살인 귀신, ⑪ 거짓 영, ⑫ 폭력 귀신, ⑬ 미혹의 영 등입니다.

둘째, 축귀 사역할 때 귀신의 속임 수법이다.

① 엄살을 부리기도 하며, 혼수상태에 빠지기도 합니다. ② 귀신들린 자의 비밀스러운 죄나 일들을 들추어냄으로 숨으려 합니다. ③ 사역자의 죄를 들추거나 비웃거나 하는 방법을 쓰기도 합니다. ④ 나간다고 거짓말을 하기도 하고 문을 열어 주면 나간다고 말하여 속이기도 합니다. ⑤ 잠잠하여 축출된 것처럼 가장하기도 합니다. ⑥ 때로는 몸 어느 부위에 있음이 느껴져서 그곳을 잡으면 도망하여 손이 닿지 않는 은밀한 곳에 숨거나 숨통 있는 곳에 숨기도하여 사역에 몰두한 나머지 숨통을 누를 수도 있음으로 주의해야 합니다. 귀신이 갑자기 잠잠해 질 때 귀신에게 귀신아 너 나갔느냐 하고 물으면 "그래 나갔다" 하고 대답하기도 하고, 나가지 않았다 하기도 하고, 야 너는 속지 않네 하고 말하

기도 하면서, 자신의 정체를 다시 드러내는 어리석은 존재인 것도 알게 되었습니다. 들 컸다 하는 경우도 있습니다. 귀신과 대화는 절대로 주의하고 성령의 강한 불을 계속 환자에게 집어넣어 임재를 깊게 합니다.

셋째, 귀신이 실체를 드러낼 때는 이렇다.

강한 반응을 보이는 경우도 있고, 약한 반응을 보이는 경우도 있습니다. 때로는 귀신이 아닌 것 같은 반응이 의외로 귀신일 경우도 많습니다. 이것은 귀신의 종류와 침입한 상태와 그리고 치유사역자의 영감과 영력의 정도의 상태에 따라서 여러 가지 반응이 다르게 나타나는 것을 보게 됩니다. 축귀하고 난 후, 그 사람에게 물어보아서 알게 되는 현상인데 치유 사역자에 따라서 귀신의 발작에 차이가 있는 것을 볼 때, 사역자에 따라, 그 능력에 차이가 있다는 것을 알게 됩니다. 성경의 사도행전에도 스와게의 아들들이 귀신에게 도리어 혼이 나는 경우를 보게 되는데, 어떤 사역자에게는 공격을 하여 사역자가 도리어 당하는 경우도 보게 되고, 때로는 저도 피곤하고, 영력이 떨어 질 경우에는 공격을 당하여 공격당한 것을 영감으로 알게 되어 이때는 즉시 강력한 기도로 몰아내야 합니다. 귀신이 정체를 드러낼 때는 공격을 합니다. 축귀사역자는 이점을 알고 무시로 성령 안에서 기도하고 전신갑주로 무장을 하지 않으면 공격을 당하거나 후유증으로 시달리게 됩니다.

1) 귀신이 사역자와 환자를 공격하는 경우

① 소름이 오싹 끼치게 하거나 두려움을 줍니다. ② 못 견딜 정도로 두통이 심하게 일어나게 만듭니다. ③ 치유사역을 두렵게 하거나 사역을 하기가 싫어지기도 합니다. ④ 지독한 냄새를 풍기기도 합니다. ⑤ 음욕을 불같이 일어나게 만들기도 합니다. ⑥ 때로는 주먹을 휘두르기도 하고 덤비기도 합니다. 그래서 저는 환자의 멱살을 잘 잡습니다. ⑦ 오물을 토하여 얼굴에 뒤집어 쓰게도 합니다. ⑧ 욕설을 퍼붓기도 하고 저주하기도 합니다. ⑨ 쏘아보면서 위협을 주기도 합니다. ⑩ 온 몸이 가려워지기도 합니다. ⑪ 갑자기 현혹하여 예쁘거나 아름답게 보이기도 합니다. ⑫ 갑자기 구토나 통증이 오기도 합니다. ⑬ 순간적으로 눈에 헛것이 보이게도 합니다. ⑭ 갑자기 가슴이 답답해 오기도 합니다. ⑮ 기도를 하지 못하게 무엇인가 불안한 느낌을 불러일으키기도 합니다. 설교를 듣지 못하게 분심과 잡념을 일으키게도 하지만 졸게도 만들고 설교자를 갑자기 싫어지게도 합니다. 갑자기 미워지게 하거나 특정 사람이 꺼려지게 하기도 합니다. 갑자기 자신을 감추고 기도나 치료받기를 싫어하게 됩니다. 기도를 받으러 가다가 넘어지게 만들던가, 화(혈기)를 나게 만들어, 기도 받는 것을 중단하게 만듭니다. 이외에도 생각하지 못한 여러 가지 시험을 들게 만듭니다.

성령이 충만한 경우에도 침입하는데 사역자는 절대로 방심하면 안 됩니다. 직접 몸의 질병이나 약한 부위를 타고 완전하게 침입해 버리기도 합니다. 이때는 본인이 알아도 이놈은 보통 강한 놈이 아니기에 쉽사리 빠져나가지 않습니다. 이때는 본인의 육체적 질병이 무엇인가 알아서 질병부터 먼저 치유해야 됩니다. 어려서 부터 발생한 질병 뒤에는 반드시 귀신의 집이 있습니다. 귀신의 집을 파괴하고 귀신을 축귀하면 질병이 치유됩니다.

그러나 신경 안정제는 되도록이면 먹어서는 안 됩니다. 먹지 않고 견딜만하면, 그렇지 않으면 먹여야합니다. 발작이 심하여 견딜 수 없으면 일정기간 겸하면서 축귀를 합니다. 성령이 충만한데 왜 들어오게 되느냐고 반문 할 사람이 있을지도 모릅니다. 완전하게 영, 혼, 육신이 100% 성령 충만하면 들어 올 수가 없습니다. 그러나 우리가 보통 말하는 수준의 성령 충만은 보편적으로 믿음이 좋은 상태의 관념적인 상태에서만 이해를 하고 있습니다. 율법적이고 관념적인 신앙생활을 하면 귀신이 좋아서 활개를 치면서 역사한다는 것을 알고 대처해야 합니다.

그러나 성령 충만은 우리들이 보편적으로 생각하는 정도의 수준을 초월하는 정도의 수준입니다. 스테반과 같이 죽음 앞에서 죽음과 고통을 두려워하지 않을 정도의 수준이라야 충만한 상태이지만, 보통 상황 하에서는 우리들이 분별할 수가 없는 것입니다. 일정 시대에 과연 몇 사람이 신사참배를 거절하고 모진 고문이나 죽음을 택할 수 있었는가? 우리는 말로는 얼마든지 성령 충만을 말할 수 있습니다. "믿습니다." 라고 호기를 부린다고, 성령 충만한 것이 아니기 때문에 악한자의 영력이 우리의 영력 보다 강하면 침입을 하는 것입니다. "세례요한의 때부터 지금까지 천국은 침노를 당하나니 침노하는 자는 빼앗느니라."(마 11:12). 이외에도 여러 가지 방법으로 공격을 할 수 있다는 것을 염두에 두어야 합니다.

2) 귀신이 실체를 드러낼 때의 현상은 이렇다.

① 콧구멍이 벌름거리거나 입술이 오므라들며 목구멍이 확장됩니다. ② 몸이 부어오르기도 하고 부르르 떨기도하며 뱀처럼 쉿 소리를 내기도 합니다. ③ 동물 소리로 울부짖기도 하며 심한 악취를 풍기기도 합니다. ④ 더러운 가래를 뱉거나 거품을 뿜어내기도 합니다. ⑤ 흰 자위만 보이거나 눈동자만 크게 확장되거나 두 눈이 각각 따로 움직입니다. ⑥ 귀신들린 사람이 쓰러질 때는 귀신이 축출되는 경우가 많습니다. ⑦ 몸이 뒤틀리면서 발작하기 시작합니다. ⑧ 코를 골면서 자는 척하는 놈도 있습니다. ⑨ 혼수상태에 빠져 버리는 경우도 많습니다. 이외에도 여러 가지 크고 작은 여러 가지 특이한 육체적 현상들이 나타납니다.

참고로 영의 질병은 사단이나 귀신이 침입하여 일으키는 질병이지만 이러한 질병은 귀신을 축귀하면 즉시 기적적인 치유가 일어나게 됩니다. 그러나 육체의 질병으로 말미암아 사단이 침입하게 된 질병은 사단이 축귀되어도 급속한 치유가 되지 아니하는 경우가 있습니다.

경험이 많은 사역자들도 이런 경우를 이해하지 못하는 경우가 많은데, 이것은 사역자들이 영적인 면만 보기 때문입니다. 그래서 영. 혼. 육적인 상황을 전인적으로 살펴야합니다. 또한 의사의 치료로 영의 병이 치유되어지는 현상도 있는 것을 볼 수 있는데 이것은 의술이나 약으로 귀신을 축귀하는 것이 아니라, 육체의 질병이 치유됨으로 사단이나 귀신이 거할 근거지가 없어지게 됨으로 귀신이 스스로 그 환부에서 떠나가는 현상이 경우에 따라 일어나기 때문입니다. 그러나 얼마 있지 않아 다음 약한 곳에 문제를 일으킬 수가 있습니다.

넷째, 귀신이 축귀되지 아니하는 경우는 이렇다.

1) 약을 먹고 있는 경우: 귀신축귀의 원리는 잠재의식에 잠복되어 있는 귀신을 표면의식으로 노출시켜 축귀하는 것인데 약은 귀신의 활동의식을 잠잠하게 하는 역할을 하기 때문에 축귀에 역반응을 일으킵니다. 특별히 신경안정제가 섞인 것은 더욱 좋지 않습니다. 약을 복용한 기간이나 약의 정도에 따라 차이가 있지만 최하 2주간 이상의 기간이 지나야 약효가 떨어지게 됩니다. 심지어 2달 혹은 3달이 걸리는 경우도 있습니다.

내가 그동안 축귀사역을 하면서 체험한 것은 정신병, 우울. 불면 모두 영육의 상황이 좋을 때 축귀하여 치유해야합니다. 상황이 나빠질 시기는 본인 임상에 의하면 이렇습니다. 물질문제로 어려울 때, 심한 스트레스, 제삿날, 명절날, 이때가 되면 며칠 전부터 상황이 좋지 못하다가 악화됩니다.

2) 잠복되어 있는 귀신의 존재를 의심하거나 부인하고 있는

경우: 귀신축귀의 또 하나의 원리는 귀신으로부터 자신의 생각이나 감정이나 의지로부터 분리시키는 것인데 자신이 자기 내부에 있는 귀신의 존재를 부인하기 때문에 불가능하게 됩니다.

3) 귀신을 축귀하려는 본인의 의지가 부족한 경우: 즉 환자나 보호자의 마음의 준비나 기도의 부족으로 하나님께서 사단을 뽑아 주실 때가 되지 않은 것을 의미합니다(요4:23).

4) 특별한 하나님의 섭리와 경륜이 있을 때: 사도 바울과 같이 받은바 계시가 너무 커 교만하지 않도록 하기 위하여, 혹은 욥처럼 연단 후에 갑절의 축복을 주시기 위하여, 또는 사명을 감당할 수 있는 능력자로 키우기 위하여, 때로는 하나님의 여러 가지 뜻을 성취하기 위하여 그 뜻이 이루어 질 때까지 하나님께서 귀신을 뽑아 주시지 않을 때도 있습니다. 귀신을 통하여 하나님이 원하는 영적인 수준에 도달하게 하십니다(고후12:7).

5) 하나님의 나라의 유업을 이어받지 못할 자는 치유되지 아니합니다. 저의 경우 환자를 보더라도 성령께서 기도해주라는 감동이 없습니다. 나는 그렇게 안 하리라 결심하지만 막상 그 환자에게 가면 성령이 감동을 안 줍니다.

본인이 아는 바로는 성령의 임재가운데 기도하려면 머리에서 세상 생각이 떠나가지 않고 강사가 우습게 보이고, 과거의 상처받던 여러 생각이 사로 잡이 깊은 기도를 하지 못합니다. 잡념이 오고 그러니까 방언기도를 나름대로 하여 잡념을 몰아낸다고 하는데 귀신이 적응되어 꼼짝하지 않는 방언기도를 해댑니다. 그래서 빨리 영안을 열어 자신의 상태를 보려고 노력해야합니다. 오지랖이 넓지 말고, 무엇보다 집중과 몰입이 잘되면 치유는 잘 됩니다. 쫓아 보내려고 노력하지 말고 빨리 그 단계를 넘어서야 합니다.

다섯째, 축귀 후에 내면을 하나님의 은혜로 채우라. 하나님의 은혜는 흐르는 것입니다. 흘러 들어오기도 하지만, 흘러나가기도 합니다. 그러므로 자꾸 채워야 합니다. 내면을 항상 하나님의 은혜로 채우도록 노력해야 합니다. 하나님의 은혜는 생명력입니다. 여기에 집중하세요.

1) 쫓겨난 마귀는 자신이 나온 집에 대하여 강한 집착과 미련을 가집니다. 마귀는 영적 존재이나, 제한적인 존재이기에 자신이 거했던 사람의 성품과 습관에 익숙하여 자신의 일을 행하기에 매우 쉽고 효과적으로 죄를 짓게 만들 수 있으며, 마귀는 자신의 거할 장소를 찾아야 하기에 거했던 그곳을 다시 찾아옵니다.

2) 단순히 축귀만 한 상태는 병원에서 수술을 받은 것과 같은 상태입니다. 계속 투약과 건강관리를 하지 않으면 병이 재발하는 것처럼 축귀후의 삶이 매우 중요합니다. 치유도 중요하지만, 치유후의 관리도 매우 중요합니다.

3) 치유 후에는 치유전의 상태인 미움, 분노, 원망, 부정적인 의식을 버리고 성령님과 교제하는 삶을 살아가야 합니다. 치유받을 당시와 같은 영성을 지속적으로 유지해야 합니다.

20장 사역자의 귀신 쫓는 기술

(행 16:16-18)"우리가 기도하는 곳에 가다가 점하는 귀신 들린 여종 하나를 만나니 점으로 그 주인들을 크게 이하게 하는 자라. 바울과 우리를 좇아와서 소리 질러 가로되 이 사람들은 지극히 높은 하나님의 종으로 구원의 길을 너희에게 전하는 자라하며, 이같이 여러 날을 하는지라 바울이 심히 괴로워하여 돌이켜 그 귀신에게 이르되 예수 그리스도의 이름으로 내가 네게 명하노니 그에게서 나오라 하니 귀신이 즉시 나오니라"

필자가 귀신들을 좇아내는 영적전투에 대하여 책을 쓰는 것은 지난 20년 동안 귀신을 많이 쫓아냈습니다. 축귀를 하다가 보니 영적으로 고통당하는 성도들을 치유하는데 꼭 필요한 사역이기 때문입니다. 능력전도를 하는데도 꼭 필요한 것이 영분별은사이고 축귀능력입니다. 영분별의 은사는 오늘날 그리스도 몸(교회)에 주어집니다. 그래서 존 윔버 목사님 같은 경우는 특별히 귀신을 쫓아내는 사역을 하기 전에는 꼭 하나님께 영분별의 은사를 구했다고 합니다.

첫째, 효과적인 사역을 하기 위해서 성령의 임재 하에 기도해야 한다. 성령의 지배와 장악이 되어야 축귀가 진행됩니다.

1)자신들을 보호합니다. 예를 든다면 하나님 이 시간 예수님의 보혈로 저를 덮어주세요. 같이 사역하는 사람들도 예수님의 보혈로 덮어주세요. 치유를 받는 사람들의 가족들도 보호하여 주옵소서. 성령님 사역하는 저와 관련된 모든 친 인척들을 장악하여 주옵소서. 왜냐하면 사단이 사역자나 환자의 가족을 공격할 수 있으니까 사전에 예방하는 것입니다.

2) 죄를 회개합니다. 성령의 임재 가운데 해야 합니다. 축사사역을 하다보면, 귀신이 귀신같이 죄를 알아가지고 죄를 들이대는 경우가 있기 때문입니다. 그러면 당황하게 되고, 담대하게 사역을 하기가 곤란합니다. 그러므로 사역하기 전에 자신을 보호하고, 둘째는 생각나는 모든 죄를 회개하고, 죄 용서를 믿음으로 받아들입니다. 그래도 귀신이 죄를 지적하면 그때는 담대하게 나갈 수 있습니다. 왜 회개함으로 용서받았기 때문입니다. 그래서 하나님 말씀에 기초해서 담대하게 귀신에게 중단하라고 명령할 수 있습니다. 성령님에게 보호를 요청합니다.

3) 영분별의 은사를 구합니다. 예를 든다면 성령님 이 시간 우리에게 영분별의 은사가 나타나게 해주시기를 바랍니다. 왜! 구하는 자에게 은사를 주시겠다고 하셨으니까, 은사를 구하는 것입니다. 성령님 영들을 정확하게 분별할 수 있도록 도우소서.

둘째, 축귀를 바르게 알아야 한다. 우리가 축귀에 대하여 바르게 알지 못하는 것들이 있습니다. 예를 든다면 목회자들이 성도들에게 귀신을 쫓아내라고 합니다. 귀신을 예수 이름으로 대적하고 명령하여 쫓아내면 된다고 합니다. 그러나 귀신은 성령의 권능을 힘입지 않고 말로 명령한다고 귀신이 떠나가지를 않습니다. 반드시 성령으로 세례를 받고 성령으로 충만 받아 성령의 임재 하에 성령의 권능을 힘입어야 귀신이 떠나갑니다.

귀신은 사람의 힘만으로는 쫓아낼 수 없습니다. 반드시 초자연적으로 역사하는 성령의 권능을 힘입어야 귀신을 쫓아낼 수 있습니다. 그래서 성도들에게 성령의 권능을 힘입고 귀신을 쫓아내는 방법을 바르게 알려주어야 합니다. 그런데 일부 목회자들이 성령의 권능을 힘입는 방법을 상세하게 알려주지 않습니다. 무조건 예수 이름으로 대적하면 귀신이 떠나간다고 가르치고 대적기도 하라고 합니다. 그러나 귀신은 예수 이름으로 대적한다고 떠나가지 않습니다. 왜냐하면 성령의 권능 없이 사람의 말로 명령을 하기 때문입니다. 반드시 성령의 권능을 힘입고 귀신에게 명령을 해야 떠나가는 것입니다. 이는 사도행전 19장의 스게와의 일곱 아들들의 경우를 보면 알 수가 있습니다.

일반 성도들에게 귀신축귀에 대하여 바르게 알려주지 않으니 귀신을 쫓으려다가 도리어 당하는 사례가 적지 않습니다. 박 집사라고 하는 여자가 필자에게 이렇게 이야기 했습니다. "목사님! 우리 목사님이 믿는 자에게는 권세가 있으니 남편에게 역사하는 알콜 중독 귀신에게 대적기도를 하라고 했습니다. 그래서 저에게 먼저 대적기도를 했습니다. 남편을 통하여 나에게 전이된 귀신은 "예수 이름으로 명하노니 떠나갈지어다." 하고 명령을 했더니 갑자기 저에게 두려움이 찾아왔습니다. 몸에 찬물을 붓는 것과 같이 닭살이 돋으면서 두려움이 찾아왔습니다. 아주 무서운 생각이 저를 사로잡았습니다. 그러면서 기도가 되지를 않았습니다. 가슴이 답답해지는 것이었습니다. 힘이 들어서 기도를 하지 못했습니다. 목사님! 어떻게 해야 할까요?" 그래서 제가 이렇게 대답을 했습니다. "집사님이 성령으로 장악이 되지 않은 상태에서 악한 귀신에게 명령하니 집사님 안에서 역사하던 귀신이 두려움을 준 것입니다. 오셔서 치유를 받은 다음에 성령으로 충만을 받으시고 대적기도를 하세요." 이렇게 성령으로 장악을 당하지 않은 상태에서 대적기도를 하니 마귀에게 당하는 것입니다. 성령으로 충만한 가운데 기도하면 악귀는 떠나갑니다. 반드시 성령으로 충만한 가운데 대적기도를 해야 합니다. 성령의 권능으로 귀신이 떠나가는 것입니다.

김이라는 안수집사이야기입니다. 작년에 이 집사가 우리 교회에 찾아와 치유를 받다가 저에게 상담을 했습니다. 상담을 한 내용은 자기가 안산에 상가를 분양을 받았답니다. 그런데 일 년이 넘도록 임대가 나가지를 않는다는 것입니다. 그래서 필자가 상가에 가서 성령의 임재를 요청하고 대적 기도하라고 알려주었습니다. 이 집사가 안산 상가에 가서 찬양을 부르고 대적기도를 했답니다. 그랬더니 갑자기 자신에게 두려움이 찾아오고 대적기도를 할 수 없을 정도로 말이 나오지를 않더라는 것입니다. 거기다가 온몸에 한기가 들면서 오들오들 떨려서 도저히 기도를 못하고 도망을 왔다는 것입니다. 두려워서 도망을 오는 데도 계속 춥고 떨리다가 서울에 거의 다오니까, 잠잠해지더라는 것입니다. 그러면서 왜 예수 이름으로 대적기도를 하는데 이런 현상이 나타나는지 궁금하다는 것입니다. 내가 이렇게 대답을 해주었습니다. "지금 안수집사님은 성령으로 온전하게 장악이 되지 않았습니다. 안수집사님에게 역사하는 귀신이 집사님이 대적 기도할 때 두려움을 준 것입니다. 지속적으로 치유를 받으시기를 바랍니다. 그래서 성령의 충만함을 받아 집사님에게 역사하던 귀신이 떠나가고 나면 안산에 가셔서 대적기도 하면 그런 현상이 나타나지 않을 것입니다. 좀 더 영성을 준비하세요." 이렇게 일려주었습니다. 지금 성도들이 자신이 성령으로 장악이 되지 않았는데 예수 이름만 가지고 대적기도를 하니 이런 일을 당하는 것입니다. 그래서 목회자는 성도들이 성령의 권능을 힘입는 방법을 알려주고 대적 기도를 하도록 해야 합니다.

한번은 필자에게 이런 일이 있었습니다. 그때는 성령의 체험도 했을 때이고, 성령치유 사역을 한창 하던 시기입니다. 낮에 사모하고 성령으로 충만한 가운데 성전에서 기도하고 있는데 갑자기 성령께서 혈통으로 대물림 되며 너의 목회를 방해하고 가난하게 하는 귀신을 몰아내라! 그러시는 것입니다. 그래서 내가 호흡 기도를 통하여 성령이 나를 장악하여 충만하게 되었을 때 "예수 이름으로 명하노니 나의 목회를 방해하고 가난하게 하는 더러운 귀신은 예수 이름으로 명하노니 물러갈지어다.", "예수 이름으로 명하노니 나의 목회를 방해하고 가난하게 하는 더러운 귀신은 예수 이름으로 명하노니 물러갈지어다.", "예수 이름으로 명하노니 나의 목회를 방해하고 가난하게 하는 더러운 귀신은 예수 이름으로 명하노니 물러갈지어다." 하고 세 번을 명령했더니 막 하품이 나오기를 한 20번 이상 나오면서 더러운 귀신들이 떠나가는 것이었습니다. 그렇게 하기를 한참 하더니 이제 아랫배가 뒤틀리고 아프면서 귀신들이 떠나갔습니다. 그 당시에는 교회당 안에서 그렇게 강력한 불의 역사가 일어나고 성도들을 붙잡고 기도하며 귀신들을 축사하고 사역을 해도 나를 괴롭히고 목회를 방해하고 가난하게 하던 귀신들이 떠나가지를 않은 것입니다. 그러므로 예수를 믿고 말로 명령만 하면 귀신이 떠나간다는 말은 체험 없이 하는 말입니다. 좌우지간 성령께서 알려주신 대로 필자에 대한 축귀 사역을 한 다음 성령의 역사로 교회의 재정이 풀리고, 교회가 부흥 성장하여 서울로 이전하게 되었습니다. 그러니까 교회의 재정을 어렵게 하고 교회 성장을 방해하는 배후에 혈통에 대물림되던 귀신이 있었다는 것입니다.

셋째, 축귀사역을 성공하려면 이렇게 하라. 많은 목회자와 성도들이 귀신만 축귀하면 치유가 되는 줄 알고 있습니다. 제가 20년이란 세월을 투자하여 성령치유사역을 하면서 체험한 바로는 귀신이 침입했으면 반드시 원인이 있다는 것입니다. 침입한 귀신은 원인이 해결되기 전에는 절대로 나가지 않습니다. 귀신이 침입하게 된 원인은 오로지 성령님만이 알고 계십니다. 그래서 귀신을 축귀하려면 반드시 성령으로 세례를 받아야 합니다. 성령으로 세례를 받으면 성령께서 성도의 전인격을 장악해 가십니다. 성령께서 성도를 장악하는 과정에서 내면의 상처를 치유하십니다. 상처가 치유되다가 보니 자아도 깨집니다. 자아가 깨지면서 귀신들이 서서히 정체를 폭로하고 떠나가기 시작합니다.

그리고 사역자가 귀신을 불러내어 쫓아내는 것이 아닙니다. 환자 안에 계신 성령하나님의 역사로 귀신이 떠나가는 것입니다. 그러므로 환자가 기도하지 않으면 귀신 축사는 불가능합니다. 환자가 뜨겁게 성령으로 기도해야 성령의 역사로 귀신이 밀려서 떠나가는 것입니다. 성령의 역사가 일어나게 해야 한다는 것입니다.

귀신이 떠나가는 것은 한꺼번에 모두 떠나가는 것이 아니고 성령께서 장악하여 정체가 폭로된 귀신만 떠나갑니다. 정체가 폭로되는 것은 본인이 죄나 상처를 인정하고 받아들이는 것만 해당이 됩니다. 한마디로 성도가 영적으로 깊어지는 만큼씩 귀신이 떠나간다고 보면 맞습니다. 그렇기 때문에 시간이 많이 걸립니다. 영육의 문제가 있는 환자나 보호자는 빨리 치유가 되기를 원하지만, 그것은 요망 사항에 불과 합니다. 절대로 영적인 수준이 되지 않았는데 귀신이 모두 떠나가지 않습니다. 만약에 귀신이 모두 떠나갔다고 하는 사역자가 있다면 이는 영적인 원리를 모르거나 영적인 사기꾼입니다. 조심해야 합니다. 절대로 축귀는 자신이 영적으로 자라는 만큼씩 됩니다. 그래야 나간 귀신이 다시 들어오지 못하므로 영적인 자립을 할 수가 있는 것입니다.

필자가 20여 년간 축귀사역을 하면서 체험해보니 외국에서 축귀사역을 전문으로 하시는 분들의 이야기가 축귀를 한번 시작하면 3-5년을 싸워야 한다고 하는 말에 공감이 갑니다. 귀신을 쫓아냈으면 귀신이 다시 들어오지 못하도록 막을 수 있을 때까지 자신의 영성을 깊게 해야 하기 때문입니다.

그래서 영육으로 고통을 당하는 환자는 성령의 역사가 강하고 전문으로 치유를 하는 교회에 등록하여 다니면서 싸우는 것이 좋습니다. 그래서 저희 충만한 교회는 매주 화-수-목 집회를 하고 있는 것입니다. 일주일에 하루 가지고는 유지 밖에 되지 않습니다. 영적치유를 받고 성령의 권능이 있는 분들은 영성을 유지하기 위하여 일주일에 하루씩 은혜를 받아도 됩니다. 그러나 정신적인 문제와 영적인 문제로 고통을 당하는 분들은 하나님에게 마음과 시간을 많이 투자해야 치유가 됩니다. 치유가 되었다고 해도 영적으로 나태해지면 재발하기 때문에 성령이 역사하는 교회에서 신앙지도를 받는 것이 개인의 영성에 좋습니다. 정신적인 문제와 영적인 문제로 고생하는 성도를 치유하는 치유사역자는 이러한 여러 가지 상황을 알고 치유사역에 임해야 합니다.

귀신의 축귀는 단번에 되지 않습니다. 시간이 많이 소요가 됩니다. 그러므로 사역자는 이에 대한 대비를 하고 사역에 돌입해야 합니다. 먼저 성령으로 세례를 받게 해야 합니다. 성령으로 세례를 받게 하려면 기도가 바르게 되어야 합니다. 이는 제가 써서 출간한 "깊은 영의기도를 쉽게 숙달하는 비결"을 읽어보시면 됩니다. 여기에서 기도에 대하여 적으려면 한계가 있기 때문입니다. 기도가 그렇게 말과 같이 쉽게 바뀌는 것이 아니기 때문입니다. 그리고 안수를 하는데 성령이 환자를 빨리 장악하게 하는 비결을 터득하여 안수를 해야 합니다. 안수기도에 대하여는 "안수기도의 희한한 능력" 책을 참고하시면 됩니다. 영적피해에 대해서는 "영적피해 방지하기" 성령의 역사에 대해서는 "성령의 불세례를 체험하라." 와 "성령의 불로 불세례 받는 법"과 "불같은 성령으로 충만 받는 법"을 보시면 해결이 될 것입니다.

안수도 기도도 아무렇게나 하면 되는 것이 아닙니다. 반드시 모든 영적인 일은 원리가 있습니다. 원리를 바르게 적용해야 환자도 쉽게 은혜 받고, 사역자도 쉽게 사역을 할 수가 있습니다.

그래서 사역자는 전문가가 되려고 노력을 해야 합니다. 저는 항상 이런 사고를 가지고 있습니다. "나는 세상 의사보다 더 많이 알고 행할 줄 알아야 한다." 세상 의사들은 육만 다루지만 영적인 사역자는 전인격을 다루어서 천국에 보내야 하기 때문입니다. 안수를 하다가 보면 여러 가지 영적인 현상들이 나타나기 시작 합니다. 초보 사역자들은 영적인 현상이 나타날 때 당황하는 경우가 있습니다. 당황하여 소리를 지른다거나 환자를 누른다거나 하는 경우가 있는데 조심해야 합니다. 그냥 성령의 역사만 일으키면 됩니다. 모든 사역은 성령께서 하시기 때문입니다. 편안한 마음을 가지고 성령께서 주시는 '레마'에 따라 말하거나 행동하면 됩니다. 절대로 사역자는 느긋한 마음을 가져야 합니다. 빨리 귀신을 쫓아내야 된다는 강박관념을 가져서는 안 됩니다.

저는 초기 사역 때 6시간도 축귀를 한 경우도 있습니다. 지금 생각하면 정말 우습습니다. 지금은 그렇게 시간이 많이 걸리지 않습니다. 길게 걸리면 2시간 20분정도 걸리는 경우도 있습니다. 그래서 매주 토요일 날 하는 집중치유 시간이 2시간 30분입니다. 이는 기도를 하니 성령께서 감동한 시간입니다.

우리 교회에서 토요일 날 하는 집중 치유는 평일 화-수-목 집회에서 악한 영의 역사가 강하여 해결이 되지 않는 분들을 대상으로 하는 것입니다. 정말 힘든 사역이고 전문성이 요구되는 사역입니다. 물론 성령님과 인격적인 관계가 되어야 할 수 있는 사역입니다. 아무나 못합니다. 사역을 했으면 환자가 치유되어야 하지 않습니까? 성령이 보증하여 주시지 않으면 치유되지 않습니다. 그러므로 사역자는 무엇보다도 자신이 치유되어 성령님과 인격적인 관계가 되어야 합니다. 이를 위해서 부단하게 노력을 해야 합니다. 전문성이 요구가 되기 때문입니다.

그리고 귀신을 축귀하면서 대화를 하는 분들이 있습니다. 이것은 참으로 문제가 있는 것입니다. 거짓말쟁이 귀신하고 대화를 한다는 것은 다시 생각해야 될 일입니다. 귀신과 대화를 하게 되면 환자의 의지와 귀신이 분리가 되지 않기 때문에 축귀하는데 시간이 많이 걸립니다. 입을 다물게 하고 환자에게 사역자가 하라는 대로 따라서 하게 해야 합니다. 환자가 성령으로 임재가 되면 귀신이 "안 나간다." "나가기 싫어" "여기가 너무 좋아" 또는 욕설을 해서 귀신하고 말싸움을 했다고 저에게 자랑처럼 이야기하는 사역자가 있습니다. 이는 사역자의 영성이 약하니까, 귀신이 사역자를 조롱하는 것입니다. 이럴 때는 '입 다물어' 하고 선포하여 불필요한 소리를 못하게 통제해야 합니다. 말을 하게 두면 축귀 시간만 길어집니다. 축귀 사역자의 영력이 강하면 아무소리도 못하고 숨어 있으려고 합니다. 성령께서 주시는 '레마'를 받아 선포하면 그만 정체를 폭로하다가 성령으로 장악이 되면 기침이나 울부짖음이나 트림이나 호흡 등을 통하여 떠나갑니다.

귀신이 정체를 폭로했는데 떠나가지 않는 경우는 첫째, 성령께서 완전하게 장악이 되지 않을 경우입니다. 둘째, 상처나 죄악의 처리가 되지 않을 경우입니다. 이런 경우는 성령님에게 문제가 무엇인지 문의하여 해결해야 합니다. 셋째, 사역자의 영력이 귀신을 축귀하기에 미달하는 경우입니다. 원인을 바르게 알아서 해결해야 할 것입니다. 대부분의 귀신은 정체가 폭로되면 얼마 지나지 않아서 나가는 경우가 보통입니다. 문제는 정체를 폭로하지 않는 귀신이 문제입니다. 귀신의 정체를 폭로하기 위해서 성령의 강력한 불을 집어넣어야 합니다. 성령의 강력한 불을 집어넣는 방법은 "성령의 불세례를 체험하라" 와 "성령의 불로 불세례 받는 법"을 읽어보시면 자세하게 알 수가 있습니다. 사역자는 이런 난관을 극복할 수 있는 자기만의 방법을 가지고 있어야 합니다. 영의 세계는 참으로 신묘막측(神妙莫測)한 세계이기 때문입니다. 그러므로 사역자는 축귀 사역간 발생하는 돌발 상황을 잘 극복할 수 있는 전문성을 길러야 합니다. 전문성의 개발은 축귀사역을 많이 해보는 것입니다. 많이 해보아야 돌발 상황을 적절하게 조치할 수 있는 안정된 사역자가 될 수가 있습니다.

영육으로 고통당하는 환자와 보호자는 영적 지식과 실제사역으로 전문화되고, 많은 체험으로 잘 숙련된 사역자를 만나게 해달라고 기도해야 합니다. 축귀를 무서워하지도 말고, 방심하지도 말아야 할 영적인 사역입니다. 문제는 영육으로 고통을 당하는 사람이 영적으로 변해야 한다는 것입니다. 영적으로 변하게 해서 하나님의 나라 군사가 되게 하는 것에 목적을 두고 축귀사역을 해야 합니다. 귀신만 쫓아내면 평생 귀신만 쫓아내야 합니다. 생명의 말씀을 듣고 성령으로 충만하게 되면 귀신은 떠나가지 말라고 해도 떠나갑니다. 문제는 말씀과 성령으로 변하는 것이 문제입니다.

넷째, 귀신을 쉽게 축사하는 원리

① 성령님 임하여 사로잡아 주시옵소서. 강하게 임하여 주시고, 치료하여 주옵소서. 이 시간, 이 지역, 여기 모든 사람들에게 임하여 보호하여 주시옵소서. 여기 모든 사람의 식구들을 임하여 보호하여 주시옵소서. 왜냐하면 축귀사역 중에 악한 영의 공

격을 받을 수 있기 때문에 성령님에게 보호를 요청하는 것입니다. 초기 축사사역자는 꼭 해야 합니다.

② 머리나 손에 가볍게 손을 대고, 성령의 임재를 더 충만히, 더 충만히, 더 강하게. 완전하게 사로잡아 주시옵소서. 성령에게 요청하면서 성령이 완전하게 장악할 때까지 기다려야 합니다.

③ 나타나는 현상에 깊이 유념하여야 합니다. 손의 촉감을 활용하세요. 손으로 촉감이 옵니다.

④ 배가 꿈틀거리거나, 뛰기 시작하면 집중적으로 축사가 시작됩니다. 이때 성령의 인도에 따라 조상으로부터 전이된 악한 영을 다루세요. 상처에 의한 악한 영의 영향을 다루세요. 우두머리에게 명령하세요. 모두 데리고 나오도록 명령하세요. 예를 들어서 대장이 앞서고 모두 줄서서 나올지어다. 성령의 감동에 따라서 정체를 밝히라고 명령하세요. 지속적으로 성령의 인도와 감동에 따라 행동과 명령을 하세요.

⑤ 예수 이름으로 명령하세요. "내가 예수 이름으로 명하노니 이 사람에게서 떠나가라. 완전하게 해 놓고 떠나라." 손해나게 하고, 병들게 하고, 고통을 주던 모든 것을 회복하고 가지고 나오라고 명령하세요.

⑥ 다시 오지 못하도록 명령합니다. "나는 예수의 이름으로 악한 영들을 ○○에게서 분리시킨다. 이제 ○○에게서 떠나 예수님 발 앞으로 갈지어다. 영원한 불속으로 들어갈지어다. 다시는 오지 말지어다."

⑦ 만일 사역이 충분치 못하여 덜 끝났으면 이렇게 하기를 바랍니다. 악한 영들에게 이렇게 명령하기를 바랍니다. "내가 다음에 예수님의 이름으로 대적하여 부를 때까지 입다 물고 있고, 이 사람을 해치지 말라." 고 명령한 후에 일단 사역을 끝내기 바랍니다. 사람이 하나님의 권능아래 있을 때에 하나님께서는 치유, 축귀 혹은 죄 씻음과 같은 놀라운 역사를 행하십니다. 성령 안에서 성령의 권능아래 쓰러질 때, 하나님의 임재 하심을 은밀하게 체험할 때 많은 경우에 치유와 축사가 일어나는 것을 체험합니다. 마음에 평안이 일어납니다.

악한 영을 축사할 때 주의 사항은 이렇습니다. 귀신축사를 할 때에 한 사람이 명령하세요. 악한 것이 헷갈릴 수가 있습니다. 그리고 치유는 부부가 함께 치유 받는 것이 유익합니다. 왜냐하면 문제가 있는 사람은 이상이 없을 수가 있습니다. 그런데 반대로 문제가 없다고 생각하는 사람의 영적인 문제로 상대편에 문제가 발생할 수가 있다는 것입니다. 예를 든다면 부인에게 여러 문제가 있는데 부인에게는 영적인 문제가 없고, 오히려 남편에게 문제가 있어 부인이 고통을 당할 수가 있다는 것입니다.

그리고 공동으로 동일하게 들려있을 수도 있습니다. 지금 세상에는 알게 모르게 악한 영에게 고통을 당하는 사람이 많습니다. 우리 악한 영에게 고통을 당하는 사람들을 축사하여 해방 받게 합시다.

5부 상황별 귀신 쫓고 승리하는 법

21장 영적문제 귀신 쫓고 승리비결

(막5:3-5)"그 사람은 무덤 사이에 거처하는데 이제는 아무도 그를 쇠사슬로도 맬 수 없게 되었으니, 이는 여러 번 고랑과 쇠사슬에 매였어도 쇠사슬을 끊고 고랑을 깨뜨렸음이러라. 그리하여 아무도 그를 제어할 힘이 없는지라. 밤낮 무덤 사이에서나 산에서나 늘 소리 지르며 돌로 자기의 몸을 해치고 있었더라"

우리가 귀신 쫓은 군사가 되어야 하는 것은 성도들이 귀신에 대하여 무지하기 때문에 많은 분들이 귀신에게 고통을 당하고 있기 때문입니다. 이는 귀신이 영적존재라 보이지 않고 귀신에 대하여 박식한 지식이 없기 때문에 막연하게 두려워하면서 당하는 것입니다. 그런데 귀신은 알고 보면 두려운 존재가 아닙니다. 성령의 역사가 일어나면 모두 떠나가야 하는 존재입니다. 귀신을 무서워하지 말고 성령으로 세례를 받지 못한 것을 무서워해야 합니다. 성령으로 세례를 받고 예배를 드리고 기도하면서 성령으로 기도하여 성령의 지배를 받으면서 믿음생활하면 어느날 기침 한번으로 떠나가기도 합니다.

그럼에도 귀신은 살아있는 존재이나 보이지 않기 때문에 크리스천이라도 두려워하고 무서워하는 것이 사실입니다. 이는 샤머니즘의 신앙의 잔재라고 볼 수가 있습니다. 세상에서 살아가면서 귀신에게 고통을 당했기 때문에 귀신에 대하여 막연한 두려움을 가지고 있는 것입니다. 그래서 크리스천들이 귀신을 쫓아내는 사역자를 신성시하기도 합니다.

실상은 사람이 귀신을 쫓아내는 것이 아니고, 자신 안에 주인으로 계시는 성령님께서 귀신을 몰아내시는 것입니다. 자신 안에 하나님의 성전이 견고하게 지어지고 성령으로 충만해지면 귀신은 자동으로 물러가는 것입니다. 그럼으로 귀신을 쫓아내는 것이 집중하지 말고 자신 안에 생명의 말씀과 성령으로 성전을 만드는 것이 더 관심을 집중해야 합니다. 귀신만 쫓아내려고 하기 때문에 귀신이 떠나가지 않는 것입니다. 귀신은 자신 안에 주인으로 계시는 성령님의 권능으로 쫓겨나가는 것입니다.

더 큰 문제는 능력자를 의지하여 귀신만 쫓아내려고 하는 것입니다. 그런데 이렇게 능력자를 의지하여 귀신을 쫓아냈다고 하더라도 돌아서면 다시 원위치 합니다. 왜냐하면 자신에게 성령의 권능이 없기 때문입니다. 자신 안에 성령님이 주인 되어 성전이 되지 않고 이렇게 다른 사람을 의지하여 귀신을 쫓아내려고 하면 죽을 때까지 귀신을 쫓아내야 합니다. 귀신을 쫓아내고 자유하려면 자신 안에 나라가 바뀌어야 합니다. 하나님께서 주인이 되어야 한다는 말입니다. 성령님에게 지배당하고 장악당해야 합니다. 자신 안에 하나님의 성전이 견고하게 지어지면 귀신을 쉽게 떠나가는 것입니다. 귀신으로부터 고생하는 크리스천은 자신 안에 성전을 견고하게 하는 일에 집중해야 합니다.

첫째, 귀신을 바르게 속전속결 쫓아내는 비결이다. 귀신은 사람의 힘으로는 축사할 수가 없습니다. 귀신은 초인적인(4차원) 존재이지만, 사람은 3차원이기 때문입니다. 귀신을 축사하려면 성령의 권능(5차원)을 힘입어야 가능한 것입니다. 성령의 권능으로 귀신이 쫓겨 가기 때문입니다. 그러나 성령님도 보이지 않기 때문에 어떻게 해야 성령의 권능을 힘입는 것인지 막연합니다.

그래서 성령의 권능을 힘입기 위하여 여러 가지 방법을 동원합니다. 어떤 분들은 성령이 하늘에서 또는 능력 있는 사람에게서 임한다고 하시는 분들도 있습니다. 하늘이나 사람에게서 임하는 성령의 불을 받기 위하여 인간적인 노력을 합니다. 그래서 성령집회에 참석하여 손바닥을 내밀면서 성령의 불을 받으려고 합니다. 어떤 분들은 억지로 흔들면서 진동을 합니다. 어떤 분들은 팔을 흔들기도 합니다. 어떤 분들은 서서 뛰어다니기도 합니다. 이런 모든 방법은 인간적인 노력을 하여 성령을 받겠다고 하는 지극히 상식이하의 행동입니다. 그러나 성령께서는 사람 안에 임재 하여 계신다는 것을 알아야 합니다. "너희는 너희가 하나님의 성전인 것과 하나님의 성령이 너희 안에 계시는 것을 알지 못하느냐(고전 3:16)" 성령님이 자신 안에 계신다는 것입니다. 자신 안에 계신 성령님이 밖으로 나오게 해야 합니다. 성령의 불이 자신 안에서 나와야 한다는 것입니다. 예수를 영접한 크리스천이라면 직접적인 성령세례를 받지 못한 분들이라도 성령님은 자신 안에 계십니다. 예수를 믿을 때 성령님이 자신 안에 임재 하셨기 때문입니다. 임재하신 성령께서 자신을 완전하게 장악하시는 것이 성령세례입니다. 성령님은 호흡입니다. 바람입니다. 살아계십니다. 그렇기 때문에 성령을 손바닥에 받을 수가 없는 것입니다. 사람의 숨(호흡)을 통하여 자신 안에 임재하시고, 숨을 통하여 밖으로 나타나시는 것입니다. 성령님은 입과 코를 통하여 자신에게 임하시기도 하시고, 밖으로 나오시기도 하는 것입니다.

그렇기 때문에 성령을 충만하게 하려면 숨을 깊게 들이쉬고 내쉬는 것이 맞습니다. 절대로 팔을 흔든다든지, 진동을 한다든지, 억지로 입을 벌린다든지, 뛰어다닌다고, 성령으로 충만하게 되지 못합니다. 오히려 시간만 더 걸립니다. 숨을 들이쉬고 내쉬면서 주여! 숨을 들이쉬고 내쉬면서 주여! 하는 편이 훨씬 성령으로 충만 받는 적극적인 노력이 될 수가 있는 것입니다. 그렇게 하다가 보면 성령께서 서서히 장악하시어 성령으로 충만해지는 것입니다. 충만한 성령의 역사가 자신 안에서 밖으로 나오면서 귀신을 몰아내시는 것입니다. 절대로 다른 인간적인 방법으로는 귀신을 몰아낼 수가 없습니다. 어떤 분들은 능력 있는 목회자가 귀신을 불러내서 쫓아낸다는데 거짓말입니다. 이렇게 말하는 사람은 이단입니다. 영적인 지식이 부족한 크리스천들을 속이는 것입니다.

귀신은 성령의 역사가 환자 마음 안에서 일어나니 귀신이 성령의 권능으로 밀려나오는 것입니다. 그렇기 때문에 귀신을 빨리 축귀하려면 성령이 역사하는 장소에 가셔서 사모하는 마음으로 숨(호흡)을 들이쉬고 내쉬면서 주여! 숨(호흡)을 들이쉬고 내쉬면서 주여! 하면서 마음을 열어야 합니다. 마음이 열리면서 성령께서 서서히 자신을 장악하시는 것입니다. 성령님이 자신을 장악하시면서 잠재의식의 상처를 치유하시고, 귀신들을 몰아내시는 것입니다.

성령님이 자신을 장악하는 일에 집중해야 합니다. 세상 의사들도 염증성환자에게 매일 주사 맞고 치료하고 약을 먹으면 빨라 낫는다고 하지 않습니까? 마찬가지로 영적치유로 매일 말씀 듣고 기도하고 안수를 받으면 빨리 장악이 되어 해결이 되는 것입니다.

종합적으로 귀신을 빨리 축귀하려면 절대로 성령의 불을 받는다는 생각을 버리고, 성령으로 충만한 장소에 가셔서 성령의 불이 자신의 마음 안에서 나와야 한다는 일념으로 마음을 열고, 영적인 말씀을 듣고, 안수를 받으면서 기도 시간에 숨(호흡)을 들이쉬고 내쉬면서 주여! 숨(호흡)을 들이쉬고 내쉬면서 주여! 하면서 기도를 열심히 해야 합니다. 숨(호흡)을 통하여 밖에서 역사하시는 성령의 불과 자신 안에서 역사하시는 성령의 불을 충만하게 한다는 믿음을 가지고 기도하는 것입니다. 열심히 하여 마음이 열려야 성령께서 장악하시기 때문입니다. 성령께서 자신을 장악해야 성령으로 충만도 받을 수가 있고, 귀신들도 떠나가기 때문입니다. 귀신을 쫓아내시는 분은 능력 있는 목사가 아니고 자신 안에 주인으로 계시는 성령님이십니다. 성령님의 장악이 중요합니다. 그래서 충만한 교회는 매주 토요일 예약하여 개별집중정밀치유를 하는 것입니다.

둘째, 절대로 귀신을 무서워하지 말라. 많은 성도들이 귀신을 무서워합니다. 얼마나 무서워하느냐. 우리 교회는 성령이 강하게 역사하는 교회입니다. 그래서 예배를 드리면서 말씀을 듣거나 기도하는 시간에 성령의 역사로 악한 영의 역사가 드러나 발작을 하거나 악을 쓰는 경우가 많습니다. 그러면 옆에 있는 성도들이 무서워서 멀리 떨어지려고 도망을 갑니다. 귀신이 도망을 간다고 안 따라갑니까? 이는 영적인 무지에서 나오는 것입니다. 우리가 예수를 믿으면 하나님의 자녀가 되는 권세가 있습니다. 우리가 초자연적인 존재가 된다는 것입니다. 마귀 귀신은 초인적인 존재입니다. 영적차원으로 보면 한 단계 아래에 있는 것입니다. 귀신에게 능력이 있다면 우리에게는 하나님의 권세가 있습니다. 믿는 자이면 저 하늘이 무너지고 이 땅이 꺼져도 일점일획도 변함없는 하나님 말씀에 이런 표적이 따르리니 곧 그들이 내 이름으로 귀신을 쫓아내겠다는 것입니다. 성령으로 세례를 받고 성령으로 기도하여 성령으로 충만하게 하여 귀신을 몰아내야 자유 함을 누릴 수가 있어 지금 천국이 됩니다.

주님이 우리에게 성령으로 주신 귀신 쫓는 권세는 '익수시아=초자연적(5차원)'입니다. 귀신이 가지고 있는 것은 한 차원 낮은 '두나미스=초인적(4차원)'입니다. 그러므로 예수 그리스도의 이름으로 오늘 자기 스스로 마귀를 대적하십시오. 물러날 것을 믿으십시오. 한번 말해서 안하면 두 번, 세 번, 네 번, 다섯 번 계속 하십시오. 성령의 충만함 가운데 명령하면 안 쫓겨나갈 턱이 없는 것입니다. 우리가 만일 안 쫓아내고 그대로 내버려 놓으면 마귀가 우리를 자기 집으로 삼습니다. 기가 막히잖아요. 우리를 자기 집으로 삼고 들락날락 하면은 우리가 기가 막히지 않습니까?

그리고 일부 목회자가 하는 말이 귀신을 쫓아내려고 성령이 역사하는 장소에 가서 기도하고 안수를 받을 때 다른 사람들이 기침이나 하품을 할 때 밖으로 나온 귀신이 다른 사람이나 자신에게 들어간다는 것입니다. 이는 잘 모르고 하는 말입니다. 자신이 성령으로 충만한 상태에서 기도하면 초자연적인 상태가 됩니다. 초자연적인 상태가 된 자신에게 초인적인 귀신이 자신 안에 들어올 수가 없는 것입니다. 자신 안에 역사하던 귀신도 떠나가느라고 정신이 없는데 밖에서 역사하던 귀신이 들어오지 못합니다. 오히려 귀신들이 자신에게서 나가지 않으려는 술책입니다. 자신 안에 귀신이 들어온다고 두려워하면서 움츠려 있으면 성령으로 충만하지 못합니다. 자연스럽게 귀신이 떠나갈 수 있는 영적인 상태가 되지 못하는 것입니다. 귀신이 자신에게 계속 역사할 수 있는 빌미를 제공하는 것입니다. 다른 사람에게서 나온 귀신이 들어온다는 논리는 기도하지 않고 멍청하게 앉아있는 사람에게 해당되는 말입니다. 성령으로 기도하는 사람에게는 절대로 들어오지 못합니다. 이것은 명확한 확증이 없는 돌아다니는 사람의 말입니다. 경각심을 가지고 자신의 영을 지키기 위하여 관심을 가지라고 강조하는 말입니다.

귀신을 쫓아내고 관리를 안 하고 지속적으로 귀신을 안 쫓아내면 와보고 정리되고 정돈되고 좋은 처소면 일곱 귀신을 데리고 와서 들어가서 집으로 삼기 때문에 나중 형편이 처음보다 더 나빠지는 것입니다(마12:43-45).

성령으로 충만하면 들어오는 대로 쫓겨나가는 것입니다. 만일 자신에게 귀신이 침입을 했다면 될 수 있는 한 빨리 쫓아내야 합니다. 귀신을 언제 대적해야 되느냐, 우리를 유혹할 때 그때 벌써 대적해야 되는 것입니다. 아담과 하와가 대적을 안했기 때문에 유혹을 당했는데 성령 충만한 가운데 대적을 해야 됩니다. 야고보서 4장 7절에 "마귀를 대적하라 그리하면 너희를 피하리라" 우리가 마귀를 피하는 것이 아니라 마귀가 우리를 피하게 되는 것입니다. 베드로전서 5장 8절로 9절에 "근신하라 깨어라 너희 대적 마귀가 우는 사자 같이 두루 다니며 삼킬 자를 찾나니 너희는 믿음을 굳건하게 하여 그를 대적하라"

우리는 영적으로 정신적으로 육체적으로 생활적으로 귀신은 대적하고 공격해야 되는 것입니다. 영적으로 들어와서 우리에게 거짓 예언이나 거짓 꿈이나 환상이나 계시를 주어서 잘못된 신앙으로 이끄는 일도 합니다. 정신적으로 귀신이 잘못 들어와서 이 세상에 오만하고 교만하고 잘못된 일을 도모하는 때가 있습니다. 육체적으로 공격하면 질병이 생기는 것입니다. 여러 가지 병이 들어요. 정신병 들고, 우울증이 생기고, 육체적으로도 병이 들면 그것은 약으로만 치료할 수 없고 귀신을 쫓아내야 되는 것입니다. 생활에 귀신이 와서 생활을 도적질하고 죽이고 멸망시키며 사업이 안 되게 합니다. 또 사업이 좀 잘되는 사람들은 탐욕을 넣어가지고서 하나님 없이 사업을 하다가 나중에 크게 망하게 만드는 것입니다.

셋째. 귀신에게 미혹당하지 말라. 귀신에게 고통을 당하는 환자의 의견에 동조하지 말아야 합니다. 환자가 어떤 교회에서는 계속 다니자고 합니다. 어떤 교회에 가면 두려워서 뛰어 나가거나 다니지 말자고 합니다. 이는 이러한 현상입니다. 계속 다니자고 하는 곳은 환자에게 역사하는 귀신이 견딜만한 곳입니다. 그러니까 계속 다니자고 합니다. 반대로 도망을 하거나 다니지 말자고 하는 교회는 환자에게 역사하는 귀신이 견딜 수가 없어서 환자를 이용하여 장소를 이탈하려는 귀신의 술책입니다. 이렇게 환자의 의견에 동조하면 절대로 귀신은 떠나가지 않고, 환자는 죽을 때까지 영적인 문제를 해결하지 못합니다. 바르게 분별하고 치유를 받으려고 해야 합니다. 자신이 성령으로 장악이 되는 곳에서 믿음을 키워야 합니다.

그리고 귀신에게 고통을 당하는 사람이 무엇을 하면 귀신이 떠나간다는 것은 거짓말입니다. 헌금을 얼마하면 귀신이 떠나간다고 속이기도 합니다. 아무리 헌금을 많이 해도 귀신은 떠나가지 않습니다. 예수님은 돈 받고 귀신 떠나보내는 분이 아닙니다. 목회자 사명이 있기 때문에 사명을 감당해야 귀신이 떠나간다고 속이는 사역자도 있습니다. 신학교를 가서 1학기도 마치지 못하는 분들이 많습니다. 절대로 무엇을 하면 귀신이 떠나간다는 것은 샤머니즘의 신앙의 잔재입니다. 속지도 말고 속이지도 말아야 합니다. 환자가 성령으로 장악당하여 성령의 지배를 받아야 귀신으로부터 자유 함을 누릴 수가 있습니다. 바르게 알고 속지 말아야 할 것이 있습니다. 축귀를 하다가 보면 돌아가신 할아버지, 할머니 삼촌 소리는 내는 경우가 있습니다. 이는 그분들이 귀신이 된 것이 아니고, 그분들은 천국이나 지옥에 가있는 것입니다. 그분들이 살아계실 때 고통을 가하던 귀신들이 속이고 환영을 받으려는 술책입니다. 절대로 속으면 안 됩니다. 타락한 천사 귀신이 환자에게 들어와 고통을 가하면서 보호받으려는 사악한 술책입니다.

넷째, 사람을 의지하지 말라. 크리스천들이 알아야 할 것은 "귀신을 쫓는 것은 사람이 하는 것이 아닙니다." 정확하게 말하면 "귀신을 쫓는 것은 능력 있는 목회자의 전유물이 아닙니다."

라고 말하고 싶습니다. 귀신 축사의 시작은 예수님이셨습니다. 이어 예수님께서 권능을 주신 제자들에 의해 축사가 이어졌습니다. 따라서 귀신 축사의 핵심은 예수님⋯. 성령이 역사하시는 교회시대인 지금은 성령님이 하십니다. 그리고 귀신을 쫓아내려면 예수님과 관계가 먼저 열려야 합니다. 예수님이 자신의 주인이 되어야 합니다. 예수님으로 하나가 되어야 합니다.

우리 크리스천들이 능력 있고 명성 있는 목사님만 눈에 보이고, 목사님의 배후에 주인으로 역사하시는 예수님을 보지 못하면 절대로 귀신으로부터 자유 함을 받을 수가 없습니다. 이 땅의 크리스천 중 정말 예수님과 긴밀하게 교제하며 그분과 인격적인 관계가 열린 크리스천은 누구나 귀신을 쫓아낼 수 있다고 믿습니다.

하지만 지금 귀신을 쫓는다며 사역하고 있는 행동들을 보시기 바랍니다. 권능이 있다고 하는 사역자들이 예수님과 온전한 관계를 맺고 있는 사람들일까요? 금이빨, 금가루 휘날린다고 예수님의 제자들입니까? 되지도 않는 예언을 하면서 성도들을 현혹시키는 자들이 예수님께서 인정하시는 사역자입니까? 이런 역사를 본다고 체험한다고 성도가 변화됩니까? 성도에게 역사하는 귀신이 떠나갑니까? 한번 깊게 생각하여 볼일입니다. 예수님은 예수님으로 하나 되어 예수님의 인격으로 변화가 되기를 원하십니다.

지금 귀신을 쫓는다고 속된 말로 설치는 사람들⋯. 이들 대다

수는 실상 예수님과 아무런 관계가 없거나 혹은 예수님을 팔아 자신의 권위를 나타내려는 사람들이 있을 수 있지 않겠습니까? 솔직하게 말해서 2-3년 사역한 사역자가 알면 얼마나 알겠습니까? 체험했으면 얼마나 체험했겠습니까? 필자는 종종 이런 말을 합니다. 그분이나 자신이나 영적수준이 똑같을 수가 있다는 것입니다. 이는 깊이 들어가 보면 부인할 수 없는 사실일 경우도 있습니다. 하지만 그들은 마치 자신들만 귀신을 쫓을 수 있는 특별한 능력을 갖춘 것처럼···. 귀신을 쫓는다는 미명 아래 성도들을 휘어잡고 성도들의 왕으로서 군림하고 있지 않습니까? 역시 성도들은 귀신을 쫓아줄 목회자를 찾아다니느라, 오늘도 이 교회 저 교회 이 기도원 저 기도원을 들락날락하고 있지 않습니까? 자신이 스스로 영적인 자립 능력을 갖추려하기보다는 능력 있다는 사람을 찾아다니면서 귀신만 쫓아내려고 하지 않습니까? 이런 크리스천 자신에게도 문제가 있는 것입니다. 귀신은 자신 안에 계신 성령님이 하십니다.

이처럼 축사의 핵심 주인공인 예수님과 성령님은 온데간데없고 귀신 축사하는 사역자가 주인공으로 각광을 받는, 세태가 현실이지 않습니까? 그러나 거듭 반복해서 말씀합니다. 축사는 사람이 아닌 예수님과 성령님이 주인공입니다. 그분의 능력으로만 귀신을 쫓을 수 있습니다. 목회자들도 자신들의 능력이 아닌 위로부터 성령의 능력을 입어야 귀신을 쫓을 수 있습니다. 성령의 역사가 목회자를 장악하지 않으면 축사사역을 할 수가 없습니다. 축사는 사역자에게 역사하는 성령께서 환자에게 전이되어 환자 안에서 성령의 역사가 일어남으로 귀신이 떠나가는 것입니다. 절대로 스스로 능력 있다고 자처하는 목사가 귀신을 불러내어 쫓아내는 것이 아닙니다. 바르게 알아야 합니다.

그러려면 가장 먼저 예수님과의 관계가 온전해야 합니다. 이 땅에는 수십만 명의 목사님들이 있습니다. 크리스천들은 그분들 중 누가 예수님과 온전한 관계를 맺고 사는지 확실하게 아십니까? 열매를 보아야 알 수가 있을 것입니다. 아니 자신 안에 귀신을 먼저 축사해야 될 사람들이 있을 수 있다는 것입니다. 환자 자신보다 더 영적상태가 좋지 못한 목회자도 있을 것입니다. 귀신의 영향을 받는 사람도 얼마든지 예수님의 이름으로 귀신을 쫓아낼 수가 있습니다. 귀신 쫓아낸다고 다된 것이 아니니 분별해야 합니다.

성령님이 함께 하시지 않는 분들은 축사 쇼는 할 수 있어도 성도를 영적으로 변하게 하는 진정한 축사는 할 수 없습니다. 축사는 성령의 역사가 환자 안에서 일어나야 합니다. 환자의 안에서 일어나는 성령의 권능으로 귀신이 축사되는 것입니다. 사람이 영적으로 변화되어야 합니다. 바르게 알아야 합니다.

그렇다면 우리들은 그중 누구를 찾아갈 겁니까? 누구를 찾아가서 안심하며 축사를 부탁할 겁니까? 누구를 찾아가서 자신의 영혼을 맡길 거냐 말입니다. 스스로 분별력을 길어야 합니다. 필자는 7년 이상 사역한 사람을 찾으라고 권면하고 싶습니다. 찾을 수가 없다면 성령으로 세례 받고 성령으로 기도하여 성령 충만 받고 성령의 지배를 받으려고 해야 하지 않겠습니까? 이제는 좀 스스로 능력 있다고 자처하는 목사님을 그만 의지하고 오로지 예수님만 성령님만 의지하려고 해야 합니다. 자신 안에 성전을 만드는 일에 전력하십시오. 그러면 성령의 권능으로 귀신이 물러가는 것입니다.

이것이 제가 말하려고 했던 핵심 주장입니다. 목회자들도 크리스천들과 특별하게 다르지 않습니다. 똑같은 사람입니다. 그분들이 기도 말씀 안에서 하나님과 교제하듯 크리스천들도 똑같이 기도 말씀 안에서 하나님과 교제할 수 있습니다. 오히려 목사님들은 교리에 갇힌 분이 많기 때문에 어쩌면 크리스천들이 더욱 하나님과 깊이 교제할 수 있을 가능성도 아주 높습니다. 이러한 사실을 알았다면 목회자의 축사가 아니어도, 크리스천 스스로 예수님께 간절히 기도하면 성령의 지배를 받으면 스스로 기도할 때 귀신이 쫓겨나갈 것입니다. 차라리 성령으로 세례 받고 충만 받는 일에 관심을 집중하라는 말입니다. 자신 안에 성전을 견고하게 짓는 일에 집중하라는 말입니다.

이제 특정인을 통하여 영적인 문제를 100% 해결 받으려고 하지 마십시오. 단지 그분들을 도구로 하여 자신 안에 성령님과 관계를 열려고 하십시오. 알아야 할 것은 능력자를 통해서 70%까지 치유를 받을 수 있습니다. 나머지 30%는 본인이 기도하여 하나님과 관계를 열어서 해결해야 합니다. 뿌리는 자신이 기도하여 하나님과 관계가 열릴 때 뽑히는 것입니다. 모든 답은 크리스천의 책상 위에 있는 성경에…. 크리스천의 마음 안에 계시는 성령님…. 그리고 크리스천의 두 무릎에 있습니다. 귀신 쫓는 사역은 사람이 하는 것이 아닙니다. 귀신 쫓는 사역은 예수님께서 성령의 역사로 해주시는 겁니다. 한국교회의 순진한 크리스천들이여…. 제발 영적인 문제를 해결하는데 100% 능력 있다는 목사 의존증을 버립시다. 목사 의존증은 영적인 병입니다. 능력자는 의존하게 하는 것은 하나님과 관계를 열지 못하게 하려는 귀신의 술책입니다. 종국에는 자신과 하나님과 관계가 열려야 귀신으로부터 자유로울 수가 있습니다. 치료는 예수님, 성령님만 의존입니다. 성령으로 세례 받고 성령의 지배를 받는 것이 의존합시다. 영적으로 고통당하고 있는 자신도 성령의 지배를 받는 특별한 사람이라는 것을 잊지 마십시오.

다섯째, 귀신 쫓는 것보다 성령의 지배를 받으려고 하라. 성도들의 의식이 영육의 문제가 있으면 귀신만 쫓아내면 해결되는 줄 압니다. 제가 성령치유 사역을 하면서 체험한 바로는 귀신만 쫓아내면 다되는 줄 알고 있는 성도들이 많습니다. 귀신만 쫓아내면 문제가 해결 된다고 하니까 귀신만 쫓아내려고 합니다. 이곳저곳 능력이 있다는 사람을 찾아다니면서 귀신만 쫓아내려고 합니다. 그러다가 치유의 시기를 놓쳐서 비참한 결과를 초래하는 경우가 많습니다. 정신적인 문제나 영적인 문제나 할 것 없이 귀신만 쫓아내면 문제가 해결되지 못합니다. 문제가 있으면 반드시 원인이 있습니다. 원인을 해결하면서 스스로 싸울 수 있는 영적인 능력을 길러야 합니다. 즉, 말씀을 듣고 기도해야 합니다. 스스로 기도하며 싸울 수 있는 영성을 길러야 합니다. 그렇지 않고 완력으로 축사를 하려고 하면 문제가 발생합니다.

귀신의 축귀는 사람의 힘으로는 할 수가 없습니다. 악귀는 사람의 힘보다 강합니다. 그래서 사람의 힘만으로는 악귀를 몰아낼 수가 없습니다. 반드시 악귀보다 강한 성령의 권능을 덧입어야 가능한 것입니다. 축귀사역은 전전으로 성령의 권능으로 하는 것입니다. 귀신축사보다 성령의 지배를 받으려고 노력을 해야 합니다. 귀신의 축사는 사람의 능력으로 하는 것이 아닙니다.

성령의 권세가 귀신을 축귀하는 것입니다. 성령은 어디에 계시는 가 먼저 믿는 자의 영 안에 거하십니다. 성령으로 세례 받은 사람들이 모여 있는 곳에 임재 하여 계십니다. 또 성령으로 충만한 사역자가 영으로 전하는 말씀 안에 역사하십니다. 축귀는 피 사역자의 영 안에 임재 하여 계신 성령의 역사를 일으켜서 성령의 권능으로 밀어내는 것입니다. 능력 있는 사역자가 하는 것이 절대로 아닙니다. 사역자는 귀신의 영향을 받는 자의 영 안에서 성령의 역사가 일어나게 하는 영적인 방법을 알고 있어야 합니다. 저는 축귀사역을 절대로 성령의 임재가 되지 않은 사람은 성령의 임재가 장악될 때까지 기다립니다. 성령님이 장악하시면 사역을 시작합니다.

만약에 사역자가 성령의 임재가 되지 않은 사람을 축귀했을 경우, 그 당시 성령 사역자의 능력으로 악귀가 떠날 지라도 시간이 경과되면 다시 들어갑니다. 왜냐하면 피 사역자가 성령으로 충만한 상태가 아니므로 다시 들어가는 것입니다. 축귀사역을 바르게 하려면 찬송을 뜨겁게 부르고 주여! 하면서 소리 내어 기도해야 합니다. 그리고 영의 말씀을 들어야 합니다. 필자의 체험으로는 피 사역자가 깊은 영의 말씀을 잘 알아들어 영적으로 변하는 만큼씩 귀신이 떠나갔습니다. 축귀는 시간이 걸리는 일입니다. 성령님의 일입니다.

자신이 성령으로 완전하게 장악되는 시간이 필요합니다. 자신에게 육체가 남아있는 한 악귀는 떠나가지 않습니다. 악귀는 육체와 생각에 역사할 수 있기 때문입니다. 원래 사람의 육체는 마귀가 주인 이였습니다. 그래서 아무리 성령으로 충만했던 사람도 시기나 질투 혈기 등으로 육체가 되면 마귀가 틈을 탈수가 있는 것입니다. 그래서 하나님은 성령으로 충만함을 받으라고 하시는 것입니다. 그럼 성령으로 충만한 상태는 언제인가, 하나님을 부르고 찾고 생각할 때가 성령으로 충만한 것입니다. 성령으로 충만하려면 항상 하나님을 찾고 부르고 하나님을 생각을 해야 합니다. 우리는 성령으로 충만하다는 계념 이해를 잘해야 합니다. 새벽기도 빠지지 않고 잘 참석하고, 예배를 잘 드리고, 봉사 열심히 하고, 소득의 십일조를 드린다고 성령으로 충만하다고 볼 수가 없습니다. 이렇게 행위로 열심을 내어도 세상에 나가 세상에 **빠지면** 성령의 충만이 사라지는 것입니다.

왜냐하면 우리에게는 육이 있기 때문입니다. 우리는 성령으로 충만하기 위하여 의지적인 노력을 해야 합니다. 항상 하나님을 찾아야 한다는 것입니다. 성령으로 충만한 상태는 항상 하나님을 찾는 상태입니다. 내 영 안에 성령하나님이 계셔도 찾지 아니하면 주무십니다. 이때는 육성이 되는 것입니다.

억지로 축귀하여 기침 몇 번하고 발작했다고 귀신이 떠났다고 볼 수가 없습니다. 절대로 축귀는 자신의 영속에서 올라오는 성령의 기름 부으심으로 귀신이 쫓겨나는 것입니다. 우리는 사역을 하더라도, 축귀사역을 받더라도 하나님의 영광을 위하여 하고 받아야 합니다. 하나님은 귀신에게 영향을 받는 사람을 영적으로 변하게 하여 하나님의 군사가 되기를 원하십니다. 그렇기 때문에 하나님의 때를 맞추려고 의지적인 노력을 해야 하는 것입니다. 이 말이 이해가 되지 않는 분은 귀신 쫓는 군사가 되어 지속적인 사역을 하다가 보면 이해가 될 것입니다. 우리는 알아야 합니다. 악귀는 세상보다 교회, 성도에게, 직분이 높을 수 록, 기도를 많이 할수록 더 많은 관심을 가지고 공격합니다. 늘 기도로 깨어 있어야 합니다. 마귀는 잘못된 고정관념, 극단주의, 편협한 사고를 심어줌으로 자신을 교묘하게 위장합니다. 그 속에 숨어서 우리를 공격합니다.

22장 육체문제 귀신 쫓고 승리비결

(출15:26)"이르시되 너희가 너희 하나님 나 여호와의 말을 들어 순종하고 내가 보기에 의를 행하며 내 계명에 귀를 기울이며 내 모든 규례를 지키면 내가 애굽 사람에게 내린 모든 질병 중 하나도 너희에게 내리지 아니하리니 나는 너희를 치료하는 여호와임이라."

하나님은 성도들의 육체의 문제를 해결하여 주시기를 원하십니다. 반면에 예방 신앙으로 자신의 마음과 육체를 잘 관리하여 질병을 예방하기를 소원하십니다. 말씀과 성령의 충만한 신앙생활로 마음의 평안을 날마다 유지하시기를 바랍니다. 하나님의 치료인 신유는 신유의 은사가 있는 사람을 통하여 이루어집니다. 그러나 이러한 신유의 치료에도 치료받는 사람의 믿음, 영적 상태, 마음의 상태에 영향을 받으며, 또 이것이 재발에도 영향을 미칩니다. 또 하나님의 치료에는 스스로 몸을 건강하게 유지할 수 있는 능력을 활성화시킴으로 자연스럽게 치료하심도 포함되며, 시간이 걸려서 치료하심도 포함되며, 약을 먹고 수술을 해서 치료됨도 역시 하나님의 치료라고 할 수 있습니다. 중요한 것은 모든 치료는 기본적으로 사람이 아니라, 하나님이 우리에게 해 주신다는 것입니다.

그러므로 죄와 치료는 어떤 식으로든 관계가 됩니다. 용서와 치료도 관계가 있습니다. 그리고 무엇보다도 내적 상처는 치료에 매우 중요합니다. 아무리 좋은 약이 있어도 병이 잘 치료되지 않는 것은 많은 경우 깊이 숨어있는 내적 상처에 원인이 있습니다. 성령으로 잠재의식을 정화해야 병이 치유가 됩니다.

삶을 살아가는 우리의 태도도 치료에 매우 중요합니다. 이러한 태도가 질병을 불러일으키는 요인이 됩니다. 사람과 세상과 나 자신에 대한 시각은 질병의 원인에 깊이 관계됩니다. 무분별한 생활, 다른 사람과의 관계 등도 마찬가지입니다. 그런데 육체만을 다루는 현대의학은 진정한 치료가 아니라, 질병의 진행을 잠깐 멈추는 것입니다. 진정한 질병의 뿌리를 뽑는 것이 아닙니다. 병의 근원을 찾아서 뿌리를 뽑아내는 것이 진정한 치료입니다. 잠재의식의 상처와 마음의 치료가 진정한 치료입니다.

무엇보다도 먼저 불안을 마음에서 뽑아내시기를 바랍니다. 그래야 성령님의 능력이 마음에서 역사 하실 수 있습니다. 내 영혼이 잠잠히 하나님을 바라고 평안할 수 있을 때, 하나님의 치유가 시작됩니다. 마음의 치유는 성령으로 되는 것입니다.

치료의 첫 단계는 하나님이 나를 치유하시기를 원하신다는 하나님에 대한 신뢰를 가짐으로, 내 마음을 평안으로 채우는 것입니다. 치료의 두 번째 단계는 병에 집착하지 않고 하나님에게 집착하는 것입니다. 마음을 가라앉히고 자꾸 하나님을 크게 보는 것입니다. 하나님을 기대하십시오. 하나님의 치료를 기대하십시오. 하나님의 치료를 상상하십시오. 현대의학에서도 상상료법을 매우 중요하게 여깁니다. 단 우리의 상상은 성령님의 도우심이 있는 상상입니다. 성령의 도우심으로 내가 건강하게 되는 상상입니다. 그래야 강력한 치료의 능력이 나타납니다. 믿음을 가져야합니다. 건강한 모습을 상상하십시오. 그 상상하는 모습에 성령님이 역사 하시게 하십시오.

세 번째 단계는 입으로 시인하고 선포하는 것입니다. 우리 안에 와있는 생명력과 질병치유의 권세를 사용하는 것입니다. 이것을 말에 담아 내 것으로 사용하는 것입니다. 하나님의 자녀에게 주신 이 치료의 능력, 창조의 능력을 사용하십시오. 믿음으로 사용하십시오. 영적 세계에 의하여 자연세계는 지배됩니다. 육은 영에 의하여 지배됩니다. 영의 능력, 권세를 가지고 명하면 육은 치료받을 수 있습니다. 중요한 것은 우리의 믿음입니다. 성령께서 역사 하시는 믿음의 언어로 치료됩니다. 그냥 하는 말은 중간에 떨어지지만, 성령의 인도하심, 성령이 함께 하심이 있는 언어는 떨어지지 않고 역사 합니다.

중요한 것은 성령 충만과 믿음의 언어사용입니다. 성령 충만이 우리의 사는 길입니다. 우리는 성령 충만한 믿음의 언어를 사용하여 우리의 환경을 지배하며, 새로운 창조를 할 수 있습니다. 이것이 바로 하나님의 참 형상이신 예수님이 오셔서 하신 일이며, 우리의 본이 되어주신 것입니다. 우리도 그렇게 하라는 것입니다. 할 수 있다는 것입니다.

인간이 타락하기 이전에는 죽음과 관계가 없는 완벽한 존재였으며, 영, 혼 육은 완전한 조화를 이루며 질서를 유지하였습니다, 영은 마음, 생각을 지배하였으며 육체는 이성의 지배를 받는 조화를 이룬 상태였으나 인간의 타락으로 죄가 유입되자 인간의 내적 질서는 균형, 조화를 잃게 되며 나머지 모든 부분들이 인간에게 유입되게 됩니다. 그리하여 인간에게 질병이 생기게 됩니다.

첫째, 질병은 자율신경의 계통의 흐름과 부조화로 생긴다. 모든 질병의 대부분이 자율 신경의 부조화에서 나오는 경우가 많기 때문에 내 영이 무거운 죄짐이나, 불평이나, 원망의 무서운 독소에서 자유 함이 있어야 합니다. 자율 신경의 조화는 주로 마음의 평안과 영의 기쁨을 항상 유지하게 됩니다. 자율 신경의 교감신경은 불안 좌절 분노, 등의 결과를 유발하고, 부교감 신경은 주로 기쁨, 화평, 감사, 용서, 사랑, 절제, 인내, 자비와 양선과 충성과 온유함을 주관합니다. 그래서 하나님은 빌립보서 4장 4절에서 "주 안에서 항상 기뻐하라 내가 다시 말하노니 기뻐하라." 하시는 것입니다. 포도나무의 가지가 원줄기에 붙어 있어야 하듯이, 우리의 영적 생명과 성령의 역사는 생명의 근원 되시는 예수님에게 붙어 있어서, 영적 신령한 생명이 계속 공급을 받아서 끊임없이 흘러나오거나 솟아나야 합니다. 이러한 생명의 흐름이나 성령의 흐름이 성경에서는 기름부음이라는 표현으로 설명되고 있습니다.

이러한 예수의 생명이 흘러넘치는 역사가 충만하기 위해서는 속사람(영)이 강건해야 하는데, 이 속 사람은 자율신경의 부교감 신경에 주로 영향을 받게 됩니다. 자율 신경의 조화를 이루지 못하고, 분노나 불안이나 좌절 등을 일으키면 위장, 간, 심장, 폐, 등 오장육부의 혈관 정맥, 근육 등에 뻗어 있는 자율 신경에 자극을 주게 되어, 신체에 이상을 일으키고 질병을 유발시킵니다.

모든 쓰라림과 원한은 첫째 분노로부터 시작, 이것이 신체에 공급되는 아드레날린을 지나치게 분비시킵니다. 신체는 분비된 아드레날린의 초과량을 흡수할 수 없습니다. 결과적으로 그것은 신장으로 가지만 그러나 신장은 이 초과량을 수용할 수 없습니다. 그 결과로 그것은 신체의 관절에 모여 관절염을 일으킵니다. 관절염을 앓는 사람은 자신의 삶을 성찰하고, 혹 다른 사람에 대한 쓴 뿌리와 용서하지 않는 마음을 품고 있는지 여부를 알아보라고 성심성의로 충고하시기 바랍니다.

둘째, 질병의 진행 과정. 하나님은 로마서 6장 23절에서 "죄의 삯은 사망이요 하나님의 은사는 그리스도 예수 우리 주 안에 있는 영생이니라." 말씀하십니다. 어떠한 형태의 죄이든지 작은 것이 씨앗이 되어 누룩과 같이 우리들의 정신과 마음과 육체를 파괴해 나갑니다. 표면적인 생각이 잠재의식까지 진행되어 신경 세포가 파괴되고 자율 신경이 파괴되어 자신의 생각이나 의지대로 조절이 되지 아니하게 됩니다. 말초신경의 자극은 내

장기관의 파괴를 가져오고 뿐만 아니라, 인체의 호르몬 기능이 조화를 잃게 되고 체액과 혈액이 산성화되거나 혼탁해져서 인체의 여러 가지 질병에 대한 면역력이 상실되고, 특별한 부위의 세포가 비정상적인 세포로 파괴되면서 육체의 병으로까지 진행되어 갑니다.

영의 병과 원인이나 결과가 유사합니다. 그러나 외적인 악한 영의 영향이나 침투로 인하여 질병이 발생하는 것이 아니라, 내적인 자신의 성품이나 인격(혼)이 조화를 이루지 못한 마음인 '병든 영혼'의 죄로 말미암아 일어나는 질병입니다. 이는 상처가 주요 원인이 됩니다. 주로 특별한 신체적 장애가 없음에도 불구하고 신체적 통증을 동반하는 질병으로 대개 자율신경의 부조화를 통하여 병으로 진행이 됩니다. 자율 신경은 교감신경과 부교감신경으로 나누는데 좌절, 낙심, 분노, 미워하는 마음, 질투하는 마음, 원망하거나 불평하는 마음, 불안이나 염려나 낙심이나 두려움 등은 교감신경과에 속합니다. 반대로 기쁜 마음, 평안한 마음, 사랑의 마음이나 용서의 마음, 온유한 마음 등은 주로 부교감 신경에 속합니다.

자율신경의 균형이 조화가 깨어질 때 각종 장기의 혈관 근육 등에 퍼져 있는 세포에 영향을 주므로 신체에 이상을 일으키게 됩니다. 자율 신경을 자극하는 것이 바로 인간의 감정이나 화나 정신적 혹은 심적 스트레스를 받게 되어 평안함이 깨트려지고 하나님과의 불화가 시작되는데 이 스트레스는 하나님의 뜻대로 살지 못하거나 믿음으로 살지 못한 죄의 결과라고 할 수가 있습니다. "주 안에서 항상 기뻐하라 내가 다시 말하노니 기뻐하라. 너희 관용을 모든 사람에게 알게 하라 주께서 가까우시니라. 아무 것도 염려하지 말고 다만 모든 일에 기도와 간구로, 너희 구할 것을 감사함으로 하나님께 아뢰라. 그리하면 모든 지각에 뛰어난 하나님의 평강이 그리스도 예수 안에서 너희 마음과 생각을 지키시리라(빌 4:4-7)", "항상 기뻐하라. 쉬지 말고 기도하라. 범사에 감사하라 이것이 그리스도 예수 안에서 너희를 향하신 하나님의 뜻이니라(살전 5:16-18)"

충격적인 상처로 감정적인 충격을 받으면 사고기능은 저하되고 합리적인 판단이 흐려져서 앞뒤를 생각할 겨를이 없이 공격적이 됩니다. 심령이 상하게 되어 본성인 육성이 드러나게 됩니다. 이러한 화가 분노로 격한 심령으로 확산됩니다. 이러한 화병이 통제되지 못하면 빈발하게 되어 병적이 되고 질병으로 진행됩니다. 충격이나 신경성 원인에 의한 모든 질병은 모두 이 혼에 속한 병인데 정신적인 질병과 육체적인 질병의 2가지 형태로 진행이 됩니다.

화나 분노가 내적으로 스며들거나 발산되지 않은 상태로 속으로 심령이 상하게 되고, 정신적인 손상이 계속되어 뇌신경 세포의 파괴가 진행되면 노이로제나 우울증 및 정신병으로 발전하게 됩니다. 그렇지 않고 내장기관의 신경세포가 손상이나 자극이 계속되면 육체적인 질병으로 발전하게 되어 신심 상관병(마음의 병)으로 발전하게 됩니다. 질병은 대략 이런 순서로 발병하게 됩니다.

◎ 제 1 단계 환경의 위기: 사업이나 직장 가정 및 인간관계의 파탄이나 다른 사람으로부터 영향이나 자극이나 충격을 받게 됩니다.

◎ 제 2 단계 자아의 위기: 이를 자신의 인격이나 믿음으로 소화하지 못하면 내적인 갈등이나 불안, 염려, 의심, 초조, 미움, 원망, 불평 등이 발동하며 육성이 발동 됩니다.

◎ 제 3 단계 영적 위기: 갈등이나 불안이나 미움이나 원망이 심화되어 말로 불평을 나타내거나 행동으로 표현하게 됩니다. 심령이 메말라오며 보복하려는 심령이 되거나 기도가 막히거나 여러 가지 육체의 일로 외적으로 나타나게 됩니다.

◎ 제 4 단계 신체적 위기: 정신적 혹은 육체적 이상 현상들이 외적으로 나타나기 시작하여 분명한 질병의 형태로 나타납니다.

◎ 제 5 단계 파멸의 위기: 질병이 악화되어 영혼의 파멸을 가져오거나 나아가서는 육신의 사망으로 연결되며 혹은 신경적으로 파멸이 오면 돌이키기 어려운 정신적인 이상을 가져오거나 영적으로 악화되면 악한 영의 침입으로 파멸의 위기를 맞게 됩니다.

보편적으로 마음의 병이란 여기서는 혼의 병으로 분류했습니다. 이는 신경성 원인에 의한 질병으로 육체의 질병으로 외부적인 형태로 심하게 발전되어지지 않은 상태의 질병을 말합니다.

특별히 내분비 계통과 신경 계통과 자율신경 계통에 발병되어진 질병의 경우를 말합니다.

셋째, 내적 상처와 질병과의 관계

1) 현대 의학은 육신의 질병을 단순히 병리학적인 차원에서 다루지 않고 유전적, 심리적이며, 영적인 분야를 함께 다루고 있습니다. 질병과 내적 상처와의 관계는 사회가 복잡해지면서 더욱 관계가 깊어지며, 육체의 질병은 유전, 환경, 식생활 습관, 심리적, 영적으로부터 복합적으로 영향을 받아서 질병이 생기게 됩니다.

2) 과거 어떤 상황을 접하여 심한 감정의 상처를 입었다면 그 상황이 다시 생각날 때, 감정에 자극이 생기게 되며, 이러한 반복이 심하게 되면 신체적 질병, 심한 노이로제로 이르게 됩니다. 이렇게 됨으로 교감신경이 강화되어 분노하거나 앙심을 품는다거나 하여, 자신의 인체 속에서 분비되는 "아드레랄린"으로 인하여 신체 여러 장기와 뼈와 신경의 손상을 가져오게 됩니다. 그리하여 시간이 경과됨에 따라 질병으로 나타나게 됩니다. 그러므로 질병이 몸 밖으로 나타났다면 상당히 시간이 많이 경과된 상태라고 이해하고 치유해야 할 것입니다. 그러므로 미리미리 말씀과 성령 충만한 신앙생활로 예방하는 것이 중요합니다.

3) 우리 민족은 역사를 통해 문화와 환경에서 아픔을 부둥켜안고 살아야만 했습니다. 반상제도, 남존여비, 장유유서의 문화

로 누르고 눌리는 악순환을 거듭했습니다. 이러한 아픔과 눌림은 단지 한 시대의 문화뿐만 아니라, 그 시대를 사는 사람들에게 커다란 감정적, 정서적 상처를 안겨 주게 됩니다. 이러한 내적 상처는 정신, 육체적 질병과 연결이 됩니다.

4) 여성인 경우 고부간의 갈등, 시댁 가족과의 관계, 남편의 문제, 경제적인 어려움 등 많은 갈등을 겪어왔습니다. 그런데 대부분의 경우 참으며 살아가는 것을 운명으로 체념하고 살아왔습니다. 이러한 이유로 인해 한국의 여성들에게 보이지 않는 내적인 질병인 화병이 생겨난 것입니다. 정신 심리학에서 화병은 어떤 충격으로 인해 신체적, 심리적으로 6개월 이상 만성적인 고통을 겪게 되는 상태를 말합니다. 화병은 심리적인 갈등, 긴장으로 인하여 정신적 부분에 병이 발생하지만 이 부분에만 국한되지 않고 어느 정도 기간이 지나면 심폐기능, 근육, 위장 장애를 유발하게 됩니다.

5) 우리가 웃을 때, 행복할 때, 하나님을 찬양할 때, 운동을 할 때, 엔돌핀이라고 불리는 물질이 신체 안에 배출되는데 그것은 고통을 덜고 신체의 조직에 치료(마치 약의 작용처럼)를 일으킵니다. 모든 쓰라림과 원한은 첫째 분노로부터 시작, 이것이 신체에 공급되는 "아드레날린"을 지나치게 분비시킵니다. 신체는 분비된 아드레날린의 초과량을 흡수할 수 없습니다. 결과적으로 그것은 신장으로 가지만 그러나 신장은 이 초과량을 수용할 수 없습니다. 그 결과로 그것은 신체의 관절에 모여 관절염을 일

으킵니다. 관절염을 앓는 사람은 자신의 삶을 성찰하고, 혹 다른 사람에 대한 쓴 뿌리와 용서하지 않는 마음을 품고 있는지 여부를 알아보라고 성심성의로 충고하시기 바랍니다.

넷째, 마음과 육체의 질병 내적치유

1) 자신에게 마음과 육체의 질병이 있다는 것을 인정해야 합니다. 배후에 영적존재가 결부되어 있다는 것도 인정해야 합니다. 필자가 지금까지 성령치유 사역을 해오면서 체험한 바로는 본인의 마음과 육체에 질병이 있다는 것을 인정하기만 하면 치유는 가능합니다. 또 중요한 것은 세상 의술과 약물을 의지하여 치유하려는 생각을 가지지 말고 말씀과 성령님의 역사로 치유 받겠다는 의지 또한 중요합니다. 환자가 자꾸 세상 의술에만 의존한다면 마음과 육체의 질병의 근원 치유가 거의 불가능합니다. 세상 의술은 질병이 더 진행되지 않게 하여 자신에게서 치유의 항체가 나와 치유되기를 기다리는 치유 방법이기 때문입니다. 그러나 영적인 치유는 하나님이 하시는 것이므로 마음과 육체에 발생한 질병의 근원을 찾아서 성령께서 깊은 곳에 역사하여 근원을 뽑아내며, 치유하는 것이므로 완치가 가능한 것입니다. 충만한 교회에서 열두 가지 질병으로 고생하던 환자도 모두 치유 받고 하나님에게 영광을 돌리고 있습니다. 하나님은 못 고치는 질병이 없다는 것을 믿으시기를 바랍니다.

2) 성령으로 세례를 받고 성령으로 충만 해야 합니다. 마음과

육체의 질병을 치유 받으려면 아담(옛 사람)이 죽어 없어져야 합니다. 그런데 아담을 죽어 없어지게 하는 것은 성령의 역사입니다. 아무리 말씀을 외워도 성령이 장악하지 아니하면 아무런 소용이 없습니다. 하나님은 육체에는 역사하시지 않기 때문입니다. 하나님은 영이시기 때문에 사람이 영적이 되어야 역사하시는 것입니다. 그러므로 성령으로 세례를 받아야 합니다. 그리고 지속적으로 성령을 요청하여 성령으로 충만해야 합니다. 성령으로 충만하여 성령이 자신을 장악하여 옛 사람이 없어지고 성령으로 거듭나면 치유가 되기 시작합니다. 그러므로 마음과 육체의 질병을 치유 받으려면 성령으로 세례를 받아야 하고 계속적으로 성령 충만해야 합니다.

3) 말씀과 성령의 역사로 내적치유를 해야 합니다. 성도님들 중에 목사님 저는 상처가 없습니다. 하시는 분들이 계시는데 육체를 가진 성도가 상처가 없을 수가 없습니다. 인생을 살아가는 것이 상처이기 때문입니다. 그러기 때문에 하나님은 이렇게 말씀하시는 것입니다. (빌4:4)"주 안에서 항상 기뻐하라 내가 다시 말하노니 기뻐하라." 상처는 모두가 다 있을 수 있습니다. 그래서 말씀과 성령의 역사로 상처를 내적 치유해야 합니다. 질병을 치유하려면 질병이 발생한 근원인 상처를 먼저 찾아서 내적치유를 해야 질병의 뿌리가 뽑히는 것입니다. 그래서 미국의 병원에서는 환자들에게 약물만 투여하는 것이 아니라, 전문적으로 내적치유를 하시는 목사님들을 통하여 환자들에게 내적치유를 하

고 있는 것입니다. 원래 내적치유는 미국 병원에서 하던 것을 우리나라 의사 분들이 배워서 우리나라에 접목한 것입니다. 그러므로 내적치유 없이는 질병의 완치는 불가능하다고 해도 과언은 아닌 것입니다. 내적치유를 받으려면 먼저 예수를 자신의 주인으로 영접하고 성령으로 세례를 받고 성령으로 충만해야 합니다. 내적치유는 전적으로 성령께서 하시는 사역이기 때문입니다. 저는 개인적으로 이런 견해를 가지고 있습니다. 우리나라의 모든 교회의 목사님들은 내적치유를 받아야 하고, 또한 내적치유를 할 수 있는 능력을 소유해야 한다고 생각하고 있습니다. 당신도 내적치유를 받으시기를 바랍니다. 그리고 자신의 내면에 상처가 머무르지 못하게 하시기를 바랍니다. 상처는 만 가지 문제의 근원입니다.

4) 자신의 질병의 원인을 찾아야 합니다. 필자가 지금까지 성령으로 치유하역을 하면서 개인적으로 정립한 견해는 질병을 치유하려면 질병을 발생하게 한 원인을 찾아야 한다는 것입니다. 근본이 되는 원인만 정확하게 찾으면 질병치유는 문제가 되지를 않습니다.

① 질병의 원인이 상처에 있다면 상처를 내적 치유해야 합니다. 의사 분들이 이렇게 말합니다. 질병의 원인의 70-80%는 스트레스에 의하여 질병이 발생한다고 합니다. 스트레스는 상처입니다. 그러므로 상처로 인하여 질병의 70-80%가 발생하는 것입니다. 그러므로 상처를 내적 치유해야 합니다.

② 질병의 원인이 영적인 문제에 있다면 축사해야 합니다. 질병의 원인 중에는 죄로 인한 질병도 있습니다. 질병의 원인이 죄라면 회개하고 죄 뒤에 역사하던 귀신을 축사해야 합니다. 귀신을 축사하려면 먼저 내적치유로 쓰레기를 청소하고 귀신을 축사해야 합니다. 쓰레기가 청소되지 않으면 귀신은 떠났다가도 다시 들어오게 됩니다.

환자의 영 안에 계신 성령의 강력한 역사로 인하여 귀신이 밀려나와 떠나가게 해야 하는 것입니다. 물론 사역자가 밖에서 귀신을 불러내어 축사를 해도 되지만 이렇게 축사하면 환자에게 귀신을 방어할 수 있는 능력이 없기 때문에 조금 지나면 귀신이 다시 들어올 수가 있는 것입니다. 그러므로 귀신이 떠나갈 수 있는 영육의 상태를 만드는 것이 선행되어야 합니다.

③ 질병의 원인이 가계에 대물림되는 것이라면 성령으로 기도하여 선조들의 죄악을 찾아서 회개하고 대물림을 끊고 귀신을 축사해야 합니다. 필자가 지금까지 성령치유 사역을 하다가 보니까, 질병 중에는 가계로 대물림되는 질병이 많이 있더라는 것입니다. 그래서 질병의 원인을 찾을 때 환자의 가계력을 점검하는 것도 필수입니다. 만약에 혈통으로 질병이 대물림이 되고 있다면 대물림의 원인을 찾아 회개하거나 용서하고 대물림되는 질병의 줄을 끊고 질병에 역사하던 귀신을 축사해야 합니다.

5) 지속적으로 말씀과 성령 충만한 믿음생활과 내적치유로 성령이 자신을 장악하게 해야 합니다. 성령이 자신을 장악하면 질

병은 떠나가게 됩니다. 만약에 귀신에 의한 질병이라면 귀신 축사하는데 너무나 많은 시간을 투자하지 말고 말씀과 성령으로 충만하게 하는데 시간을 투자하는 것이 좋습니다. 귀신은 성령으로 충만해지면 힘이 자꾸 약해지기 때문에 나중에는 기침 한 번으로 떠나가게 됩니다. 그러므로 무엇보다도 성령 충만한 믿음생활이 중요한 것입니다. 신유사역에 대하여 더 상세하게 알고 전문적인 치유 사역을 하고 싶은 분은 "신유은사와 고질병 순간치유"를 읽어보시기를 바랍니다.

6) 치유 후에 관리도 중요하다. 필자는 암으로 고생을 하다가 치유되었는데 관리를 잘못하여 재발해서 세상을 떠나는 사람들을 여러 명을 보았습니다. 암으로 고생하다가 치유되니 하나님에게 영광을 돌리고 성령으로 충만한 생활을 하지 않고 세상에 소망을 두고 살다가 재발한 분들이 있습니다. 무엇보다도 치유 후에는 치유 받을 당시와 같은 성령 충만한 믿음생활을 해야 떠나간 질병이 다시 들어오지 못합니다. 치유 후에 관리를 잘하시기를 바랍니다.

23장 정신문제 귀신 쫓고 승리비결

(잠 4:23)"모든 지킬 만한 것 중에 더욱 네 마음을 지키라 생명의 근원이 이에서 남이니라"

영적 우울 정신적인 질병의 발생은 유전적 영향이 큽니다. 영적이고 정신적인 문제로 고통을 당하는 분들은 이미 자신의 내면에 잠재하여 있던 요소들이 드러난 것입니다. 이런 유형의 사람들의 가계력을 조사해 보면 조상 중에 무당이 있다든지, 남묘호랭객교를 믿었든지, 천리교를 믿었다든지, 절에 스님이 있다든지, 우상을 지독하게 섬겼다든지, 절에 재물을 많이 시주 했다든지, 부모가 알코올 중독자이거나 영적이고 정신적인 질병으로 고생하다가 돌아간 사람이 있다든지, 등등의 원인이 반드시 있었습니다. 이런 사람들은 태아시절에 귀신이 침입을 하여 자리잡고 있기도 합니다. 유아시기에도 학대나 심한 놀람을 통하여 침입을 합니다. 그러니까, 영적정신적인 문제 보균자들입니다.

이렇게 잠재하여 있던 영적정신적인 문제들이 사업 파산, 결혼실패, 직장해고, 학교공부 스트레스, 충격적인 상처, 놀람 등 자신이 감당할 수없는 충격을 받거나 장기간 스트레스를 받아 체력이 급속이 저하되었을 때 밖으로 나타납니다. 그래서 저는 균형 잡힌 영성이 되어야 한다는 말을 많이 합니다. 영-혼-육이 균형이 잡혀야 정상적인 생활을 할 수가 있다는 말입니다.

우리가 스트레스를 받으면 체력의 소모가 많이 됩니다. 체력이 떨어지니 자신 속에 잠재하여 있던 영육의 문제가 드러나는 것입니다. 정상적으로 지내던 사람이 갑자기 불안하고, 초조하고, 두려워서 잠을 자지 못하고, 가위눌림을 당하고, 헛것이 보이기도 하고, 간질을 하고 발작을 하면서 괴성을 지릅니다. 머리가 깨질 것과 같이 아프기도 합니다. 정상적인 생활을 할 수 없는 지경에 이르게 됩니다. 그래서 영적인 문제라고 단정하고 축사만 받으려고 합니다. 유명하다는 목사를 찾아가 안수를 받습니다. 한 번에 쉽게 해결을 받기 위해서 돌아다닙니다. 이렇게 이리저리 돌아다니다가 치유의 시기를 놓치는 경우가 허다합니다.

그러다가 영적인 분야를 잘 알지 못하는 사역자를 만나 금식도 합니다. 그러나 금식은 금물입니다. 체력이 소진되어 문제가 발생했는데 금식을 하면은 기름 탱크에 불을 붙이는 것과 마찬가지입니다. 더 악화된다는 것입니다. 이때에는 당황하지 말고 환자를 안정을 시키고 우선 체력을 보강해야 합니다. 빠른 시간에 체력을 보강할 수 있는 보약이나 다른 보양 식품을 먹여야 합니다. 그래서 체력을 회복시켜야 합니다. 안정을 취하게 해야 합니다.

그러면서 정신적인 문제를 바르게 전문으로 치유하는 사역자에게 가서 말씀과 성령으로 치유를 받으면 바로 정상이 됩니다. 치유는 무조건 축귀만 한다고 치유가 절대로 되지 않습니다. 비전문가의 축귀는 오히려 더 악화될 수가 있습니다. 주의해야 합니다. 영적, 정신적인 문제 치유가 그렇게 쉽고, 단순하지 않습니다. 환자 스스로 말씀 듣고 기도를 하도록 해야 합니다. 본인의 영의 힘으로 일어서게 해야 합니다. 환자가 영적 자립을 해야 하므로 시간이 걸립니다. 급하게 생각한다고 빨리 치유되는 것이 절대로 아닙니다. 축사만 하면 당시에는 치유가 된 것 같은데 시간이 지나면 재발을 합니다. 환자 스스로 기도하며 성령의 역사를 일으키는 영적 자립능력이 없기 때문입니다. 그런데 이와 같은 전문적인 치유를 일반 성도들이나 목회자는 잘 이해하지 못합니다. 그래서 영적치유를 받겠다고 1년 이상 돌아다니면서 이 사람 저 사람에게 안수와 축귀만 받으면서 돌아다니게 됩니다. 이러다가 치유의 시기를 놓쳐서 환자가 사람 노릇을 못할 정도로 심각해 질수가 있으니 주의 하지 않으면 안 됩니다.

제일 좋은 것은 사전에 예방하는 것입니다. 이런 가계력이 있다면 미리 성령이 충만한 교회에 가서서 전문적인 치유사역자의 도움을 받아가며, 성령의 역사로 문제의 잠복된 요소들을 배출하는 것입니다. 아무 교회나 다닌다고 예방되는 것은 절대로 아닙니다. 살아계신 성령의 역사가 있고, 생명의 말씀이 증거 되는 교회라야 사전에 영적인 진단을 하여 치유될 수가 있습니다.

침입한 귀신은 나이에 상관없이 정체를 드러냅니다. 고등학교 1-2학년 17살(고1)에 제일 많이 드러냅니다. 학업에 스트레스가 심하기 때문입니다. 20살에 드러냅니다. 24살에 드러냅니다. 결혼하여 잦은 부부불화가 있을 때 드러냅니다. 27살, 32살, 36살, 38살 43상 등등 한 번 침입한 귀신은 인내하며 기다리다가 영적

정신적 취약한 시기가 되면 반드시 정체를 드러냅니다. 말씀과 성령의 역사로 정기적인 영적 진단과 내적치유와 축귀하는 예방 신앙이 중요합니다. 상처가 있고 영적으로 깔끔하지 못한 가계력을 가진 분들은 교회를 잘 정해야 합니다. 성령의 역사가 강한 교회에서 신앙생활을 하면서 미리 영적 진단하여 치유해야 하기 때문입니다. 예방신앙이 중요합니다. 숨어있던 귀신은 자신들이 원하는 시기가 되면 반드시 정체를 드러내기 때문입니다.

첫째, 영적우울정신적인 질병 치유. 잠재의식 속의 영적이고 심리적이고 우울증을 발생하는 독소를 녹여서 배출하여 영·혼·육이 건강하게 하려면 성령의 깊은 임재가 있어야 가능한 것입니다. 치유가 되려면 성령의 깊은 임재에 들어갈 수 있는 영육의 상태가 되어야 합니다. 성령의 임재 없이는 영육의 문제의 치유가 되지 않기 때문입니다. 치유의 관건은 성령의 깊은 임재에 들어가는 것입니다. 성령의 깊은 임재에 들어가려면 이렇게 해야 합니다.

1) **예수를 영접해야 죄를 용서받고 치유 받을 수 있다**. 예수를 영접하므로 마음 안에 주인으로 임재하신 성령의 역사로 치유가 이루어지기 시작합니다. 모든 치유는 성령의 능력으로 됩니다. 자신에 내재하는 인간의 영의 자생능력이라 하고, 예수를 믿어 내면으로 들어오신 하나님의 영은 인간의 능력을 초월하여 나타나는 초자연적인 권능으로 역사합니다. 성령의 능력이 이때부터

나타납니다. 그래서 사람은 할 수 없으나 할 수 있는 하나님의 권능이 나타나서 성령이 충만하게 됩니다. 성령의 권능은 나타나는 상태와 조건을 만들어야 나타납니다.

2) 성령의 세례를 받아야한다. 성령의 역사가 있는 진리의 말씀을 들어야 합니다. 그 조건과 상태는 여러 가지이지만 첫째 의지를 발동시켜야 합니다. 성령으로 세례를 받아야 산다는 의지를 발동하게 하여 성령세례를 받는 것이 제1의 원리요, 그 다음은 스스로 성령으로 기도하게 하면서 말씀과 성령으로 내적 치유하는 것이 제2의 원리요, 성령으로 귀신 추방이 제3 원리입니다. 그리하여 생각이 바뀌고, 마음이 감동되어, 믿음이 생겨서, 본인의 의지가 발동되어, 몸이 움직여지고, 행동으로 옮겨지는 과정을 거쳐야 합니다. 이 영적 원리는 모든 것에 적용됩니다.

성령 세례란 예수 그리스도께서 주시는 것입니다. 성령의 세례란 성령에 의해서가 아니라, 주 예수에 의해 행해지는 그리스도의 사역입니다(행 11:15-18). 성령으로 세례를 받을 때 성령이 예수 그리스도의 이름으로 임하므로 성령으로 세례 받는 것은 확실한 체험으로 느낄 수 있습니다. 옆에 있는 다른 사람도 자신이 성령으로 세례를 받는 것을 보고 알게 됩니다. 성령 세례를 받으면 하나님께서 전인격을 지배하고 장악하시기 시작하십니다. 이때부터 성령으로 지배와 장악되면서 잠재의식의 영적이고 심리적이고 우울증을 발생하는 독소가 녹아지고 배출되기 시작합니다.

영적이고 심리적이고 우울증을 발생하는 독소 뒤에 역사하는 귀신은 우리보다 강합니다. 반드시 성령의 역사로 장악이 되어야 떠나가는 것입니다. 잠재의식은 반드시 성령의 역사가 일어나야 영적이고 심리적이고 우울증을 발생하는 독소가 현실로 드러나서 밖으로 배출되는 것입니다. 잠재의식에서 역사하는 영적이고 심리적이고 우울증을 발생하는 독소 뒤에 역사하는 귀신을 몰아내려면 먼저 성령으로 세례를 받아야 합니다. 성령으로 세례를 받으려면 성령의 역사가 일어나는 장소에 가야 합니다. 성령의 역사가 일어나는 장소에 가서 뜨겁게 기도할 때 성령의 세례를 체험하게 됩니다.

성령의 세례는 이론이 아니고 실제로 체험하는 역사입니다. 자신이 직접 몸으로 감각으로 느껴야 합니다. 옆에 있는 다른 교우들도 자신이 성령으로 세례 받는 것을 보고 알 수가 있습니다. 성령의 세례를 받게 되면 다음으로 성령의 불세례가 나타나면서 지배하시고 장악하시기 시작합니다. 성령께서 불로 역사하면서 자신의 상처를 치유하고 자아를 부수십니다. 성령께서 잠재의식 이하에서 역사하시면서 영적이고 심리적이고 우울증을 발생하는 독소를 녹이시고 배출하십니다. 영적이고 심리적이고 우울증을 발생하는 독소 뒤에 역사하는 귀신을 축사합니다. 영적이고 심리적이고 우울증을 발생하는 독소 뒤에 역사하는 귀신이 떠나가니 영이 깨어나 영안이 열리기 시작합니다. 영안이 열리니 자신이 이렇게 고통을 당하는 것은 영적이고 심리적이고 우울증을 발생하는 독소 위에 역사하는 귀신이라고 깨달아 알게 됩니다. 깨달아 알게 되니 스스로 기도하여 성령 충만 받으려고 하는 것입니다. 스스로 기도하니 영적이고 심리적이고 우울증을 발생하는 독소가 녹아지고 배출되기 시작을 하는 것입니다. 모든 것이 성령의 권세로 되는 것입니다. 그래서 성령으로 세례를 받고 권능을 받아서 사용해야 비로소 영적이고 심리적이고 우울증을 발생하는 독소를 녹이면서 배출할 수가 있는 것입니다.

3) 성령의 인도로 말씀을 잘 깨달아 들을 수 있어야한다. 성경에서는 내 뜻과 정성과 힘을 다하여 하나님을 섬기라 했고(신28장), 크게 사모하는 자에게 제일 좋은 길을 보여 준다고 했습니다(고전12:31). 네가 낫기를 원하느냐고 예수님은 말씀했습니다(요5:6). 영과 진리로 예배하는 자에게 찾아온다고 했습니다(요4:23). 모든 영적인 일에 진심으로 구하고 구하면 얻을 것이요, 찾고 찾으면 찾을 것이고 두드리면 열립니다.

강한 순종과 믿음과 승리의 의지를 발동시키고 행동으로 옮기십시오. 행동으로 옮기지 못하게 하는 장애요인(죄)이 자신에게 있습니다. 이것을 깨닫고 제거하십시오. 귀신의 병과 정신병의 구분을 잘 해야 합니다. "그러나 내가 하나님의 성령을 힘입어 귀신을 쫓아내는 것이면 하나님의 나라가 이미 너희에게 임하였느니라(마 12:28)", "하나님의 나라는 먹는 것과 마시는 것이 아니요 오직 성령 안에 있는 의와 평강과 희락이라(롬 14:17)", "하나님의 나라는 말에 있지 아니하고 오직 능력에 있음이라(고

전 4:20)"

4)성령의 인도로 깊은 영적상태에 들어가야 한다. 이는 호흡을 배꼽 아래까지 깊게 들이쉬는 기도를 통하여 성령의 깊은 임재에 들어가야 합니다. 사역자에게 역사하는 성령의 역사를 환자에게 전이시키는 작업을 해야 합니다. 사역자는 환자의 머리와 등에 손을 얹고 안수를 합니다. 환자에게 호흡을 들이쉬고 내쉬라고 합니다. 호흡을 깊게 하게 하는 이유는 환자가 마음을 열게 하기 위함이고, 성령의 역사가 잘 일어나도록 하기 위함입니다.

한 3분정도 이렇게 안수하면 대부분의 환자에게 사역자에게 역사하는 성령이 전이되게 됩니다. 환자가 능동적으로 성령의 역사를 환영하고 받아 들여야 합니다. 그래야 빨리 성령께서 장악을 하십니다. 성령께서 장악을 하여야 치유가 되기 시작을 합니다. 사역자는 절대로 서두르지 말고 성령의 역사가 환자를 완전하게 장악할 때까지 기다려야 합니다. 치유는 전적으로 성령님의 사역입니다. 사역자가 치유하는 것이 아닙니다. 성령께서 장악하지 못하면 치유되지 않습니다. 그러므로 사역자는 불필요한 에너지를 소비하지 말고 성령께서 역사하실 때가지 기다려야 합니다. 성령께서 장악하시면 사역자에게 감동을 주십니다. 사역자는 성령께서 감동하시는 대로 순종하면 치유가 되는 것입니다.

5) 앞의 과정을 거친 다음에 영적이고 심리적인 독소가 쌓인 원인을 성령께 질문해야한다. 영상기도를 하면서 영적인 그림을 그리라는 말입니다. 전체의 그림을 보면서 자신의 문제의 원인

이 어디에 있는지를 찾아야합니다. 시간이 많이 걸릴 수가 있습니다. 왜냐하면 성령께서 완전하게 장악을 한 다음 원인을 알 수 있고 치유도 되기 때문에 하나님의 시간표를 따라 기다려야 합니다. 급하다고 되는 일이 아닙니다. 전적으로 하나님의 뜻을 따라야 합니다. 성령께서 장악하시는 만큼씩 치유가 됩니다.

6) **성령께서 알려주는 질병의 원인에 따라 조치를 해야 한다.** 죄악은 회개하고, 상처를 준 사람은 용서하고, 가문의 유전은 절단하고 원인을 제거해야 합니다. 악한 영의 역사라면 귀신을 축사해야 합니다. 그리고 지속적인 치유를 받아야 합니다. 쉽게 되고 끝나는 치유가 아니라 시간과 노력이 필요한 사역입니다.

7) **이때부터 영적이고 심리적인 독소가 녹아지고 배출되며 독소 뒤에 역사하는 귀신을 축사하고 내적치유를 한다.** 지속적으로 해야 합니다. 온전하게 해결이 될 때까지 치유해야 합니다. 절대로 이만하면 되었다는 인간적인 생각을 따라가지 말고 성령으로 온전하게 지배되고 장악되어 성령의 인도를 받는 성도가 되어야 합니다. 성령으로 지배와 장악을 받으면서 내면의 상처와 스트레스와 혈통으로 흐르는 영적인 독소를 잠재의식에서 드러내서 정화하고 현재의식으로 드러내어 배출해야 합니다.

성령께서 완전하게 지배와 장악이 되는데 시간이 많이 걸립니다. 필자는 영적우울정신적인 질병을 치유하기 위하여 매주 토요일 개별집중정밀치유를 합니다. 이 치유를 하면 깊은 곳의 상처와 스트레스와 혈통으로 흐르는 영적인 독소가 정체를 폭로하면서 배출이 됩니다. 배출이 되면 될수록 우울증이나 정신적인 문제나 영적인 문제가 신기할 정도로 해결이 되어 환자가 예수님의 참 평안을 몸으로 마음으로 느끼게 됩니다. 우울증이나 정신적인 문제나 영적인 문제는 약이나 심리적인 방법이나 기타 인간적인 기교로는 치유가 불가능합니다. 진리의 말씀과 성령의 역사로 깊은 치유를 해야 합니다. 상처가 잠재의식에 형성되어 있기 때문입니다.

8) **하나님과 영적인 관계를 지속하며 감사해야한다.** 예수를 믿고 성령으로 거듭난 성도라도 육체를 가지고 있습니다. 그렇기 때문에 언제라도 잠재의식에 독소가 쌓일 수가 있다는 것입니다. 항상 성령의 역사가 자신의 심령으로 흘러나오도록 자신 안에 성전에 계시는 하나님께 집중해야 합니다. 걸어 다니는 성전의식을 가지고 살아야 합니다.

둘째, 정신적이고 영적이며 우울증을 일으키는 독소의 배출시 유의 사항. 우울증이나 정신문제를 치유하려면 기도가 바르게 되어야 합니다. 그런데 소리를 내지 않는 마음의 기도나 묵상기도는 효과가 없습니다. 환자가 의지적으로 소리를 내서 기도를 해야 합니다. 호흡을 들이쉬고 내쉬면서 아랫배에서 나오는 소리로 주여! 를 지속적으로 해야 합니다. 묵상기도를 하면 잡념에 사로잡혀서 기도를 할 수가 없습니다. 우울증이나 정신적인 문제가 있는 분들은 성경도 소리를 내어 읽어야 합니다. 주기도문도 소리를 내어 암송해야 합니다. 찬양도 소리를 내어 불러야 합니다. 소리를 내는 이유는 소리를 냄으로 마음의 문이 열리기 때문입니다. 마음의 문이 열리니 밖에서 역사하는 성령과 자신의 안에서 역사하는 성령이 자신을 장악하여 성령으로 세례를 받게 됩니다. 성령으로 세례를 받아 성령이 환자를 장악해야 그때부터 비로소 치유가 되기 시작하는 것입니다.

좌우지간 환자가 소리를 내어 기도 하도록 해야 합니다. 환자가 마음을 열고 기도하지 않으면 치유가 되지를 않습니다.

성령으로 세례를 받아 성령으로 기도가 되기 시작하면 이제 자신의 문제에 대한 원인을 찾아야 합니다. 문제의 원인은 성령님이 알고 계시니 성령님에게 지속적으로 문의를 하는 것입니다. 자꾸 내가 왜 이럽니까? 내가 왜 이럽니까? 하고 계속 묻는 기도를 하다가 보면 성령께서 문제의 원인을 알려주십니다. 원인을 알았으면 해결을 해야 합니다. 자신에게 일어나고 있는 문제의 원인에 따라 회개하고 용서하라는 말입니다. 자신의 인생에 문제를 일으키는 귀신은 법적인 권리를 가지고 들어와서 역사하는 것입니다. 이 법적인 권리는 죄입니다. 이 죄를 해결하기 전에는 인생의 문제에 역사하던 귀신은 떠나가지 않습니다. 반드시 성령의 깊은 임재 하에 회개와 용서가 있어야 떠나가는 것입니다. 더 자세한 것은 "우울증 정신질병 치유비밀"을 참고하세요.

성령의 깊은 임재 안에서 자신에게 일어나고 있는 영육의 문제들을 찾아내고 회개하고 끊어내고 귀신을 몰아내야 합니다.

머리로 외워서 입으로 하는 기도는 효과가 적습니다. 육적인 상태에서는 인생의 문제에 역사하는 귀신이 떠나가지 않습니다. 영적인 상태, 성령의 임재 하에서 예수 이름으로 명령할 때 인생에 고통을 주던 영들이 물러갑니다.

성령의 임재 하에 선조나 자신이 죄를 짓는 장면을 눈으로 직접 그리면서 깊은 차원의 기도를 해야 합니다. 깊은 차원의 기도를 하면서 회개할 것은 회개하고, 용서할 것은 용서해야 성령의 역사로 귀신이 떠나갈 수 있는 조건이 됩니다. 우리에게 역사하는 마귀는 우리보다 강한 영적인 존재입니다. 고로 성령의 깊은 임재 하에 예수 이름으로 회개도 하고 용서도해야 역사하던 마귀, 귀신이 성령의 권세로 떠나가는 것입니다. 성령이 자신을 완전하게 장악을 해야 역사하던 귀신이 떠나가는 것입니다.

셋째, 우울 정신문제 치유시 참고할 사항. 정신적인 문제를 치유할 때 주의해야 할 것은 다음과 같습니다.

1) 정신문제가 있으면 기도가 거의 불가능합니다. 왜냐하면, 마귀가 생각을 지배하여 잡념을 주니까? 그래서 기도하지 말고 호흡을 들이쉬고 내쉬면서 주여! 주여! 하면서 소리를 내게, 찬송을 크게 부르게, 주기도문을 크게 외우게, 또, 성경을 큰 소리로 읽게 해야 합니다. 좌우지간 소리를 내도록 지도해야 합니다.

2) 자신이 정신에 문제가 있다는 것을 인정하게 해야 합니다. 많은 환자가 자신이 정신문제가 있다는 것을 모릅니다. 또 자신

이 정신병자인 줄을 모르고 다른 사람을 돕는다고 돌아다닙니다. 자신이 정신문제가 있다는 것을 인정만 하면 치유는 70%가 된 것입니다.

3) 가족, 보호자가 인정하고 협조를 해야 합니다. 가족 전원이 번제가 드려지고 환자를 치유하려는 의지로 하나가 되어야 가능합니다. 무엇보다 가족의 도움이 절실히 필요합니다. 우울증이나 정신적인 문제가 있는 분들이 사람을 의지하려고 합니다. 절대로 사람을 의지하려고 하지 말고 하나님을 찾게 해야 합니다. 하나님이 치유하는 것입니다. 사역자나 가족을 의지하게 되면 하나님과 관계가 점점 멀어져 치유되는 시간이 길어집니다. 그러므로 사람을 의지하지 않는 것이 치유에 도움이 됩니다.

4) 성령치유를 하기 시작하면 잠간동안 상태가 나빠지는 경우가 있습니다. 그래서 환자들이 두려움으로 치유를 포기하는 경우가 있습니다. 그런데 영적치유를 시작하여 상태가 나빠지는 것은 일련의 치유과정이라고 생각해야 합니다. 치유되고 있기 때문에 상태가 나빠지는 것입니다. 그러다가 점점 상태가 호전되는 것이 보통입니다. 제가 지금까지 우울정신신경 질병의 환자를 치유할 때 상태가 더 나빠지다가 이를 견디고 집중적으로 치유를 받으면 금방 상태가 호전 되었습니다. 거의 모든 환자가 상태가 나빠지다가 치유되었습니다. 그러므로 절대로 상태가 나빠진다고 치유를 포기하면 우울정신신경 질병에서 자유 함을 받을 수가 없다는 것을 명심해야 할 것입니다. 보호자가 독려하여

치유를 지속해야 합니다.

발작이 심하다고 절대 폭력을 가하거나 묶어 놓거나 하면 더욱 강하게 묶일 수가 있습니다. 기도원 같은 곳에 가면 발버둥을 치고 폭력을 행사하니까, 수갑을 채우거나 묶어두는 경우가 있습니다. 이는 정말로 삼가야 합니다. 더 큰 상처를 받게 됩니다. 전문적으로 치유하는 정신병원에 입원시키는 것이 좋습니다.

성령님의 능력으로 치유 받은 후에는 마음에 평안함을 느끼게 됩니다. 계속하여 이 평안을 유지하는 것은 자신의 책임입니다. 오래된 상처나 깊은 상처는 일회적인 치유보다 장기적이고 지속적인 치유를 해야 합니다. 성령님과 교제를 통하여 악한 생각이 나지 않도록 기도생활을 해야 합니다. 진정한 치유란 지속적인 성령 하나님과의 동행입니다. 늘 마음에 하나님을 느끼고, 하나님과 동행하고 하나님을 의지하여야 합니다. 그리함으로 늘, 점점 마음이 맑아지고, 자유해지고, 평안해지는 삶을 살아야 합니다.

결론적으로 정신적인 질병을 순간치유 받으려면 이렇게 하셔야 합니다. 충만한 교회에서 매주하는 화-수-목 집회에 2주 이상 참석하셔야 합니다. 2주 이상 집회에 참석하여 성령세례와 기도의 기본을 숙달하셔야 합니다. 토요일 날 정기적으로 실시되는 개별집중정밀치유를 예약하여 2회 이상 받으시면 웬만한 우울증은 순간 치유됩니다. 성령께서 장악하시어 치유하시는 것입니다. 그 다음은 유지를 잘해야 재발하지 않습니다. 본인이 치유 받으려는 믿음과 관심과 열정이 중요합니다.

24장 환경문제 귀신 쫓고 승리비결

(왕하2:19-22)"그 성 사람들이 엘리사에게 고하되 우리 주께서 보시는 바와 같이 이 성읍의 터는 아름다우나 물이 좋지 못하므로 토산이 익지 못하고 떨어지나이다. 엘리사가 가로되 새 그릇에 소금을 담아 내게로 가져오라 하매 곧 가져온지라. 엘리사가 물 근원으로 나아가서 소금을 그 가운데 던지며 가로되 여호와의 말씀이 내가 이 물을 고쳤으니 이로 좇아 다시는 죽음이나 토산이 익지 못하고 떨어짐이 없을지니라 하셨느니라 하니 그 물이 엘리사의 말과 같이 고쳐져서 오늘날에 이르렀더라"

하나님의 종 엘리사가 여리고에 갔을 때 여리고 사람들이 엘리사에게 나와서 이렇게 말했습니다. 선생님이여 이 여리고 성은 참으로 좋은 땅인데 물 근원이 나빠서 이 물이 흐르는 곳마다 열매를 맺지 못하고 다 떨어집니다. 짐승들도 이 물을 마시면 낙태를 해 버리고 심지어는 부녀들까지도 이 물을 마시면 어린아이를 낙태합니다.

그러므로 이 물 근원에 독이 있은 즉 이 땅이 저주로 가득하니 우리를 도와주소서. 엘리사가 이 말을 듣고 하나님의 지시를 받아서 소금을 가져오라고 했습니다. 소금을 담아 오매 그것을 가지고 물 근원에 가서 하는 말이 여호와께서 말씀하시기를 이 물 근원이 치료되었으니 이제는 열매를 맺을 것이라고 말했습니다.

그러자 과연 그 때로부터 여리고에 있는 물 근원이 치료를 받아 그 물이 흐르는 곳마다 열매를 맺고 짐승들도 새끼를 낳고 사람들도 낙태하지 않았습니다. 하나님의 치료가 물 근원에서 넘쳐 나와 생명의 역사가 일어 난 것입니다. 하나님께서 그 물의 근원을 치료하기 전에는 물 근원에서 사망과 저주가 넘쳐 났는데 물이 치료받고 난 다음에는 생명과 부요가 그 물 근원에서 넘쳐 나게 된 것입니다.

우리 인간들은 아담이 선악과 하나 먹고 하나님과 같이 되려는 욕심 때문에 마귀의 유혹에 속아 타락함으로 인간의 마음이 죄의 누룩으로 말미암아 만물보다 부패하고 사망과 저주가 가득하게 되었습니다. 그 때문에 인간의 노력으로 만든 인간 세계의 문화는 부패와 사망과 고통이 가득한 문화인 것입니다. 인간의 마음이 고침을 받기 전에는 이 사망과 저주를 벗어 날 도리가 없습니다. 바로 우리 개인들의 마음이 생사화복의 생명의 근원이 된다는 사실을 우리가 분명히 알아야 합니다.

여리고성 전체가 샘 근원으로 말미암아 죽고 사는 일이 일어나는 것처럼 성경에는 생명의 근원이 우리 마음에 있다고 말했습니다. 그러므로 지킬만한 것보다 내 마음을 지키라고 강하게 말씀하고 계신 것입니다. 그런데 2천 년 전에 예수님께서 오셔서 갈보리 십자가에서 우리를 대신하여 죄의 부패와 사망을 멸하시고 청산하신 것입니다. 바로 예수 그리스도의 십자가의 보혈이 엘리사가 가지고 샘 근원을 정결케 한 소금과 같은 것입니다. 이 때문에 이제 십자가의 보혈을 통하여 마음의 샘 근원을 치료하면 우리의 마음속에 사망과 고통이 넘쳐 나온 곳에 생명과 부요가 넘쳐 나올 수 있게 되는 것입니다.

그러므로 오늘 이 시간 생명의 근원이 마음에 있다는 것을 잊지 마십시오. 우리가 주를 모를 때는 이 마음에서 사망과 고통이 넘쳐 납니다. 우리 집도 여리고요, 우리 직장도 여리고요, 세상도 여리고인데 우리 속에서 독의 샘물이 넘쳐 나니 사망과 불행이 꽉 들어차서 집안에도 사망과 고통이 있고 직장에도 사망과 고난이 있고 생활에도 사망과 고통이 있습니다.

오늘날 온 세상에 사망과 저주가 꽉 들어차 있지 않습니까? 그래서 이 여리고 같은 이 세상에서 우리 마음속이 샘의 근원인데 이 샘 근원에 소금을 던져야 됩니다. 이 소금이 바로 예수 그리스도의 보혈과 성령의 능력인 것입니다. 내가 회개하고 예수를 구주로 모시고 입으로 시인하고 감동에 순종하며 성령님을 의지할 때에 예수님의 보혈이 나의 샘 근원을 고쳐 주시고 성령이 와서 나를 새롭게 하는 것입니다.

물과 성령으로 거듭나지 아니하면 하늘나라를 볼 수 없는데 성령이 와서 우리를 새롭게 함으로 우리의 샘 근원이 고쳐집니다. 우리마음이 고쳐지면 이 마음속에 용서와 의의 샘이 넘쳐나고 이마음속에 천국과 성령의 샘이 넘쳐 나고 이 마음에서 기쁨과 치료의 샘물이 넘쳐나고, 이 마음속에 아브라함의 축복과 번

영의 샘이 넘쳐나고, 이 마음속에서 영생의 축복이 넘쳐 나게 되는 것입니다.

마음의 샘물이 달라집니다. 마음의 샘물이 달라지니 그 샘물을 받아 이루어지는 가정이 달라지고 직장이 달라지고 사회가 달라지고 영혼이 잘됨 같이 범사에 잘 되며 강건하고 생명을 얻되 넘치게 얻는 역사가 일어나게 되는 것입니다.

우리들의 삶에 사망과 고통이 있어 삶이 축복과 행복의 열매를 맺지 못하는 이유는 생명의 근원인 마음이 오염되고 썩어 있기 때문인 것입니다. 마음이 새롭게 되지 않고는 축복과 결실의 삶은 절대로 불가능합니다. 그러나 마음은 예수 그리스도를 구주로 모시고 보혈과 성령의 능력을 의지할 때에 변화되는 것입니다. 치료받는 것입니다. 엘리사가 여리고성 샘의 근원을 고치고 난 다음에 열매를 맺고 짐승들은 새끼를 낳고 사람들은 자녀를 건강히 낳아서 길렀다고 말했습니다. 이와 같은 축복을 우리가 받기 위하여 어떻게 하여야 합니까?

첫째, 우리가 하나님에 대한 사고를 바꾸어야 한다. 하나님은 저주하시는 하나님이 아니십니다. 하나님은 예수를 믿고 나오는 자들의 문제를 해결하여 주시기를 원하십니다. 여러분 하나님에 대한 개념을 바꾸시기를 바랍니다. 오늘 여리고 성의 사람들을 보시기를 바랍니다. 이 여리고의 문제를 하나님이 고치실 수 있다고 믿었습니다. 그래서 열왕기하 2장 19절에 "그 성읍 사람들이 엘리사에게 말하되 우리 주인께서 보시는 바와 같이 이 성읍의 위치는 좋으나 물이 나쁘므로 토산이 익지 못하고 떨어지나이다." 하고 하나님의 사람에게 문제를 가지고 나와서 고쳐주기를 사모합니다. 하나님은 축복의 하나님이십니다. 하나님은 우리에게 소원을 두고 일을 행하시는 분이십니다. "너희 안에서 행하시는 이는 하나님이시니 자기의 기쁘신 뜻을 위하여 너희에게 소원을 두고 행하게 하시나니(빌2:13)"

이와 같이 하나님은 인간을 저주하시는 하나님이 아니시고 축복하시는 하나님이십니다. 우리가 축복을 받으려면 축복의 대상이 누구인지를 바로 알아야 합니다. 그래야 그 대상으로부터 축복을 받을 수가 있습니다. 사람은 사모하는 대상을 닮게 되어있습니다. 하나님이 나를 축복하시는 분이라는 확실한 믿음이 있어야 합니다. 여러분 예수님은 부요하신 자인데 우리를 위하여 가난하게 되셨다는 것을 믿으시기를 바랍니다. "우리 주 예수 그리스도의 은혜를 너희가 알거니와 부요하신 이로서 너희를 위하여 가난하게 되심은 그의 가난함으로 말미암아 너희를 부요하게 하려 하심이라(고후8:9)" 예수님의 소원은 우리들이 모두 부자가 되어 하나님나라 확장에 큰일을 감당하기를 원하시는 것입니다.

둘째, 가족이 성령으로 하나가 되어야 한다. 오늘 여리고 성의 사람들은 하나가 된 것이 분명합니다. 하나님만이 이 문제를 해결하실 수가 있다고 생각하고 하나님의 사람에게 문제를 들고 나온 것입니다. "그 성읍 사람들이 엘리사에게 말하되 우리 주인께서 보시는 바와 같이 이 성읍의 위치는 좋으나 물이 나쁘므로 토산이 익지 못하고 떨어지나이다(왕하2:19)" 그 성 사람들이 엘리사에게 고했다고 하는 것으로 보아 하나된 것이 분명합니다. 우리 가정도 마찬가지입니다. 가족이 모두 하나가 되어야합니다. 내가 해결해야지 하나님이 어떻게 문제를 해결하느냐 말도 안 되는 소리 하지마라. 이러면 안 됩니다. 먼저는 부부가 하나가 되어야 합니다. 부부가 서로 마음이 하나 되어 하나님만이 이 어려움을 해결하실 수가 있다고 믿고 하나님에게 전폭적으로 매달리며 기도해야 합니다. 무작정 달라고 기도한다고 되는 것도 아닙니다. 우선 부부가 마음이 하나 되어야 합니다. 부부 화목에 관해서는 "결혼 어떡하면 행복할까요"를 참고하시기를 바랍니다.

왜냐하면 우리들의 삶에 사망과 고통이 있어, 삶에 축복과 행복의 열매를 맺지 못하는 이유는 생명의 근원인 마음이 오염되고 썩어 있기 때문인 것입니다. 마음이 새롭게 되지 않고는 축복과 결실의 삶은 절대로 불가능하기 때문입니다. 그러나 부부가 마음이 하나 되어 예수 그리스도를 구주로 모시고 보혈과 성령의 능력을 의지할 때에 변화되는 것입니다. 성령의 지지와 인도와 역사가 있어야 문제가 풀어지기 시작합니다. 문제를 일으키는 근원이 허상이 아니고 영적인 실체이기 때문에 성령의 실체가 역사해야 풀리는 것입니다.

그리고 자녀들도 하나가 되어야 합니다. 자녀들이 부모가 하는 일이나 믿음생활에 협조적이지 못하고 반항적이거나 비협조적이면 그곳에 악한 역사가 일어나고 있기 때문에 성령의 역사에 의한 치유가 불가능한 것입니다. 그래서 재정과 환경의 문제를 풀려면 무엇보다도 중요한 것이 가정이 하나 되는 것입니다. 아무리 노력을 해도 하나 되지 못한다면 그것은 연단의 기간입니다. 시간이 필요합니다. 하나님은 개인과 가정이 하나가 될 때까지 기다리십니다. 그러므로 가족 모두가 하나님의 역사가 있어야 이 문제가 풀어질 수 있다는 필요성을 절박하게 느낄 때까지 기도하며 기다리는 것입니다. 때가 이르면 하나가 될 것입니다. 하나 되기 위하여 기도하시기를 바랍니다.

셋째, 문제의 원인을 바르게 진단해야 한다. 오늘 여리고 성의 문제는 물 근원지에 있었습니다. "엘리사가 가로되 새 그릇에 소금을 담아 내게로 가져오라 하매 곧 가져온지라. 엘리사가 물 근원으로 나아가서 소금을 그 가운데 던지며 가로되 여호와의 말씀이 내가 이 물을 고쳤으니 이로 좇아 다시는 죽음이나 토산이 익지 못하고 떨어짐이 없을지니라 하셨느니라 하니 그 물이 엘리사의 말과 같이 고쳐져서 오늘날에 이르렀더라(왕하2:20-22)" 문제의 원인이 어디에 있는지를 정확히 알아야 불필요한 시간을 낭비하지 않습니다. 우리에게 문제가 오는 이유는 제가 지금까지 사역하면서 임상적으로 터득한 바에 의하면 대략 이렇습니다.

1) 하나님을 멀리하고 우상을 숭배하므로 당하는 고통입니다.

① 오므리의 아들 아합의 아내 이세벨이 우상을 숭배하여 이스라엘에 기근이 찾아옵니다(왕상16:29-31). 이로 인하여 온 나라 백성이 3년 기근으로 고생을 당합니다.

② 여로보암 왕의 우상숭배 죄는 자신의 자녀들 및 전 국가에 저주를 몰고 왔습니다(왕상14:8-18). 이처럼 조상의 삶이 자손들에게 반드시 어떤 종류의 영향 즉 죄의 결과를 끼친다는 것입니다. 인류의 조상 아담과 하와의 범죄를 통해 전 인류는 죄인이 되었습니다. "그러므로 한 사람으로 말미암아 죄가 세상에 들어오고 죄로 말미암아 사망이 들어왔나니 이와 같이 모든 사람이 죄를 지었으므로 사망이 모든 사람에게 이르렀느니라(롬5:12)", "한 사람의 범죄로 말미암아 사망이 그 한 사람을 통하여 왕 노릇 하였은즉 더욱 은혜와 의의 선물을 넘치게 받는 자들은 한 분 예수 그리스도를 통하여 생명 안에서 왕 노릇 하리로다(롬5:17)"

③ 다른 사람들에게 고통을 주어도 기근을 당합니다. 기브온 족속과의 계약을 어긴 사울 때문에 다윗 때에 전 민족이 삼년 동안 기근을 당하였습니다(삼하21:1-13).

2) 예수를 믿은 후 믿기 전에 와 있던 영적인 문제를 해결하지 못하므로 당합니다. ① 믿기 전에 했던 세상 풍속을 쫓고 우상

숭배를 했던 모든 것을 말씀과 성령의 역사로 자르지 못한 연고로 당하는 것입니다(엡2:2). ② 전인격이 성령으로 장악 당하지 못하여 성령 충만을 받지 못한 연고로 당합니다(행1:8). ③ 영적인 눈이 열리지 않아 깨닫지 못하므로 인하여 문제의 원인을 찾지 못하여 문제의 근본을 해결하지 못하고 등한시한 결과입니다. ④ 예수만 믿으면 영적인 문제가 자동으로 해결된다는 이론을 믿고 영적인 면을 등한시하여 당합니다. 오늘날 예수를 믿는 많은 분들이 예수님만 믿으면 모든 영적인 문제가 자동으로 해결되었다는 정확하지 않은 이론을 믿고 치유를 등한시하여 당하는 분들이 많이 있습니다. 그러나 성경은 밝히 말씀하고 계십니다.

"믿는 자들에게는 이런 표적이 따르리니 곧 그들이 내 이름으로 귀신을 쫓아내며 새 방언을 말하며 뱀을 집어올리며 무슨 독을 마실지라도 해를 받지 아니하며 병든 사람에게 손을 얹은즉 나으리라 하시더라(마가복음 16장 17-18)" 이는 예수 이름으로 자신이 귀신을 쫓아내라는 것입니다. 고로 자신이 영안을 열어 문제와 원인을 진단하고 예수님의 권세를 주장하여 치유 받아야 영육의 문제가 해결이 됩니다. 고로 자신에게 나타나는 문제를 찾아서 예수 이름으로 해결해야 하는 것입니다.

3) 조상들의 잘못으로 악한 영의 저주일 수도 있습니다. 재정적인 고통, 압박과 가난 등 짧은 기간의 궁핍은 하나의 연단이라고 할 수 있지만 항상 가난 한 것은 마귀의 역사일 수 있습니다

(학1:6).

4) 조상들이 이웃이나 하나님에게 심어 놓은 것이 없을 경우도 있습니다(고후9:6).

5) 자신이 하나님과의 관계를 열지 못한 이유일 수도 있습니다(렘 2:12-13).

6) 우환질고(사고, 질병, 재해)가 끊이지 않아 물질이 새나가므로 고통을 당할 수도 있습니다(학1:6).

7) 게으르게 하는 영이 역사하므로 게을러서 오는 결과일 수도 있습니다(살후3:10). 이로보아 모든 문제의 뒤에는 원인이 있습니다. 성령으로 원인을 찾아서 자신이 직접 치유해야 하나님이 예비하신 복을 누리면서 살아갈 수가 있습니다.

넷째, 문제를 적극적으로 해결해야 한다. 본문에 여리고 성의 사람들은 문제를 해결하려고 나름대로 많은 노력을 했을 것입니다. 그러나 인간의 힘으로 인간의 문제를 해결할 수가 없습니다. 인간은 육입니다. 육은 미완성입니다. 육은 마귀의 종이였습니다. 모든 문제에는 아담의 죄악으로 마귀의 저주와 결부가 되어 있기 때문에 하나님이 오셔야 해결이 됩니다. 이 인간의 문제를 해결하려고 예수 그리스도가 육신의 몸을 입고 이 땅에 오신 것입니다.

1) 하나님에게 문제를 가지고 빨리 나오라. 하나님이 함께하는 사람을 만나야 합니다. 이 여리고 성의 사람들은 하나님이 고

치 실 수 있다는 믿음을 가지고 하나님의 사람 엘리사에게 나온 것입니다. 그래서 엘리사에게 사정을 소상하게 아룁니다. 여리고 성은 참으로 좋은 땅인데 물 근원이 나빠서 이 물이 흐르는 곳마다 열매를 맺지 못하고 다 떨어집니다. 짐승들도 이 물을 마시면 낙태를 해 버리고 심지어는 부녀들까지도 이 물을 마시면 어린아이를 낙태합니다. 하고 엘리사 에게 사정을 정확히 고하며 말합니다.

이 여리고 사람들은 물에 문제가 있다는 것을 알았습니다. 그래서 하나님의 사람 엘리사에게 문제를 내놓아 치유를 받은 것입니다. 이와 같이 문제를 알았으면 하나님의 사람의 전문적인 지도를 받아 치유하는 것이 좋습니다. 자신이 해결한다고 밤낮 기도하고, 철야기도하고, 교회에서 살다시피 하고, 또 산에 가서 산기도하고, 100일 천일 작정 철야기도하고, 서원기도도 해보고, 능력 있다는 목사에게 안수 기도도 받고, 예언기도도 받아보고, 금식기도도 하고, 각종예물도 드리고, 별별 인간적인 처방을 해도 절대로 문제는 풀리지 않습니다.

정확한 영적인 원리를 가지고 문제와 원인에 성령으로 권위를 주장하는 영적인 치유를 해야 문제가 풀립니다. 문제를 풀려면 먼저 공인된 하나님의 사람에게 오셔서 정확한 진단을 받아야 하고, 진단에 따라 전문적인 치유를 받아야 합니다. 절대 안수 한번 받았다고 해결되지 않습니다. 예언 기도 받는 다고 해결되지 않습니다. 속아서 시간만 오래되어 더 묶이지 마시고 정확한 치유를 해야 합니다. 그 다음 어떻게 해야 합니까?

2) 우리의 문제의 근원은 나의 마음 안에 있습니다. 우리의 마음을 말씀과 성령으로 내적치유 합니다. 엘리사도 물 근원에 소금을 던져서 고쳤습니다(왕하2:21). 왜 우리의 마음을 치유해야 합니까? 우리의 근본은 아담의 육체를 가지고 있기 때문에 예수 믿고 교회에 들어오면 먼저 말씀과 성령의 역사로 마음을 치유 받아야 합니다. 그래서 육체가 성령의 지배를 받아야 합니다. 제가 지금까지 성령치유 사역을 하다가 한 가지 깨달은 것은 모든 문제의 원인은 자신의 마음 안에 있다는 것입니다. 그래서 문제의 원인이 자신의 마음에 있다는 것을 인정하고 말씀과 성령으로 치유하여 육체가 성령의 지배를 받으면 영의 사람으로 영이신 하나님과 교통하므로 하늘의 권세로 문제가 해결되기 시작합니다. 우리의 문제의 근원지인 마음의 상태가 어떠합니까?

① 우리 인간의 마음은 죄악으로 오염되고 썩은 저주의 근원입니다. 왜 그렇습니까? 아담이 하나님의 말씀을 의심하고 마귀의 말을 믿고 선악과를 먹음으로 인간의 마음에 마귀가 주인 되었기 때문에 인간의 마음이 죄악과 저주로 썩은 것입니다. 사람의 마음이 죄악으로 오염되고 썩어 있기 때문에 어떤 교육이나 수양이나 도덕적인 훈련을 통해서도 사람이 변화되지 않습니다. 왜냐하면 아담이 하나님의 말씀에 순종하고 살았더라면 좋았을 것인데, 아담이 하나님의 말씀을 믿지 않고 마귀의 말에 속아 선악과를 먹음으로 마귀가 사람을 다스리는 권세자가 되었기 때문

입니다. 이것은 오직 우리를 대신해서 십자가에 못 박혀 우리의 죄와 부패를 대신 걸머지고 청산한 예수 그리스도의 십자가의 보배로운 피와 하나님의 성령의 능력 이외에는 도저히 변화시킬 수가 없습니다.

② 우리 사람의 마음은 세속과 마귀로 오염되고 썩은 마음입니다. 마음속에 세속이 꽉 들어 차있습니다. 음란하고 방탕하고 술취하고 도적질하고 거짓말하고 시기하고 분노하고 질투하고 온갖 세속의 부패가 꽉 들어차 있는 것입니다. 그게 다 마귀가 와서 함께 손을 잡고 도적질하고 죽이고 멸망시키는 일을 합니다. 이부패된 마음을 어떻게 청소를 할 수가 있습니까? 주님의 은혜로 말미암아 예수 그리스도를 모셔 드릴 때에 그 십자가에 흘리신 보혈의 능력과 성령의 권세가 우리의 생명의 근원 되는 마음을 완전히 치료해 버리고 마는 것입니다. 그래서 마음속에서 세속과 마귀가 쫓겨 나가고 그 자리에 천국과 성령이 들어와서 충만하게 해서 생명의 원천이 되어 버리고 마는 것입니다.

③ 우리의 마음은 질병으로 오염되고 썩은 마음입니다. 육신의 병의 근원은 역시 마음에 있습니다. 염려, 근심, 시기, 질투, 원망, 미움, 불안, 두려움, 분노 등 이와 같은 마음의 스트레스가 오늘 우리 병을 이루고 있는 것입니다. 죄의 직·간접적인 원인이 바로 마음입니다. 이 마음에 마귀가 자리를 잡아 영육의 문제를 일으킵니다. 이 마음의 치료를 어떻게 합니까? 그것은 말할 필요도 없이 예수 그리스도의 보혈과 성령의 능력이 임하여서 마음

속에 기쁨이 넘쳐나고 평화가 넘쳐나며 믿음이 넘쳐 날 때에 육신의 질병은 사라지고 마는 것입니다.

④ 가난의 마귀의 저주로 오염된 생명의 근원은 마음입니다. 우리가 사는데 가난의 고통이 다가오고, 하는 일이 다 안 되고, 이를 어떻게 해야 되느냐, 그래서 예수를 믿는 사람들이라도 정 안되면 능력이 있다는 사람을 찾아가서 상담도 해보고, 안수도 받아보고, 예물도 드려보고, 예언도 들어보고 그럽니다. 세상에 믿지 않는 사람들은 사주팔자를 보기도 하고, 무당을 불러서 굿도 하고, 온 산천초목에 가서도 빌기도 하는데 몰라서 그렇습니다. 여리고성에 열매가 떨어졌는데 무당에 가서 굿하고 우상에게 절한다고 해서 여리고성 열매가 안 떨어지겠습니까?

여리고성에 열매가 떨어진 것은 여리고에 물 근원이 사망과 독이 가득하게 차있기 때문인 것입니다. 우리에게 일이 안 되는 것은 우리 마음에 사망과 독이 있기 때문에 그렇지 환경에 가서 빈다고 일이 되는 것이 아닙니다. 지킬만한 것보다 더 네 마음을 지켜라 생명의 근원이 이에서 난다고 함으로 복과 화가 우리 마음에서 나는 것입니다. 마음을 통해서 복을 주시고 또 우리 마음을 통해서 하나님께서 심판도 하시는 것입니다. 그렇기 때문에 우리 마음이 하나님이 복을 주시는 파이프라는 것을 우리가 알아야 합니다. 예수님이 십자가에 못 박혀 저주를 대신 짊어지셨으므로 예수를 구주로 믿고 모시고 행위로 순종하고 나아가면 그리스도가 우리 마음속에서 저주를 제해 버리기 때문에 우리가 생각하는 것이나 말하는 것이나 행하는 모든 일에 하나님의 축복이 넘쳐 나서 환경이 변화되어 버리고 만다는 것입니다. 우리의 마음을 먼저 말씀과 성령으로 내적 치유하여 풀어야 합니다. 용서할 것은 용서하고 회개 할 것은 회개하여 먼저 마음을 평안하고 안정되게 하여 성령의 전이 되게 해야 합니다. 그리고 난 다음에 영적싸움을 하는 것입니다.

3) 재정과 환경의 문제를 풀어내고 축복의 근원이 되기 위한 영적전쟁을 해야 합니다. "엘리사가 가로되 새 그릇에 소금을 담아 내게로 가져오라 하매 곧 가져온지라. 엘리사가 물 근원으로 나아가서 소금을 그 가운데 던지며 가로되 여호와의 말씀이 내가 이 물을 고쳤으니 이로 좇아 다시는 죽음이나 토산이 익지 못하고 떨어짐이 없을지니라 하셨느니라 하니, 그 물이 엘리사의 말과 같이 고쳐져서 오늘날에 이르렀더라(왕하2:20-22)"

① 진단한 문제의 근원을 가지고 회개하거나 용서하세요. 조상의 문제, 자신의 문제 등을 말합니다. ② 마귀에 의한 악의 근원을 찾아 끊어 내야 합니다. ③ 재정에 저주하며 악을 전이시키는 악한 마귀, 악귀를 쫓아내야 합니다. ④ 재정과 환경에 역사하는 악한 영을 몰아내고 축복으로 채워라 입니다. ⑤ 조상이나 자신의 문제로 온 가난의 문제가 끊어짐을 믿고 감사하고 축복하라. ⑥ 지속적인 영적 싸움을 하라. 물질의 축복이 임하도록 사후관리를 잘해야 합니다. 우리가 하나님의 축복을 받기 위해 성령으로 충만하여 축복 받을 그릇이 되어야 합니다. ⑦ 계속 입

술로 선포하며 명령하라. 악한 영은 떠나가고 물질의 축복은 올지어다.

4) 축복을 받기위한 적극적인 영적 활동을 해야 합니다. ① 가족과 사업장의 직원들이 한 마음으로 하나님에게 향하라. 예배나 합심기도를 통하여 모두가 하나 되게 하시기를 바랍니다. ② 가정이나 사업장에서 예배와 대적기도하며 지역과 장소를 장악하는 적극적인 활동을 하라입니다. ③ 사업장에서 아침저녁으로 문을 잡고 기도하라. 안에서도 기도하라. 성령의 역사가 일어나 장소를 성령이 장악해야 마귀가 떠나니 형편이 풀립니다. ④ 가정이나 사업장에서 강한 성령의 역사를 일으키고, 장악하는 활동을 적극적으로 하세요.

어느 산채 비빔밥 식당 사업으로 수익을 벌은 군 출신의 말은 이렇습니다. 새벽에 기도하며 사업에 대한 하나님의 지혜를 구했습니다. 아침에 가게 문을 열기 전에 가게에서 문을 잡고 매일 선포기도를 했답니다. 낮에는 가게 앞에 서서 마당을 밟으며 기도하다가 손님이 오면 맞이했다고 합니다. 한 마디로 성령으로 사업장을 장악하는 적극적인 영적인 행동을 했다는 것입니다. 사업장이나 교회나 할 것 없이 성령으로 장악되면 물질이 풀리기 시작합니다. 그래서 저는 사업하는 성도들에게 지속적으로 예배드리고 대적기도하며 성령으로 가게를 장악하라고 합니다. 조언을 듣고 실천하여 부자가 되었습니다.

이 책을 통해 예수님이 땅끝까지 전파 되기를 소원합니다.
(출판으로 인한 이익금은 문서선교와 개척교회 선교에 사용합니다.)

귀신들을 쫓아내는 군사 되기

발 행 일 l 2018. 9.10초판 1쇄 발행

지 은 이 l 강요셉

펴 낸 이 l 강무신

편집담당 l 강무신

디 자 인 l 강요셉

교정담당 l 강무신

펴 낸 곳 l 도서출판 성령

신고번호 l 제22-3134호(2007.5.25)

등록번호 l 114-90-70539

주　　소 l 서울 서초구 방배천로 4안길 20(방배동)

전　　화 l 02)3474-0675/ 3472-0191

E-mail l kangms113@hanmail.net

유　　통 l 하늘유통. 031)947-7777

ISBN l 978-89-97999-69-9 부가기호 l 03230

가　　격 l 16,000원